国际货物运输

陈　萍　主编
杨　赞　主审

大连海事大学出版社

ⓒ陈　萍 2012

图书在版编目(CIP)数据

国际货物运输 / 陈萍主编 . —大连 : 大连海事大学出版社，2012.2(2017.7 重印)
ISBN 978-7-5632-2663-4

Ⅰ. ①国…　Ⅱ. ①陈…　Ⅲ. ①国际货运—高等职业教育—教材　Ⅳ. ①F511. 41

中国版本图书馆 CIP 数据核字(2012)第 019818 号

大连海事大学出版社出版

地址:大连市凌海路 1 号　邮编:116026　电话:0411-84728394　传真:0411-84727996
http://www.dmupress.com　E-mail:cbs@dmupress.com

大连华伟印刷有限公司印装　　大连海事大学出版社发行
2012 年 2 月第 1 版　　2017 年 7 月第 3 次印刷
幅面尺寸:185 mm×260 mm　　　　印张:16. 25
字数:402 千　　　　印数:2501～4000 册
责任编辑:陆　梅　　版式设计:小　月
封面设计:王　艳　　责任校对:杨冠尧
ISBN 978-7-5632-2663-4　　定价:31. 00 元

前　言

运输是贸易的桥梁,运输是物流最重要的环节之一。掌握国际货物运输的各种运输方式实务操作,是从事国际物流运输等相关业务的必要前提。本书主要介绍的就是国际海上货物运输、国际公路货物运输、国际铁路货物运输、国际航空货物运输及国际多式联运等各种运输方式下的实务操作及承运人或经营人的主要权利和责任。

熟悉各种国际货物运输方式的操作流程,清楚不正规操作的法律后果及责任以防患于未然是撰写本书的目的,也是本书最大的特点。为突出这一特点,本书在每一章后面增加了三个板块:实训项目、法律思考和深度探讨。"实训项目"板块模拟设计了实务操作流程中涉及的主要业务须完成的项目任务;"法律思考"板块则主要针对业务中的一些常见法律纠纷问题提出思考;"深度探讨"板块是对各章学习内容的延伸,主要包括与各章学习内容密切相关但却不包括在各章明确要求的学习内容和目标中的问题,以及各章中目前最新最前沿的热点问题。

本书适于国际物流、港航等专业的高等职业教育用书,也可以用于国际物流运输等相关企业的培训,普通高等教育的相关专业也可参考使用。

因作者水平有限,恳请各位读者批评指正!

陈　萍

2011 年 11 月

目　录

第一章　国际货物运输概述

第一节　国际货物运输的主要方式

国际货物的运输方式包括水路货物运输、公路货物运输、铁路货物运输、航空货物运输、邮政运输、管道运输及由两种或两种以上运输方式组成的多式联运。

一、水路货物运输

水路货物运输是指利用船舶、排筏和其他浮运工具,在江、河、湖泊等天然或人工水道及海洋上运送货物的一种运输方式。

水路货物运输包括海上货物运输和内河运输。海上货物运输又可分为国际海上货物运输和沿海货物运输。

国际海上货物运输,习惯称为远洋运输或国际航运,是指以船舶为工具,从事跨越海洋运送货物的运输,即国与国之间的海洋运输。国际海上货物运输,在我国实际工作中又有"远洋"和"近洋"之分。前者是指我国与其他国家或地区之间,经过一个或整个大洋的海上运输,如我国至非洲、欧洲、美洲等地区的运输;后者是指我国与其他国家或地区间,只经过沿海或大洋的部分水域的海上运输,如我国与朝鲜半岛、日本及东南亚各国的运输。这种区分主要以船舶航程的长短和周转的快慢为依据。

沿海货物运输是指利用船舶在我国沿海区域各港之间的运输。其范围自辽宁的鸭绿江起,至广西壮族自治区的北仑河口止的大陆沿海,以及我国所属的诸岛屿沿海及其与大陆间全部水域内的运输。

内河运输是指利用船舶、排筏和其他浮运工具,在江、河、湖泊等天然人工水道上从事的运输。

水路货物运输具有以下特点:

①船舶沿水浮动运行,可实现大吨位运输,运量大;

②可以利用天然水道,线路投资少,且节省土地资源,降低运输成本,因而水路货物运输的运价较低;

③江、河、湖、海相互贯通,沿水道可以实现长距离运输。

但水路货物运输也存在着缺点,即:

①船舶平均航速较低;

②船舶航行受气候条件影响较大,如在冬季常存在断航之虞;

③可达性较差,如果托运人或收货人不在航道上,就要依靠汽车或铁路运输进行转运;

④同其他运输方式相比,水运(尤其海上货物运输)对货物的载运和搬运有更高的要求。

二、铁路货物运输

铁路货物运输是指利用机车、车辆等技术设备沿铺设轨道运行的运输货物方式。按两根钢轨的距离不同,铁路运输可分为三种类型:轨距为 1 435 mm 的称为标准轨距铁路运输;轨距大于 1 435 mm 的称为宽轨距铁路运输;轨距小于 1 435 mm 的称为窄轨距铁路运输。国际上多数国家采用标准轨距。

铁路货物运输具有以下特点:

①运输能力大,适合于大批量商品的长距离运输;

②单车装载量大,加上多种类型的车辆,使它几乎能承运任何商品,几乎可以不受重量和容积的限制;

③车速较高,平均车速在各种运输方式中排在第二位,仅次于航空运输;

④铁路货物运输受气候条件和自然条件影响较小,在运输的经常性方面有优势;

⑤铁路货物运输可以方便地实现集装箱运输及多式联运。

铁路货物运输也具有以下缺点:

①由于铁路线是专用的,其固定成本很高,原始投资较大,建设周期长;

②铁路按列车组织运行,在运输过程中需要有列车的编组、解体和中转改编等作业环节,占用时间较长,因而增加了货物的在途时间;

③铁路运输中的货损率比较高,而且由于装卸次数多,货物毁损或丢失事件也比其他运输方式多;

④不能实现"门到门"运输,通常要依靠其他运输方式配合,才能完成运输任务,除非托运人和收货人均有铁路支线。

三、公路货物运输

公路货物运输有广义和狭义之分。从广义来说,公路运输指利用一定载运工具(汽车、拖拉机、人力车等)沿公路实现货物空间位移。从狭义来讲,公路运输就指汽车运输。现代公路运输主要指汽车运输。

汽车货物运输是一种机动灵活、简捷方便的运输方式。在短途货物集散转运上,它比铁路、航空运输具有更大的优越性,尤其在实现"门到门"的运输和物流配送中,其重要性更为显著。尽管其他各种运输方式各有特点和优势,但或多或少都要依赖公路运输来完成最终两端的运输任务。例如铁路车站、水运港口码头和航空机场的货物集疏运输都离不开公路运输。

但公路运输也有一定的局限性。如载重量小,不适宜装载重件、大件货物;不适宜走长途运输,运距短;车辆运行中震动较大,易造成货损货差事故;运输成本较水运和铁路运输高。

四、航空货物运输

1903 年 12 月,美国莱特兄弟完成了首次飞行,实现了人类梦寐以求的翱翔蓝天的愿望。第一次世界大战后期,开始出现了航空运输。随着飞机设计和制造技术的提高,电子和信息技术的发展,航空运输的国际化日趋完善。1947 年,负责处理国际民航事务的政府间组织——国际民航组织(International Civil Aviation Orgnization,简称 ICAO)正式成立,现有缔约国185 个。此后,全世界航空运输事业得到了迅猛的发展。

我国的航空货物运输是在 1950 年之后才获得较大发展的。1998 年 8 月 18 日,东方航空公司和中远集团公司共同成立了中国第一家专业航空货运公司——中国航空货运有限公司,标志着中国航空货运发展到了一个新阶段。2002 年 1 月 1 日,中国国际航空公司货运公司成立。专业货运公司的成立,是航空货运发展的必然选择。

航空货物运输的特点概括如下：

（1）速度快。现代喷气式运输机，时速都在 900 km 上下，比海船快 20～30 倍，比火车快 5～10 倍。速度快是航空运输的最大优势和主要特点。

（2）灵活。飞机是在广阔的空中飞行，较之火车、汽车或船舶，受到线路制约的程度要小得多。飞机可以按班期飞行，也可以作不定期飞行；可以在固定航线上飞行，也可以在非固定航线上飞行。

（3）安全。飞机一般是在两点间作直线飞行，不受地面条件限制，运输速度又快，因此航空货物运输相对而言比较安全。

（4）货物空运的包装要求通常比其他运输方式要低。在空运时，用一张塑料薄膜包裹货盘货物并不少见，空中航行的平顺性和自动着陆系统减少了货损的可能性，因此，可以降低包装要求。

（5）载运能力低，单位运输成本高。因飞机的机舱容积和载重能力较小，因此，单位运输周转量的能耗较大，除此之外，机械维护及保养成本也较高。

（6）受气候条件限制。因飞行条件要求很高（保证安全），航空运输在一定程度上受到气候条件的限制，从而影响运输的准点性与正常性。

（7）可达性差。一般情况下，航空运输很难实现货物的"门到门"运输，必须借助其他运输工具（主要为汽车）转运。

五、邮政运输

世界各国的邮政业务均由国家办理，而且均兼办邮包运输业务。国际上，各国邮政之间订有协定和公约，通过这些协定和公约，使邮件包裹的传递畅通无阻，四通八达，形成全球性的邮政运输网，从而使国际邮政运输成为国际贸易中普遍采用的运输方式之一。

国际邮政运输（international parcel post transport），概括起来主要有以下几个特点。

1.具有广泛的国际性

国际邮政运输是在各国平等互利、相互协作配合的基础上，遵照国际邮政公约和协定的规定进行，因此具有国际性。

2.具有国际多式联运性质

国际邮政运输过程一般需要经过两个或两个以上国家的邮政局和两种或两种以上不同的运输方式的联合作业才能完成。但从邮政托运人角度来说，他只要向邮政局照章办理一次托运，一次付清足额邮资，并取得一张包裹收据（parcel post receipt），全部手续即告完成。至于邮件运送、交接、保管、传递等一切事宜均由各国邮政局负责办理。邮件运抵目的地，收件人即可凭邮政局到件通知和收据向邮政局提取邮件。所以，国际邮政运输就其性质而论，具有国际多式联运性质。

3.具有"门到门"运输性质

各国邮政局如星斗密布于全国各地，邮件一般可在当地就近邮政局办理。邮件到达目的地后，收件人也可在当地就近邮政局提取邮件，甚至，邮政人员上门收取邮件和送邮件上门。

但国际邮政运输与其他运输方式毕竟不同。国际邮政运输主要任务是通过国际邮件的传递，沟通和加强各国人民之间的联系，促进相互间的政治、经济和文化的交流，这与国际贸易中的大宗货物运输在业务性质上是存在差别的。

国际邮政运输，按运输方法分为水陆路邮政运输和航空邮政运输；按邮件内容性质和经营方式可分为函件和包裹两大类。国际邮政运输,对邮件重量和体积均有限制,如每件包裹重量不得超过 20 kg,长度不得超过 1 m。邮政运输只适宜运输重量轻、体积小的商品。

六、管道运输

管道运输(pipeline transportation)是指主要利用埋藏地下的运输管道,通过一定的压力差而完成的商品(多为液体货物和气体货物)运输的一种现代运输方式。

管道运输是一种特殊的运输方式,与普通货物运输形态完全不同。普通货物运输是货物随着运输工具的移动,被运送到目的地;而管道运输的运输工具本身就是管道,是固定不动的,只是货物本身在管道内移动。

作为流体物质运输的主要方式,管道运输有其显著特点,主要表现在以下几个方面:

(1)高度专业化,适于运输气体和液体货物。管道运输主要担负单向、定向、量大的流体货物(如石油、天然气、煤浆、渠生化学制品原料等)运输。

(2)运量大。一条输油管线可以不断地完成输送任务,根据其管道的大小不同,其通常的运输量可达数百万吨,甚至过亿吨。

(3)占地少,运输迅捷。运输管道通常埋在地下,其占用土地很少,而且运输管道可以走捷径,缩短起讫点的运距。

(4)稳定性强,不受地面气候影响并可连续作业。管道运输受气候条件影响小,并很少出现机械故障,便于长期稳定运行。

(5)耗能低,效益高,成本低。管道运输能力大,单位能耗小;自动化程度高,占用劳动力少;货物在管道移动,对货物的损坏和损失都较小;运输的货物无须包装,节省包装费用;管道运输的经营管理也比较简单。

(6)永远是单方向运输,灵活性差。管道运输不如其他运输方式灵活,它不能随便扩展管线,缺乏伸缩性,只能为有限的地区和地区内的有限地点提供服务,并且也只能单向运输。对一般客户而言,管道运输要与其他运输方式(铁路运输或公路运输)配合才能完成。

管道运输就其铺设工程可分为架空管道、地面管道和地下管道,其中以地下管道应用最为普遍。视地形情况,一条管道也可以三者兼而有之。

管道运输就其地理范围可分为从油矿至聚油塔或炼油厂,称为原油管道(crude oil pipe-line);从炼油厂至海港或集散中心,称为成品油管道(product oil pipeline);从海港至海上浮筒,称为系泊管道(buoy oil pipeline)。

管道运输就其运输对象又可分为液体管道(fluid pipeline)、气体管道(gas pipeline)、水浆管道(slurry pipeline)。

此外,管道运输与其他运输一样,也有干线和支线之分。

现代管道运输始于 19 世纪中叶,以 1865 年美国宾夕法尼亚州建成第一条原油输送管道为标志,而它的进一步发展则是在 20 世纪。随着第二次世界大战后石油工业的发展,管道运输进入了一个新阶段,各产油国竞相开始兴建石油及油气管道。

中国是世界上最早利用管道进行货物运输的国家之一,但其发展缓慢。1949 年以前,中国的长输管道几乎为零,直到 1958 年新疆克拉玛依油田开发后,才自行设计建造完成了克拉玛依—独山子炼油厂的两条平行输油管道(全长 300 km),它标志着中国的长输管道建设掀开新的一页。此后,我国相继建成了一定规模的大型油气长输干线管网。到目前为止,我国的大型油气长输干线管网主要有:

（1）原油管道输送系统

中国目前已建成四个具有一定规模的原油管道输送系统：一是 1970 年开始建设，集大庆、吉林、辽河三大油区的原油管道输送于一体，以东北输油管道和秦皇岛—北京输油管线为主体的东北地区大型原油管道输送系统，总长度约 3 000 km；二是随着华北、胜利和中原油田的开发，1975 年开始建设的以鲁宁线、东黄（复）线、东临（复）线为主体的华东地区大型原油管道输送系统，总长度约 2 000 km；三是新疆油田管道输送系统，由克拉玛依油田分别到百口泉、独山子炼油厂和乌鲁木齐至火烧山油田，全长 1 082 km；四是连接塔里木油区和吐哈油区的原油长输管线，全长 1 137 km。

（2）天然气管道系统

中国已建成并投入商业运营的大型输气干线系统有四个：一是以四川气区为核心，连接各矿区和成都、重庆两大城市的四川环形管网；二是以中原油田为核心，连接沧州、济南、开封、郑州等城市的中原华北管网；三是以靖边气田为核心，连接北京、天津、西安、银川等城市的输送管网；四是从南海崖到香港的海底天然气输送管道。

（3）成品油管道

成品油管道的建设与原油管道和天然气管道相比，发展缓慢。我国的成品油消费量居世界第五位，但已建成的成品油管道仅有 6 条，总长 1 850 km。

（4）其他管道

除输油（气）管道以外，中国还建成了少量的输送其他介质管道，如输卤水管道、输矿浆管道等。

七、国际多式联运

国际多式联运（international combined transportation）是指按照多式联运合同，以至少两种不同的运输方式，由多式联运经营人将货物从一国境内接管货物的地点运到另一国境内指定交付货物的地点。

国际多式联运的主要特点是：由多式联运经营人与托运人签订一个运输合同（one contract），实行运输全程一次托运（one contact）、一张单证（one document）、一次计费（one price）、一次保险（one insurance），并由多式联运经营人对全程负责，手续简便，方便货主。

早在 20 世纪 50 年代，美国铁路将载有集装箱的半挂车装载平车上进行驼背运输，开始了公路和铁路的联运。进入 20 世纪 60 年代，海陆的联运才发展起来。首先在美国，随后 20 年来在欧洲及亚洲一些地区得到推广，目前在国际上已普遍发展起来。中国的多式联运市场现在仍处于发展的初级阶段，与国际上的多式联运发展水平相距甚远。这一阶段的特点是参与者较少，且由几家国有的多式联运经营人，如中外运和中远等来经营。

从 1973 年天津、上海—神户、横滨第一次国际集装箱试运，到 1979 年中国外轮代理公司被允许经营货代业务、1987 年中远货运部（后成立中远货运公司）的成立，中远的货代业务在全国范围内广泛开展起来，并且与铁路、公路和水运部门建立横向联合，先后与日本、美国、泰国、意大利等国运输公司签订了 40 多个国际多式联运协议。1986 年签订了国内的海铁联运协议，与铁道部运输局共同开放办理国际集装箱海铁联运的铁路站 40 多处。1994 年，中铁集装箱运输中心、中铁对外服务公司与香港九龙广州铁路公司、东方海外（OOCL）、马士基（Maersk）、中远集团（COSCO）合作，进行铁路集装箱联运。

目前，我国的国际多式联运航线（均为双向）主要有：

- 日本港口—日本内地；
- 美国港口—美国、加拿大内地；
- 澳大利亚、新西兰港口—澳大利亚、新西兰内地；
- 欧洲港口—欧洲内地；
- 地中海港口—地中海沿岸及欧洲内地；
- 波斯湾港口—中东内地；
- 东南亚地区港口—东南亚内地。

第二节　国际货物运输在现代物流中的地位和作用

众所周知,物流概念源于美国。现代物流泛指原材料、产成品及相关信息从起点至终点有效流动的全过程。它将运输、仓储、装卸、加工、整理、配送、信息等方面有机结合,形成完整的供应链,为用户提供多功能、一体化的综合性服务。国际货物运输在现代物流中具有非常重要的地位和作用。

一、国际货物运输在现代物流中的地位

1.国际货物运输是发展现代物流的基础

在经济全球化的大背景下,生产要素的流动日益国际化。现代物流呈现出国际化、全球化、全程化等多种趋势。各种货物运输方式的综合成为现代物流企业的必然选择。物流离不开运输,现代物流离不开国际货物运输的支持。

2.国际货物运输成本在现代物流成本中占有很大的比重

在实现物质流动的过程中,因为运输要征服空间,并充分利用时间,因此运输对资源的消耗非常大。1994 年美国物流成本的运输开支为 4 250 亿美元,占当年美国物流成本的58.2%。欧洲发达国家的运输成本也占到物流成本的 1/3。考虑到我国的人工费用较为低廉,运输费用在我国物流成本中将排在第一位。

3.国际货物运输是国际物流实现的必要条件

自然资源的分布和国际分工导致了国际贸易、国际经济技术合作。货物和商品的转移,带动了国际运输和国际物流的产生和发展。无论是出口商还是进口商,都希望找到一家国际物流公司为其提供稳定、可靠的物流服务。如果没有国际物流服务作为支撑,国际贸易将受到影响。在个性化、全程化的现代物流需求下,单一的运输方式无法满足用户的需要,只有依靠两种或两种以上的运输方式的协同运输,才能满足用户的需要。由于国际物流是在不同的国家之间进行的,因此国际物流具有运输距离长这一特征。距离长的特点,使国际物流对国际货物运输的设计、组织提出了较高的要求。

二、国际货物运输在现代物流中的作用

1.国际货物运输能够实现商品的大范围的空间流动

物流主要包括保管、仓储、包装、运输、装卸、配送、流通加工、信息处理等活动。物流中"流"是最重要的活动,也是物流管理追求的目的。要使商品流动起来,运输是不可或缺的环节。现代物流条件下,要求运输活动由单一的传统运输方式向多种运输方式的综合转变,只有综合的国际货物运输才能实现货物大范围的空间位移。

2.国际货物运输能够产生新的时空效应

国际货物运输能够在全球范围内实现物质的空间定位,能够较好地实现和创造物质的"场所效应"。同种物质由于其所处的空间场所不同,其使用价值的实现程度就会不同,产生的社会和经济效益也会不同。通过国际货物运输,可以将物质运输到场所效应最高的地方,最大程度地发挥物质的潜力,实现资源的最优配置,并最终达到"物尽其用"的目的。

3.国际货物运输能够实现大范围物质的空间定位

物流是以最小的总费用,按用户的要求将物质从供应地向需要地转移的过程。在既定设施网络和信息能力的条件下,运输是从地理上给存货定位的一个物流作业领域。在国际货物运输的支持下,现代物流可以在全球范围内实现物质的及时、快速、准确到位的物流服务。工商企业在现代物流的支持下,可以实现企业生产经营的"零库存"。

4.国际货物运输能够实现现代物流各个环节的有机衔接

物流的各个环节原本在时间和空间上是相互分离的,没有运输活动,物流的各个活动无法连接成一条有效的物流供应链;物流各个环节彼此之间无法协调、互补,产生协同效应,现代物流就无法形成和发展。因此,国际货物运输是现代物流不可或缺的环节。一个完整的现代物流供应链需要靠运输这一条主线来将各个环节有机地串联起来。

5.国际货物运输能够降低物流成本,缩短物质的在途时间

在对各种运输进行了统筹和优化后,铁路、公路、航空、水路、邮政、管道之间相互协调,相互加强,形成优势互补、连接贯通、分工合作的交通运输综合体,物质的运送时间大大缩短。物质的流动速度得到提高,物流的成本也将随之减少,企业将赢得宝贵的竞争时间,现代物流的服务水平将得到大幅度的提高。现代物流的宗旨是:以最快捷、最经济的优质服务满足消费者的物流需求。国际货物运输的开展将为现代物流的发展提供有力的支持。

第三节　国际货物运输的主要当事方

国际货物运输依据国际货物运输合同进行。国际货物运输的主要当事方包括以下三方。

一、承运人(carrier)

是指专门经营水上、铁路、公路、航空等货物运输业务的交通运输部门,如船公司、铁路运输公司、公路运输公司、航空公司等。它们一般都拥有大量的运输工具,为社会提供运输服务。

二、货主(merchant)

是指专门经营进出口商品业务的外贸部门或进出口商。他们为履行贸易合同,必须组织办理进出口商品的运输,是国际货物运输工作中的托运人(shipper)或收货人(consingee)。

三、运输代理(transport agent)

1.代理的含义及基本特征

代理是指代理人在代理权限内,以被代理人的名义实施民事法律行为。被代理人对代理人的代理行为,承担民事责任。

代理的基本特征是:

一是代理是代理人根据被代理人的委托授权或代理权而进行的活动。代理权有否是代理人的代理行为是否有效的前提条件,是代理人活动的基础。代理权除法律或行政命令规定者

外,主要是来自被代理人的委托授权,即委托代理。

二是代理人的代理活动必须以被代理人的名义进行。代理就是代替被代理人进行民事法律行为,而这种民事法律关系的主体是被代理人,以谁的名义参加民事活动就意味着谁是权利和义务的承担者,就意味着要承担相应的民事责任。因此,代理人必须以被代理人的名义进行民事法律行为。如果以他自己的名义从事活动,就不是代理行为,而是行纪活动。是否以被代理人的名义参加民事活动是代理的最重要的特征。

三是代理人在授权范围内独立地表达自己的意思。代理人在进行代理行为时,要以自己独立的意思表示来反映被代理人的意志,完成被代理人委托的事宜。代理的这一特点,使其与传达人、居间人的行为区别开来。传达人只是把当事人的意思表示机械地传达给对方,传达人自己不作任何意思表示。居间人只是在当事人之间起媒介作用,促使意欲进行民事法律行为的双方达成协议,也无权在当事人之间的民事法律行为中表示自己的意思。

四是代理人的代理行为所产生的法律后果直接由被代理人负责。

2. 运输代理的法律地位

运输代理是从事运输业的代理。首先,运输代理是民法中的代理,具有代理的所有基本特征。但是,运输代理在国际货物运输中的法律地位有时又比较特殊,除作为代理受委托代理合同制约之外,在某些情况下,运输代理也会直接成为运输合同的当事人。这种情形主要存在于运输代理中的一种——货运代理身上,如海运运输中的集拼操作,货运代理通常都是接受货主的订舱,出具货运代理自己抬头的分提单用于货主的结汇,再以自己名义向船公司订舱,从船公司手中获取海运提单。在这一过程中,出现了两套提单运作,两个运输合同,而货运代理是两个运输合同的直接当事人,只是在两个合同中的身份不同罢了。货运代理在何种情形下具有何种身份,应承担什么样的法律责任,本书将在第一章第四节详细介绍。

3. 运输代理的种类

(1)租船代理。又称租船经纪人(shipping broker),指以船舶为商业活动对象而进行船舶租赁业务的人。主要业务是在市场上为租船人寻找合适的运输船舶或为船东寻找货运对象,以中间人身份使租船人和船东双方达成租赁交易,从中赚取佣金。因此,根据他所代表的委托人身份的不同又分为租船代理人和船东代理人。

(2)船务代理(shipping agent)。指接受承运人的委托,代办与船舶有关的一切业务的人。主要业务有船舶进出港、货运、供应及其他服务性工作等。船方的委托和代理人的接受以每船一次为限的,称为航次代理;船方和代理人之间签订有长期代理协议的,称为长期代理。

(3)货运代理(freight forwarder)。指接受货主的委托,代表货主办理有关货物报关、交接、仓储、调拨、检验、包装、转运、订舱等业务的人。主要有订舱揽货代理、货物装卸代理、货物报关代理、报检代理、转运代理、理货代理、储存代理、集装箱代理等。货运代理按运输方式的不同可分为水上货运代理、公路货运代理、铁路货运代理、航空货运代理。

(4)咨询代理(consultative agent)。指专门从事咨询工作,按委托人的需要,以提供有关国际贸易运输情况、情报、资料、数据和信息服务而收取一定报酬的人。

以上各类代理之间的业务往往互相交错,如不少船务代理也兼营货运代理,有些货运代理也兼营船务代理等。

第四节　国际货运代理

国际货运代理发展到今天,在促进本国和世界经济发展的过程中起着越来越重要的作用。他们不仅可以代货主操作所有进出口货运手续,而且还可以充当第三方物流经营人提供综合的、一体化的物流服务,简化国际贸易程序,降低物流成本。目前,我国企业名称中含有"货运代理""运输服务""物流""仓储""配送""集运"等相关字样的公司,其实质大多都是货运代理。

一、国际货运代理的发展历史和现状

从公元 10 世纪起,国际货运代理开始出现。起初,国际货运代理作为进出口商的佣金代理,依附于货方进行各种经营管理。到了 16 世纪,已有相当数量的国际货运代理公司签发自己的提单、运单及仓储收据等。18 世纪,国际货运代理开始把几家托运人运往同一目的地的货物集中起来托运。到了 19 世纪的中后期,国际货运代理业已在海上货物运输和铁路货物运输中占有重要地位。

1926 年 5 月 31 日,16 个国家的国际级货运代理协会在奥地利首都维也纳成立了国际货运代理协会联合会,即 FIATA(Fédération Internationale des Associations de Transitaires et Assimilés),标志着国际货运代理的国际合作进入了一个新时代。第二次世界大战后,随着国际航空货物运输的发展,各国出现了专门从事空运的代理,并开展了集运业务,现在世界上大约 80% 的空运货物由空运代理掌握。

20 世纪 50 年代,公路运输有了规模空前的发展,公路运输的国际货运代理队伍也随之壮大。

我国的国际货运代理业虽在鸦片战争后就已开始出现,但在新中国成立前一直被帝国主义和资本主义国家的洋行所控制和垄断。新中国成立后,在计划经济体制下,我国的国际货运代理业呈高度集中状态,一律由中国对外贸易运输总公司及其分公司经营。改革开放后,1984 年,中国远洋运输总公司开始经营国际货运代理业务,才开始打破了由中国对外贸易运输公司一家垄断的局面。之后,国际货运代理业在我国如雨后春笋般蓬勃发展起来。20 世纪后期,随着现代物流观念的深入人心,许多国际货运代理纷纷进化为第三方综合物流经营人。

二、国际货运代理的定义

各国对国际货运代理的称谓不尽相同,例如"通关代理行""清关代理人""报关代理人""船货代理"等,而我国则称之为"国际货运代理"。虽然称谓不同,但实际上含义是相同的。

国际货运代理原为一种佣金代理,系指代表进出口商完成货物的装卸、存储、安排内地运输、收取货款等日常业务的代理机构。现为国际贸易和运输的基本联系机构,但至今国际上尚无一个可以普遍接受的定义。

国际货运代理协会联合会对货运代理下的定义是:"货运代理是根据客户的指示,并为客户的利益而揽取货物运输的人,其本人并不是承运人,货运代理也可以依这些条件,从事与运送合同有关的活动,如储货、报关、验收、收款。"

我国 1995 年发布的《中华人民共和国国际货物运输代理业管理规定》中,对"国际货运代理业"作了如下定义:"是指接受进出口货物收货人、发货人的委托,以委托人的名义或者以自己的名义,为委托人办理国际货物运输及相关业务并收取服务报酬的行业。"

由上述定义可以看出,国际货运代理的基本特点就是受委托人的委托或授权,代办各种国际贸易、运输所需要的服务。国际货运代理业是提供综合性服务的行业。在提供服务的过程中,既可以以委托人的名义,也可以以自己的名义为委托人服务。

三、国际货运代理的业务范围

《中华人民共和国国际货物运输代理业管理规定》(以下简称《国际货运代理业务管理规定》)及其《中华人民共和国国际货物运输代理业管理规定实施细则(试行)》比较全面地概括了国际货运代理的业务范围。

国际货运代理企业可以作为代理人或者独立经营人从事经营活动。其经营范围包括:

- 揽货、订舱(含租船、包机、包舱)、托运、仓储、包装;
- 货物的监装、监卸,集装箱装拆箱、分拨、中转及相关的短途运输服务;
- 报关、报检、报验、保险;
- 缮制签发有关单证、交付运费、结算及交付杂费;
- 国际展品、私人物品及过境货物运输代理;
- 国际多式联运、集运(含集装箱拼箱);
- 国际快递(不含私人信函);
- 咨询及其他国际货运代理业务。

四、国际货运代理的法律地位和责任

国际货运代理的法律地位及其相应的责任、权利与义务在一国乃至全世界都是一个难以解决的问题。实际运作中将由有关国家法律体系的类型所决定,或以判例法为基础,或以国家的商法典为基础。国际货运代理处于代理人还是缔约当事人的法律地位,要根据具体事实和所属管辖权国家的法律而定。

1.普通法系国家国际货运代理的法律地位

普通法系国家,因多采用判例法,各案在具体事实上的微小区别就可能导致一个截然不同的判决结果。国际货运代理法律地位的判定在普通法系国家难以给定一个统一标准,人们不得不在一个又一个具体的案例中寻求货运代理是以代理人的身份行事还是以当事人的身份行事。

我们以美国为例。根据美国法律的有关规定,国际货运代理可分为以下三种:

(1)受洲际《贸易法》第 4 章所调整,并根据该法第 402 条(1)款中的规定,国际货运代理是指"坚持面向广大公众(不同于快运、管道、铁路、卧车、汽车或水上承运人)提供财产运输服务,为取得报酬而在其通常业务过程中:(a)收集和集中或为收集和集中货物提供服务,装运、完成装运中的分散和分配货物任务或为此提供服务;(b)承担从收货地到目的地运输责任;(c)除了洲际商贸委员会的管辖权之外,根据该法第 105 章的第 I、II 或 III 分章,为任何一部分运输选用承运人。"这种国际货运代理具有双重身份,即:对于委托人来说,他是公共承运人,而对于实际承运人来说,他则是托运人。

(2)对于由联邦海事委员会管理的远洋货运代理的作用,1984 年《航运法》第 3 条(19)款规定如下:"在美国'远洋货运代理'是指这样的人员:(a)通过公共承运人从美国发送货物以及代表托运人为发送货物订舱或安排舱位;(b)处理文件或处理与发送货物有关的各项事务。"远洋货运代理明显地是代表托运人行事,并由托运人支付报酬,承运人可正当地支付给持证的

远洋货运代理以经纪人佣金。与此同时,《航运法》禁止支付可能构成给托运人运费回扣的任何费用。远洋货运代理不承担公共承运人的责任。

(3)无船公共承运人,内陆业务受洲际商贸委员会管理,沿岸业务受联邦海事委员会管理。1984年《航运法》第3条(17)款对无船公共承运人作了规定:"'无船公共承运人'是指并不经营提供远洋运输船舶业务的公共承运人,同时,他在与远洋公共承运人的关系中则是一位托运人。"如同国际货运代理,无船公共承运人亦具有双重身份,即:与托运人的关系中作为公共承运人,而在与实际承运人的关系中则为托运人。

2. 大陆法系国家国际货运代理的法律地位

在大陆法系国家,国际货运代理的法律地位及其相应的权利一般由商法典的规定来确定。就总体而言,它是建立在国际货运代理以其本人名义代表委托人开展业务的前提下,签订的此类合同,即所谓委托合同。因而,对委托人而言,他是代理人,属代理关系;对承运人而言,他是委托人,属当事人关系。但大陆法系国家对国际货运代理的法律地位的规定也存在很大差异,最典型的代表是法国和德国。

根据法国的法律,对国际货运代理所履行的职能赋予不同的名称,并以此区分国际货运代理作为"当事人"或作为"代理人"。例如"运输代理",是以其自己的名义作为合同当事人的货运代理,其责任在法国《商法典》第97条至第99条中作了规定:这种代理"对结果负责",不管其选择使用何种方式,他都要对托付给他的、由他照料的货物负责,并承担将货物送抵目的地之责任(无论是否由其本人的过失所引起,他都要对运输合同负责),如同任何其他承运人一样,提供适当的文件交付货物时,就要对由此所遭受的损失负责。又如"货物转运代理"则是公开以某委托人的名义行事的国际货运代理,其责任在法国《民法典》中由委托合同的条款加以规定。委托合同是三个当事人,即托运人、承运人和国际货运代理之间订立的默契,所以在从事实际运输中引起赔偿责任时,托运人可以控告国际货运代理,也可以控告承运人。从这个意义上讲,对实际运输过程中的责任,法国法律允许发货人在货运代理和承运人之间作出选择。

德国的法律就大不相同了。国际货运代理除非本人亲自执行运输,即为实际承运人,承担运输范围内的责任,否则不承担合理履行运输合同的责任。此外,国际货运代理只能代表托运人和承运人签订合同,他只对选择承运人的疏忽及其在履行职责中的疏忽行为负责,托运人对因未合理履行运输引起的损失只能向承运人追偿。

3. 我国国际货运代理的法律地位

我国对国际货运代理的法律地位唯一作出比较明确规定的就是《中华人民共和国国际货物运输代理业管理规定实施细则》(以下简称《实施细则》)。

《实施细则》第2条规定:"国际货物运输代理企业(以下简称国际货运代理企业)可以作为进出口货物收货人、发货人的代理人,也可以作为独立经营人,从事国际货运代理业务。

国际货运代理企业作为代理人从事国际货运代理业务,是指国际货运代理企业接受进出口货物收货人、发货人或其代理人的委托,以委托人名义或者以自己的名义办理有关业务,收取代理费或佣金的行为。

国际货运代理企业作为独立经营人从事国际货运代理业务,是指国际货运代理企业接受进出口货物收货人、发货人或其代理人的委托,签发运输单证、履行运输合同并收取运费以及服务费的行为。"

可见,我国对国际货运代理的法律地位划分为两种:代理人和独立经营人(即当事人)。

综上所述,尽管各个国家对国际货运代理的法律地位的判定有着不同的规定,但大体都可以把国际货运代理的法律地位划分为两大类:作为代理人身份和作为当事人身份。何时作为代理人身份,何时作为当事人身份,要根据具体业务来区分,并根据所属国法律来认定。概括起来有以下几个区分标准:

(1)收入取得的方式

区分国际货运代理身份的一个重要标志,是从托运人那里取得的是佣金,还是运费差价。国际货运代理如果从托运人那里得到的是佣金,或者从承运人那里得到的是经纪人佣金,则被视为代理人;反之,若从不同的运费费率差价中获取利润,则被视为当事人。这里问题的关键是合同的规定,即国际货运代理与托运人之间的委托合同条款一定要写明,委托人要求国际货运代理从事的一切业务活动均属代理性质,收取的费用是代理佣金(而不是差价)。

(2)提单签发的方式

通常国际货运代理签发自己的提单,会被视为承运人,即无船承运人,承担当事人的责任。

知识链接

无船承运人(non vessel operating common carrier:NVOCC),《中华人民共和国海运条例》第七条:无船承运业务,是指无船承运业务经营者以承运人身份接受托运人的货载,签发自己的提单或者其他运输单证,向托运人收取运费,通过国际船舶运输经营者完成国际海上货物运输,承担承运人责任的国际海上运输经营活动。

(3)经营运作的方式

国际货运代理若以自己的名义签订运输合同,并通过向托运人收取一笔纯粹的运费,转而向其他承运人支付较之收取的运费略低的运费,从这两笔运费的差价中赚取适当的利润;或者国际货运代理将诸多委托人的货物合并装入一个集装箱,从事拼箱、混装服务,以取得更多的收益,在这种情况下,国际货运代理对委托人来说其身份为当事人,其责任为承运人的责任。

(4)习惯做法与司法认定

需要注意的是,习惯做法并不能成为司法认定的依据。如在某些地方(如伦敦运输交易市场),国际货运代理的确是作为托运人的代理人行事,但为了尽快替委托人订妥舱位,国际货运代理常以自己的名义与承运人订立合同,这是合理的习惯做法。但是,一旦出现问题,如货物没有按时到达装货地点,根据所属国司法机关的认定,承运人可以向国际货运代理要求亏舱费的赔偿。国际货运代理赔付后可向委托人追偿。也就是说,国际货运代理只要以其自己的名义行事,即使本身没有过失,也会因其当事人的身份而承担责任,同时享有向过失方进行追偿的权利。

此外,还有一些可供参考的用以判断国际货运代理身份的标准。如:①在合同文件中表示国际货运代理义务特性的方式;②支付方式,国际货运代理按运费、费用,外加一笔收入结算,还是从运费结算中提取一定的百分比,或者收取包括一切费用在内的总运费;③托运人是否已知道实际承运其货物的运输公司;④当事人双方过去相互交往的方式。

4.国际货运代理的法律责任

(1)作为代理人的法律责任

作为代理人身份的国际货运代理,其法律责任的确定应适用国家代理方面的法律法规,在我国则适用《合同法》和《民法通则》中关于代理的规定。

我国《民法通则》和《合同法》中关于代理的规定是不尽相同的。《民法通则》中规定代理人只能以被代理人名义实施行为;而《合同法》中的委托代理,不仅可以以被代理人(委托人)的名义实施行为,也可以以自己的名义实施行为。因而,探讨作为代理人身份的国际货运代理的法律责任,我们也从以下两方面进行:

①代理人(受托人)以被代理人(委托人)的名义实施行为

代理人只要在代理权限内,以被代理人的名义实施民事法律行为,其法律责任均由被代理人承担。无权代理和越权代理,只有经被代理人追认后,才由被代理人承担法律后果。《合同法》还确定了表见代理制度。可见,此时代理人的法律责任非常轻,但前提要尽到代理人的职责。作为代理人基本的职责是:

——提供代理服务时恪尽职守,采取合理措施,否则,由于未尽谨慎义务所导致的损失由代理人承担;

——选择、指示和监督第三人时要恪尽职守,否则将不能免除承担第三人的行为和疏忽所产生的损失。

②代理人(受托人)以自己名义实施行为

《合同法》第 402 条规定:"受托人以自己的名义,在委托人的授权范围内与第三人订立合同,第三人在订立合同时知道受托人与委托人之间的代理关系的,该合同直接约束委托人和第三人,但有确切证据证明该合同只约束受托人和第三人的除外。"

《合同法》第 403 条规定:"受托人以自己的名义与第三人订立合同时,第三人不知道受托人与委托人之间的代理关系的,受托人因第三人的原因对委托人不履行义务,受托人应当向委托人披露第三人,委托人因此可以行使受托人对第三人的权利,但第三人与受托人订立合同时如果知道该委托人就不会订立合同的除外。受托人因委托人的原因对第三人不履行义务,受托人应当向第三人披露委托人,第三人因此可以选择受托人或委托人作为相对人主张其权利,但第三人不得变更选定的相对人。委托人行使受托人对第三人的权利的,第三人可以向委托人主张其对受托人的抗辩。第三人选定委托人作为其相对人的,委托人可以向第三人主张其对受托人的抗辩以及受托人对第三人的抗辩。"

403 条内容比较多,主要介绍了委托人的介入权和第三人的选择权。

委托人的介入权,是指在受托人与第三人的合同关系中,委托人取代受托人的地位,介入到原本是受托人与第三人的合同关系中。委托人行使介入权的条件是:第一,受托人以自己的名义与第三人订立合同,第三人不知道受托人与委托人之间的代理关系;第二,当第三人不履行合同并间接影响到委托人利益时,受托人应当向委托人披露第三人;第三,委托人知道第三人时,有权决定是否行使介入权。如果行使,应立即通知第三人。除第三人与受托人订立合同时如果知道是委托人就不会订立合同的情况外,委托人取代受托人的地位,该合同直接对委托人和第三人发生法律效力。如货运代理实践中,当实际承运人不能按时派船装货,货主可以取代货运代理直接要求实际承运人履行原由货运代理与实际承运人之间签订的合同。

第三人的选择权,指在受托人与第三人的合同关系中,因委托人的原因造成受托人不履行义务,受托人应当向第三人披露委托人,第三人因此可以选择受托人或委托人作为相对人主张其权利,即第三人既可以选择受托人承担违约责任,也可以选择委托人承担违约责任,但只能选择其一,选定以后不能再变更。如货运代理合同中,当货主不能如约支付运费,造成货运代理对实际承运人违约的情况下,实际承运人可以选择货主或货运代理公司支付运费。

（2）作为当事人的法律责任

作为当事人身份的国际货运代理,其法律责任应按其充当的不同当事人身份适用相应的法律法规来确定。在国际货运实践中,国际货运代理可以充当的当事人角色包括:货主、仓储经营人、装卸人、装箱拆箱人、无船承运人、契约承运人、公路承运人、多式联运经营人、综合物流服务经营人等,涉及的法律法规也非常多,在此不作详述。

五、国际货运代理协会联合会（FIATA）

1.FIATA 简介

国际货运代理协会联合会 FIATA,是法文"Fédération Internationale des Associations de Transitaires et Assimilés"的缩写,中文译为"菲亚塔",1926 年 5 月 31 日在奥地利维也纳成立,总部设在瑞士苏黎士,是世界运输领域最大的非政府和非营利性的组织,被称为"运输建筑师"（Architects of Transport）,具有广泛的国际影响。

FIATA 成员主要来自世界各国的国际货运代理协会,包括 40 000 个国际货运代理公司,800～1 000 万从业人员,遍布 150 个国家和地区。FIATA 在联合国经济与社会理事会（ECOSOC）、联合国贸易与发展委员会（UNCTAD）、联合国欧洲经济委员会（ECE）、亚太经社会（ESCAP）中扮演顾问咨询的角色。同时也被许多政府组织、权威机构和非政府的国际组织,如国际商会（ICC）、国际航空运输协会（IATA）、国际铁路联合会（UIC）、国际公路运输联合会（IRU）、世界海关组织（WCO）、世界贸易组织（WTO）等一致确认为国际货运代理业的代表。

FIATA 的影响遍及世界各个角落,有自己的出版物,还制定了国际货运代理标准交易条件范本、FIATA 国际货运代理业示范法、各种 FIATA 单证。

2.FIATA 的宗旨和目标

FIATA 的宗旨和目标是:团结全世界的货运代理行业;以顾问或专家的身份参加国际性团体处理运输业务,代表、促进和保护运输业的利益;熟悉贸易、企业和货运代理,以发布信息和出版物等方式开辟一个提供服务的公共场所;通过促进和统一国际货运代理标准交易条件,改进和提高服务质量;协助货运代理进行职业训练,处理保险责任及电子数据交换等问题。

3.FIATA 单证

FIATA 所制定的几种统一格式的单证已被世界各国的国际货运代理广泛采用,获得一致赞赏与信任,同时得到世界各国银行及有关机构的认可,享有极好的声誉。

FIATA 单证和格式现有八种:FIATA 运送指示、FIATA 货运代理运输凭证、FIATA 货运代理收货凭证、FIATA 托运人危险品运输声明、FIATA 仓库收据、FIATA 多式联运提单、FIATA 多式联运运单、FIATA 托运人多式联运重量证明。其中,可转让多式联运提单是唯一得到国际商会批准的运输单证。根据《国际商会跟单信用证统一惯例》（UCP）第 26 条规定,它还可以作为海运提单签发,目前已被许多国家的货运代理协会所采用。

（1）FIATA 货运代理运输凭证（FIATA forwarders certificate of transport:FIATA FCT）

FIATA 货运代理运输凭证（FIATA FCT）是 FIATA 于 1959 年制定的标准运输单据。向发货人出具该运输凭证意味着国际货运代理负责按照该凭证的背面条款,通过其指定的分代理将货物运到目的地,并交付给该凭证的持有人。在货物交给国际货运代理待运时,国际货运代理应立即将运输凭证出具给发货人。该运输凭证表明国际货运代理有责任在发送及运输货物过程中,按照该凭证所列明的发货人的指示去做。该运输凭证可以背书转让,卖方可以凭运输凭证在银行结汇。

（2）FIATA 货运代理收货凭证（FIATA forwarders certificate of receipt：FIATA FCR）

FIATA 货运代理收货凭证（FIATA FCR）是 FIATA 于 1955 年制定的关于国际货运代理收到发给指定收货人的货物的标准凭证。国际货运代理收到货物后,立即将其收货凭证交与发货人,作为对货物负有责任的正式确认书。该收货凭证为非转让单据。

（3）FIATA 仓库收据（FIATA warehouse receipt：FIATA FWR）

FIATA 仓库收据（FIATA FWR）是 FIATA 于 1975 年专门为从事仓储业的国际货运代理制定的标准仓库收据,用于国际货运代理的仓储经营中。该收据受使用者国内法及其所适用的国际货运代理标准交易条件的约束。该收据不可转让,除非标明"可转让"字样。

（4）可转让的 FIATA 多式联运提单（negotiable FIATA multimodal transport bill of lading：FIATA FBL）

FIATA 多式联运提单（FIATA FBL）是 FIATA 于 1968 年制定的供国际货运代理充当多式联运经营人时使用的标准提单。签发该提单的国际货运代理既要履行该运输合同,承担在目的地交货的责任,又要对其雇佣的承运人及第三方的过失或疏忽负责。FIATA FBL 可以转让,银行接受其作为跟单信用证单据。它同时也可作为海运提单。

（5）不可转让的 FIATA 多式联运运单（non-negotiable FIATA multimodal transport waybill：FIATA FWB）

FIATA 多式联运运单（FIATA FWB）是 FIATA 制定的供国际货运代理充当多式联运经营人时使用的标准运单。FWB 与 FBL 最大的区别在于 FWB 不可转让。

（6）FIATA 运送指示（FIATA forwarding instructions：FIATA FFI）

FIATA 运送指示（FIATA FFI）是 FIATA 于 1984 年制作的证明国际货运代理与客户之间建立合同关系,并且安排运输的单据。

（7）FIATA 托运人危险品运输声明（FIATA shippers declaration for the transport of dangerous goods：FIATA SDT）

FIATA 托运人危险品运输声明（FIATA SDT）是 FIATA 于 1977 年为托运危险品的客户制作的标准单据,由托运人在涉及危险品的运输时填写、签署,并交付给国际货运代理的声明。该文件提供详细的资料,其中包括根据有关危险品运输规定划分的该危险品的等级。该文件作为国际货运代理根据适用于每一种运输方式的规定进行分类的指南,但国际货运代理对该文件中细节的正确性不负责任。

（8）FIATA 托运人多式联运重量证明（FIATA shippers intermodal weight certification：FIATA SIC）

美国认为,许多海难都是由于集装箱超重或由于货运公司不能正确估计集装箱重量所致。为了纠正类似情况,1992 年的《多式联运集装箱安全法》规定,如果集装箱重量超过了 13 154 kg,则必须提交货物重量和集装箱内垫料的证明材料。为了与此立法要求一致,FIATA 制定了这一证书。

实训项目

项目任务 1：查找客户信息

每人查询至少五个潜在的货运客户信息，汇总并整理在下表中。

提示：

①网络查询：通过国际物流服务平台网站，如锦程物流网、航运在线等；通过进出口、国际采购的 B to B 网站，如中国制造网、阿里巴巴等；利用百度等搜索引擎查询。

②在当地经济开发区、工业园区、贸易类公司比较集中的写字楼等地搜集潜在客户名称，通过 114 等查询或直接上门拜访。

③参加有货主参加的进出口商品交易会，如广交会。

序号	公司名称	联系人	联系方式	公司地址	备注（主要商品名称、货量、出口地点等）
1					
2					
3					
4					
5					

项目任务 2：查找国际货运代理信息

查找一个规模较大的、具有 NVOCC 资质的国际货运公司或物流公司信息（包括名称、地址、联系方式、业务范围、优势服务、组织结构等）。

法律思考

1997 年 9 月 26 日，国内 A 外贸公司委托同一城市的 B 国际货运公司，代理装运 1×20′集装箱的货物至 C 国 D 港，A 公司指定货物由 E 船公司承运。A 公司将货物送至 B 公司委托的集装箱货运站装箱，由于该集装箱货运站的过失，货物于 1997 年 9 月 29 日错装上 F 船公司至 G 港的船。错装事件发生后，A 公司、B 公司和 F 公司进行了协商，并达成一致，由 F 公司将货物运至 G 港，再转运至 D 港，货物运费 1 500 美元由 B 公司承担，作为对 A 公司的赔偿。F 公司向 A 公司签发了 No.303700 全程联运提单。10 月 24 日，货物运抵 G 港，但因种种原因，至 12 月 22 日还滞留在 G 港。A 公司在 D 港的客户因此拒收货物，该批货物被迫在 G 港作折价处理，A 公司损失 16 000 美元。

1999 年 4 月，A 公司准备向海事法院起诉。

(1)B 国际货运公司在本案中的身份是怎样的？该身份应当承担什么样的法律责任？

(2)A 公司选择向哪个地方的海事法院起诉？诉谁？诉由是什么？

深度探讨

1. 国际货运代理企业的行业管理现状和存在问题。

2. 如何证明一个国际货运代理企业的经营资质？

参考网站：

中华人民共和国交通运输部 www.moc.gov.cn

中华人民共和国商务部 www.mofcom.gov.cn

中国国际货运代理协会 www.cifa.org.cn

中华航运网 www.chineseshipping.com.cn

讨论引导：

(1)国际货运代理企业的主管政府部门。

(2)国际货运代理企业的行业组织。

(3)不同货运代理企业的设立条件,尤其是最低注册资本要求。

(4)商务部关于《中华人民共和国国际货物运输代理业管理规定实施细则》的修订工作。

(5)国际货运代理企业不同营运方式或不同业务内容须取得的资格证书。

第二章 国际海上货物运输

国际海上货物运输方式是国际货物运输中最为重要的运输方式之一。在国际货物运输的各种运输方式中,国际海上货物运输方式通常运量最大、运距最远、运价最低。本章将系统介绍国际海上货物运输的两种营运方式——班轮运输和租船运输的具体操作业务。

第一节 国际海上货物运输基础知识

一、国际海上货物运输的营运方式

国际海上货物运输的营运方式主要有两大类:班轮运输和租船运输。

1. 班轮运输

(1)班轮运输的概念

班轮运输(liner shipping),又称定期船运输。是指船舶按事先制订的船期表,在特定的航线上,以既定的挂靠顺序,经常地从事航线上各港口间的船舶运输。

班轮运输又可进一步分为两种形式:一种是定线定期班轮运输(又称核心班轮),即船舶严格按照船期表运行,到离港口的时间是固定不变的。这是班轮运输的主要形式。另一种是定线但不一定定期,虽有船期表,但船舶到离港口的时间可有一定的伸缩性;也有固定的始发港和终到港,但中途挂靠港则视货源情况可能有所增减。这就是所谓定线不严格定期的班轮运输。

自 20 世纪 60 年代后半期起,随着集装箱运输的发展,班轮运输又进一步分化为传统的杂货船班轮运输和集装箱班轮运输。由于使用集装箱船运输具有快速、装卸方便、装卸作业全部机械化、装卸效率高、货运质量高、便于开展联运等优点,越来越多的集装箱班轮运输已逐渐取代传统的杂货船班轮运输。所以,本章主要介绍集装箱班轮运输。

(2)班轮运输的特点

为了保证班轮运输能够做到严格按照事先制订的船期表运行,班轮运输的货运程序具有区别于其他营运方式的基本特点,主要有:

①班轮运输的承运人和货主之间在货物装船之前不书面签订运输合同,而是在货物装船后,由船公司或其代理人签发提单,其上记有详细的有关承运人、托运人或收货人的责任、权利和义务条款,并以此为依据处理运输中的有关问题。

②除承运批量较大的货物有时根据协议可允许托运人在船边交货和收货人在船边提货外,通常都要求托运人将货物送至承运人指定的码头仓库交货,和将货物卸至码头仓库后收货人在码头仓库提取货物。也就是说,承运人是在装货港指定的码头仓库接收货物,并在卸货港的码头仓库向收货人交付货物。在集装箱班轮运输中,承运人接收和交付货物的地点通常在码头堆场或货运站。

③班轮运输的承运人负责包括装货、卸货和理舱作业在内的作业,有时还负责仓库至船边或相反方向的搬运作业,并负担其全部费用。即所有装卸船费、理舱费均已计入班轮费率表所

规定的费率中,不另行计收。至于仓库与船边之间的搬运费,有的在运费率之外增收附加费,有的则计入运费率之内并向货方计收。

④班轮运输的承运人与货主之间不规定货物的装卸时间,也不计算滞期费和速遣费。仅约定托运人或收货人须按照船舶的装卸速度交货或提取货物,否则,应赔偿船方因降低装卸速度或中断装卸作业所造成的损失。

(3)班轮运输的优点

①能及时、迅速地将货物发送和运达目的港。由于班轮运输是按照预先公布的船期和在固定的航线上营运的,而且船舶的航速也较快,所以能够及时而且迅速地将货物发送和运达至目的港。这一点对货主来说是非常有利的,因为预知货物运抵目的港的时间能保障市场对货物的需要,减少资金的积压,加速资金的周转。

②特别适应零星小批量的件杂货对运输的需要。因为班轮经常在固定航线上有规律地从事运输,所以即使是零星小批量货物,货主也能随时向船公司托运,而不需要集中成大批量的货物后再交付运输。这样,货主能节省货物等待集中的时间和仓储费用。

③能满足各种货物对运输的要求,并能较好地保证货运质量。由于进行班轮运输的船舶技术性能好,设备较齐全,船员业务水平较高,又能提供遍布世界各港口的便利运输,所以能满足货主对货物运输的各种要求。

2. 租船运输

(1)租船运输的概念

租船运输,又称不定期船运(tramp shipping)。租船运输与班轮运输不同,没有既定的船期表,也没有固定的航线及挂靠港,而是根据货源情况,安排船舶就航的航线,组织货物运输,特别是整船运输的船舶营运方式。也就是说,是通过船舶出租人(shipowner)和承租人(charterer)之间签订运输合同或租船合同进行货物运输的营运方式。

(2)租船运输的特点

①没有既定的船期表,也没有固定的航线,而是按照合同的约定,安排船舶就航的航线,组织货物运输。

②特别适合于大宗散货的整船运输,如粮食、化肥、石油、煤炭、矿砂、钢材、木材等。这类货物的特点是批量大,价格低廉,不需要或仅需要比较简单的包装。相对于班轮运输而言,租船运输的运费或租金低,而且出租人可以根据承租人的需要,提供整船或部分舱位,并安排航线。

③船舶营运中的相关费用及风险由谁负责或承担,视租船合同的类别及合同条款而定。而在班轮运输下,一般由承运人负担。

④货物装船后,如果船长签发提单给承租人,则提单对于承租人和出租人来说,仅仅相当于货物收据(receipt of cargo);如果承租人通过背书把提单转让给第三人,此时提单还起着物权凭证(document of title)的作用。并且当提单转让给承租人以外的第三人手中时,提单对于出租人和第三人而言,还起着海上货物运输合同证明的作用。

⑤出租人与承租人之间通过签订租船合同或运输合同来明确双方的权利和义务。

(3)租船运输的种类

如前所述,租船运输是根据承租人对运输的要求而安排的船舶营运方式。因此,根据承租人不同的营运需要,就有不同的租船方式,其中最主要的是航次租船和定期租船。随着国家经济和海上运输的发展变化,又出现了光船租船、包运租船和航次期租船等不同的租船方式。

①航次租船(voyage charter)

航次租船又称航程租船或程租船,是指船舶所有人(出租人)提供一艘特定的船,在约定的港口之间进行一个航次或数个航次,运输指定货物的租船。承租人所租用的船舶,其航次可以是单程的也可以是来回程的,由承租人根据需要而定。如果签订一份租船合同时,规定船舶被租用数个航次,则称为连续航次租船。

②定期租船(time charter)

定期租船又称期租船,是指船舶所有人(出租人)将一艘特定的船提供给承租人使用一段时期的租船。租期的长短,主要由承租人根据其需要使用的时间及对租船市场船舶供求关系和租金水平的变化趋势的分析结果而定。

③光船租船(bare boat charter)

光船租船也是一种定期租船,是船舶所有人(出租人)将一艘特定的船提供给承租人使用一个时期的租船,但是,船舶所有人所提供的这艘特定的船只是一艘没有配备船员的空船。承租人接受了这艘船后还要为其配备船员才能使用,而且船员的给养、船舶的营运管理及一切费用都由承租人负责。严格地说,光船租船不属于承揽运输方式,而是一种财产的租赁,承租人从船舶所有人那里租用船舶这一运输工具。

④包运租船(contract of affreightment:COA)

包运租船是20世纪70年代国际上发展起来的一种新的租船方式。这种租船方式所签订的合同称为包运租船合同(COA合同)。所谓包运租船是指船舶所有人(出租人)提供给承租人一定的运力(船舶载重吨),在确定的港口之间,以事先约定的时间及约定的航次周期和每航次较均等的货运量完成合同规定的总运量的租船方式。承租人支付的运费根据双方商定的运费率和完成的总运量计算。船舶所承运的货物主要是货运量大的干散货或液体散装货。由于这种合同的性质,有关费用和风险的划分,基本上与航次租船方式相同,因此,国际上航运界有些人认为包运租船是航次租船派生出来的一种租船方式。

⑤航次期租船(time charter on trip basis:TCT)

航次期租船是目前国际上存在的以定期租船为基础的航次租船方式。即船舶按航次整船租赁,但租金按实际使用的天数计算,故又称为"日租租船"(daily charter)。

国际海上货物运输,不管采用哪一种营运方式,运输当事方都要订立国际海上货物运输合同或租船合同,来确定当事方之间的权利和义务。

二、国际海上货物运输合同

1. 国际海上货物运输合同的概念

依据我国《海商法》第41条的规定,"海上货物运输合同,是指承运人收取运费,负责将托运人托运的货物经海路由一港运至另一港的合同。"由于我国《海商法》第2条第2款规定"本法第四章海上货物运输合同的规定,不适用于中华人民共和国港口之间的海上货物运输",所以,这里所指的海上货物运输合同主要是指国际海上货物运输合同。目前,我国沿海港口至港澳台的海上货物运输视为特殊的国内海上货物运输,参照国际海上货物运输合同的规定处理。沿海货物运输合同适用于我国《合同法》以及交通运输部颁布的水路运输规则和管理规则。

2. 国际海上货物运输合同的当事方

(1)承运人(carrier)

依我国《海商法》第 42 条的规定，"承运人，是指本人或者委托他人以本人名义与托运人订立海上货物运输合同的人。"承运人是海上货物运输合同的一方当事人，负有承担履行海上货物运输合同的义务，并享有法律规定的权利。承运人通常意义上被称之为船方或船公司，但也可能是船舶经营人或船舶承租人。

承运人接受托运人的委托后，有时并不是其亲自履行合同，而是委托他人来从事海上货物运输。这种接受承运人的委托，从事货物运输或者部分运输的人，包括接受转委托从事此项运输的其他人便是实际承运人。凡是实际进行海上货物运输，而未与托运人订立海上货物运输合同的人都可以称为实际承运人。

（2）托运人（shiper）

依我国《海商法》第 42 条的规定，托运人是指：

①本人或者委托他人以本人名义或者委托他人为本人与承运人订立海上货物运输合同的人；

②本人或者委托他人以本人名义或者委托他人为本人将货物交付与海上货物运输合同有关的承运人的人。

可见，托运人有两种情况，一种是与承运人订立海上货物运输合同的人；另一种是未与承运人订立海上货物运输合同，但将货物实际提交给承运人的人。后者主要是为了解决 FOB 价格条件下卖方的法律地位而规定的，即在 FOB 价格条件下，买方负责租船订舱，与承运人签订运输合同，但卖方负责将货物交付给承运人时，卖方仍然属于托运人。

（3）国际货运代理/无船承运人（NVOCC）

第一章第四节中我们已经介绍了国际货运代理。从国际货运业发展状况和观念看，国际货运代理似乎有涵盖无船承运人的趋势，我国《国际货运代理业管理规定》及其《实施细则》似乎也持有同样观点。但是，《中华人民共和国国际海运条例》的出台，却把无船承运人从国际货运代理中分化了出来。

所以，在国际海上货物运输中，当国际货运代理以无船承运人身份出现时，就是国际货物运输合同的一方当事人，承担承运人角色。同时，他又是与有船承运人订立运输合同的托运人，具有双重身份。

三、租船合同

1. 租船合同的概念

租船合同（charter party：C/P），又称之为租约，是承租人以一定的条件向出租人租用一定的船舶或舱位，用以运输货物或旅客时，就相互间权利、义务作出明确规定的合同。它是日后进行运输工作时，各方承担责任或行使权利的依据。

租船合同，根据五种不同的租船方式可分为五种租船合同，但大多数国家都习惯划分为三种，即航次租船合同、定期租船合同、光船租赁合同。有一点需要引起注意的是：我国《海商法》中，将航次租船合同列入到第四章，即"海上货物运输合同"（contract of carriage of goods by sea）一章，而将定期租船合同和光船租赁合同则列入到第六章，即"船舶租用合同"（charter parties）一章。这样区别的原因在于对三种合同的性质有不同的解释。下文将分别予以说明。

2. 各种租船合同的性质

（1）航次租船合同（voyage C/P）

在航次租船合同下，船舶出租人向承租人提供船舶或者船舶的部分舱位，由承租人支付约定的运费。船长、船员的聘用以及配备的权力由船东控制,即用人权仍在船东手中,而船舶的营运安排及调度工作,也由船东负责,即出租人是通过对人员的聘用和控制从而占有和控制船舶,船舶所有人只是将船舶出租出去,进行货物运输,并对因此付出的劳务,收取运费。所以,航次租船合同是一个完全的海上货物运输合同,而不是财产租赁合同,收取的劳务费是运费,而不是租金。航次租船合同适用的法律,应该是有关海上货物运输方面的法律。

(2)定期租船合同(time C/P)

关于定期租船合同的性质,在我国《海商法》没有出台之前,一直有不同的看法。有人认为是海上货物运输合同,有人认为是财产租赁合同。英美法系的学者是以船舶的占有和控制是否转移作为划分的标准,一种说法是按照合同约定,合同中约定了船长、船员应按照承租人的命令和指示工作,当船员不听从命令时,承租人有更换失职船员的权力,从而表明承租人实质上占有了船舶,因此具有财产租赁合同的性质。另一种说法认为,"所谓在承租人的指示和命令之下"一语,仅仅表明在船舶营运方面,而选用什么样的船员,以及当承租人提出更换失职船员时,是否最终撤换船员的权力,仍由出租人行使,所以,定期租船合同属于海上货物运输合同。德国、日本等大陆法系的学者则认为,承租人是在命令船长中实现船舶的使用效益权,并且出租人将船舶交给承租人使用一段时间,这些都表明定期租船合同具有财产租赁的特点,并认为还兼具有劳务合同的特点,因为出租人向承租人提供了船员,他们应服从承租人的命令。

我们认为,定期租船合同既具有财产租赁合同的特点,又具有海上货物运输合同的特点。前者表现在"交付租赁物(交船)""租金请求权""租赁物返还请求权(还船请求权)"、出租人在租期内对于承租人造成的船舶损失有"损害赔偿请求权"等。后者表现在出租人在定期租船合同下,对货物运输仍负有一定的义务,如提供适航船舶的义务,并享有一定的权利,如请求保证船舶安全的权利等。相比较而言,定期租船合同的内容更多地表现出财产租赁合同的特点。所以,在定期租船合同下,出租人收取的费用是租金。鉴于此,我国《海商法》把它与光船租赁合同一起,单列一章进行调整。

(3)光船租赁合同(charter party by demise or bare boat charter party)

在光船租赁合同下,船舶出租人向承租人提供不配备船员的船舶,在约定的期间内由承租人占有、使用营运,并向出租人支付租金。毋庸置疑,光船租赁合同属于财产租赁合同。因为在整个租期内,船舶占有、控制、使用及雇用船长、船员的一切权力均转移给承租人,与一般的财产租赁合同没有什么不同,本应受《民法》中的相关内容约束,但光船租赁合同的标的是船舶的使用,而船舶又是比较特殊的财产,所以仍放在《海商法》的调整范围之内。

3. 租船合同的订立

在租船市场上,租船是通过出租人与承租人订立租船合同来实现的,但是,通常租船交易并不都是出租人与承租人亲自到场,直接洽谈,而是通过租船经纪人(charter broker)作为代理签订的。

租船合同的订立与一般的合同订立过程大体相同,都经过要约与承诺。但是,在租船合同订立中,有一个地方稍有特别,即出租人接到承租人对实盘的承诺后,就根据双方约定的主要条件,编制一份订租确认书(fixture note)。订租确认书虽无统一格式,但其内容都应详细列出出租人和承租人在洽谈过程中双方承诺的主要条款。双方在订租确认书上签字确认后,才开始编制正式的租船合同。

第二节　集装箱班轮运输

一、集装箱和集装箱货物

1. 集装箱

（1）集装箱的定义

集装箱（container），又称"货柜""货箱"。各国对集装箱的定义各不相同。国际标准化组织 104 技术委员会（ISO/TC 104）定义如下：

"集装箱是一种容器：

①具有足够的强度，可长期反复地使用；

②适于一种或多种运输方式运送，途中转运时，箱内货物不须换装；

③具有快速装卸和搬运的装置，特别便于从一种运输方式转移到另一种运输方式；

④便于货物装满和卸空；

⑤具有 1 m³ 及 1 m³ 以上的容积。

集装箱这一术语的含义不包括车辆和一般包装。"

我国国家标准 GB 1992—85《集装箱名词术语》中全面引用 ISO 的定义。

（2）集装箱的标准

集装箱标准化，不仅能提高集装箱作为共同运输单元在海陆空运输中的通用性和互换性，而且能提高集装箱运输的安全性和经济性，促进国际集装箱多式联运的发展。

集装箱的标准有国际标准、国家标准、地区标准和公司标准之分，我们重点掌握国际标准的集装箱。

ISO 先后制定并推荐了三个系列的集装箱标准方案，即系列 1、系列 2 和系列 3。后来在 ISO-TC 104 第八、第九次会议上将系列 2 和系列 3 降低为技术报告，只保留了系列 1 的标准方案。系列 1 规定的集装箱的外部尺寸、公差和总重见表 2-2-1。至于集装箱内部尺寸，ISO 无明确规定，因此各箱公司都有自己的标准，COSCO 标准见表 2-2-2 和表 2-2-3。

除标准箱外，国际上还存在着许多非标准箱。1991 年 5 月，ISO/TC 104 在汉城召开的第十六次会议上又通过了两种超高箱型，即：1AAA（$8' \times 9.6' \times 40'$）和 1BBB（$8' \times 9.6' \times 30'$）。

表 2-2-1　国际标准集装箱现行箱型系列表

集装箱箱型	长度（L）				宽度（W）				高度（H）				总重	
	mm	公差 mm	ft in	公差 in	mm	公差 mm	ft in	公差 in	mm	公差 mm	ft in	公差 in	kg	lb
1AA	12 192	0 −10	40	0 −3/8	2 438	0 −5	8	0 −3/16	2 591	0 −5	8 6	0 −3/16	30 480	67 200
1A	12 192	0 −10	40	0 −3/8	2 438	0 −5	8	0 −3/16	2 438	0 −5	8		30 480	67 200
1AX	12 192	0 −10	40	0 −3/8	2 438	0 −5	8	0 −3/16	<2 438		<8		30 480	67 200
1BB	9 125	0 −10	29 11 1/4	0 −3/8	2 438	0 −5	8	0 −3/16	2 591	0 −5	8 6	0 −3/16	25 400	56 000
1B	9 125	0 −10	29 11 1/4	0 −3/8	2 438	0 −5	8	0 −3/16	2 438	0 −5	8	0 −3/16	25 400	56 000
1BX	9 125	0 −10	29 11 1/4	0 −3/8	2 438	0 −5	<8	0 −3/16	<2 438		<8		25 400	56 000

续表

集装箱箱型	长度(L) mm	公差 mm	ft in	公差 in	宽度(W) mm	公差 mm	ft in	公差 in	高度(H) mm	公差 mm	ft in	公差 in	总重 kg	lb
1CC	6 058	0 −6	19 10 $\frac{1}{2}$	0 −1/4	2 438	0 −5	8	0 −3/16	2 591	0 −5	8 6	0 −3/16	24 000	52 920
1C	6 058	0 −6	19 10 $\frac{1}{2}$	0 −1/4	2 438	0 −5	8	0 −3/16	2 438	0 −5	8 6	0 −3/16	24 000	52 920
1CX	6 058	0 −6	19 10 $\frac{1}{2}$	0 −1/4	2 438	0 −5	8	0 −3/16	<2 438		<8		24 000	52 920
1D	2 991	0 −5	9 9 $\frac{3}{4}$	0 −3/16	2 438	0 −5	8	0 −3/16	2 438	0 −5	8 6	0 −3/16	10 160	22 400
1DX	2 991	0 −5	9 9 $\frac{3}{4}$	0 −3/16	2 438	0 −5	8	0 −3/16	<2 438	0 −5	<8		10 160	22 400
1AAA	12 192	0 −10	40	0 −3/8	2 438	0 −5	8	0 −3/16	2 896	0 −5	9 6	0 −3/16	30 480	67 200
1BBB	9 125	0 −10	29 11 $\frac{1}{4}$	0 −3/8	2 438	0 −5	8	0 −3/16	2 896	0 −5	9 6	0 −3/16	25 400	56 000

表 2-2-2　集装箱常用技术规范(Container Technical Data)

箱体内部尺寸(Internal Dimensions)

		20 ft	40 ft	HC
干货箱 Dry	L	5 890	12 029	12 029
	W	2 350	2 350	2 352
	H	2 390	2 390	2 698
冷藏箱 Reefer	L	5 435	11 552	11 558
	W	2 286	2 266	2 286
	H	2 245	2 200	2 505
开顶箱 Open Top	L	5 900	12 025	/
	W	2 330	2 330	/
	H	2 337	2 337	/
框架箱 Flat Rack	L	5 628	11 762	/
	W	2 178	2 178	/
	H	2 159	1 986	/

表 2-2-3　箱体内容积及载重量(Capacity and Payload)

	干货箱 Dry		冷藏箱 Reefer		开顶箱 Open Top		框架箱 Flat Rack	
	Cu	P	Cu	P	Cu	P	Cu	P
20 ft	33.1	21 740	27.5	21 135	32.6	21 740	/	27 800
40 ft	67.7	26 630	58.7	26 580	56.8	26 410	/	40 250
HC	76.3	26 600	66.1	26 380	/	/	/	/

(3)集装箱的种类

①按照用途划分

· 杂货集装箱(dry cargo container/genneral purpose container:DR/GP),又称干货箱、普通箱、通用箱。

这种箱占世界集装箱拥有量的 $70\% \sim 80\%$,适合于一般杂货运输。

·散货集装箱(solid bulk container)

这种集装箱适合运输散货,箱顶一般开有 $2 \sim 3$ 个装货口,或者箱底做成漏斗形,也有利用箱门卸货的。

·保温集装箱(insulated container)

保温集装箱又可详细分为冷藏集装箱、通风集装箱、隔热集装箱。

冷藏集装箱(reefer container/refrigerated container:RF):能在 $-28℃$ 到 $26℃$ 之间随意调节温度,以适应商品的特殊需要。这种集装箱适合运输黄油、巧克力、冷冻鱼肉、炼乳、水果等物品。

通风集装箱(ventilated container):侧壁或端壁和箱门上设有 $4 \sim 6$ 个通风孔,适于运输短途的蔬菜、水果等不需冷冻而需呼吸的货物。

隔热集装箱(insulated produce container):干冰制冷,防止温度上升,用于运输保鲜的水果、蔬菜。

·罐式集装箱(tank container/liquid bulk container)

适于运输酒类、油类、液体食品及化学品等液体货。

·敞顶集装箱(open top container)

无集装箱顶板或做成可折叠式顶板,适于装运重大件货。

·框架集装箱(plat rack container)

无集装箱侧壁板,甚至无端门和前壁板,适于装运不规则的大件货。

·平台集装箱(plat container)

只有集装箱底板和角件。

·服装集装箱(garment container)

又称挂式集装箱,内有吊挂服装的横杆和绳扣。

·动物集装箱(live stock container)

专门用于运输动物。

·汽车集装箱(car container)

专门用于运输汽车。

②按照材质划分

可分为钢制集装箱、铝制集装箱、玻璃钢制集装箱等。

③ISO 分类

·杂货箱

代号为 $00 \sim 09,50 \sim 53,56 \sim 59$ 。

·保温箱

代号为 $20 \sim 49$ (其中 $30 \sim 49$ 是冷藏箱)。

·罐式箱

代号为 $70 \sim 79$ 。

·散货箱

代号为 $80 \sim 84$ 。

·平台箱

代号为 60。

·框架箱

代号为 54,55,61～69。

·航空箱

代号为 90～99。

2. 集装箱货物

(1)按照是否适合集装箱运输划分

按照是否适合集装箱运输可将货物划分为最适合集装箱化的货物、适合集装箱化的货物、边缘或临界集装箱化的货物和不适合集装箱化的货物四类。

(2)按集装箱货物在流通过程中的表现形态划分

按照此种划分方法可将集装箱货分为整箱货与拼箱货。

①整箱货(full container cargo load:FCL)

整箱货是指由发货人自行装箱并负责填写装箱单、场站收据,并由海关加封的货。在实际业务中,同一集装箱内装运一个发货人、一个收货人、同一个目的港(地)的货物均为整箱货。

②拼箱货(less than container cargo load:LCL)

拼箱货是指由集装箱货运站负责装箱及填写装箱单,并由海关加封的货物。在实际业务中,同一集装箱内装有两个或两个以上发货人和/或收货人、且为同一卸货港的货物均为拼箱货。

二、集装箱班轮货物运输的交接方式

1. 按货物交接地点划分

按货物交接地点集装箱运输的交接方式分为以下九种。

(1)门到门的交接(Door to Door)

该种货物的交接形式系指一个发货人、一个收货人,由承运人负责内陆运输,在发货人的工厂或仓库接收后,承运人负责将货物运至收货人的仓库或工厂交货。门到门交接的货物为整箱货。

(2)门到场的交接(Door to CY)

这是一种承运人在发货人的工厂或仓库接收货物,并负责运至卸货港集装箱码头堆场交货的交接方式。门到场货物交接方式发生在承运人不负责目的地内陆运输的情况下。

(3)场到门的交接(CY to Door)

这是一种在起运地装船港的集装箱码头堆场接收货物,并负责运至收货人工厂仓库交货的交接方式,承运人不负责起运地发货人工厂或仓库至集装箱码头堆场之间的内陆运输。

(4)场到场的交接(CY to CY)

这是一种从装船港的集装箱码头堆场至目的港集装箱码头堆场的交接方式,通常是整箱货。

(5)门到站的交接(Door to CFS)

这是一种从发货人的工厂或仓库至目的地集装箱货运站的交接方式。即通常是整箱接收,拆箱交付,也可理解为一个发货人、几个收货人。

(6)场到站的交接(CY to CFS)

这是一种从装船港的集装箱码头堆场至目的地集装箱货运站的交接方式,也可理解为一个发货人、几个收货人。

（7）站到门的交接（CFS to Door）

这是一种从起运地集装箱货运站至目的地收货人的工厂或仓库的交接方式,经常发生在拼箱接收、整箱交付的情况下。

（8）站到场的交接（CFS to CY）

这是一种从起运地的集装箱货运站至目的地集装箱码头堆场的交接方式,也可理解为几个发货人、一个收货人。

（9）站到站的交接（CFS to CFS）

这是一种从起运地的集装箱货运站至目的地集装箱货运站的交接方式,通常是拼箱货接收、拼箱货交付。

上述交接方式中,集装箱班轮运输的交接方式只有:CY to CY,CY to CFS,CFS to CY,CFS to CFS 四种,其余五种交接方式均用于多式联运。

2. 按货物的表现形态划分

按货物的表现形态划分,集装箱运输交接方式可分为四种。

（1）整箱货与整箱货的交接（FCL to FCL）

包括场到场、门到门、场到门、门到场四种交接方式。

（2）整箱货与拼箱货的交接（FCL to LCL）

包括场到站、门到站两种交接方式。

（3）拼箱货与整箱货的交接（LCL to FCL）

包括站到门、站到场两种交接方式。

（4）拼箱货与拼箱货的交接（LCL to LCL）

仅指站到站交接方式。

除此以外,目前业务中新兴的交接方式还有:

· CY to FO(free out):承运人在装货港集装箱堆场接收整箱货物并负责运至卸货港但不负责卸货;

· CY to LO (line out):承运人在装货港集装箱堆场接收整箱货物并负责运至卸货港卸货;

· CY to Tackle:承运人在装货港集装箱堆场接收整箱货物并负责运至卸货港卸货,此处当吊臂吊下货物后服务终止;

· CY to Hook:承运人在装货港集装箱堆场接收整箱货物并负责运至卸货港卸货至接货车上。

三、班轮运输业务中主要货运单证

1. 班轮运输业务中出口货运的主要单证

（1）托运单（booking note:B/N）

又称"订舱单",是托运人根据买卖合同和信用证的规定,向承运人或其代理人办理货物运输的书面凭证。一经承运人或其代理人签认,运输合同即订立。

在实务中,运输合同的订立可采用书面方式,也可采用口头方式。

（2）装货单联（shipping order:S/O）

俗称"下货纸",是杂货船班轮运输中出口货运最主要的单证之一。是托运人按照托运单的内容填制的交船公司或其代理人审核并签章后,据以要求船长将货物装船承运的凭证。

装货单联一般由三联组成,另加若干副本:

第一联:留底(counter foil),用于缮制其他货运单证。

第二联:装货单(shipping order),主要作用有两个:

·向海关报关的货运单证,海关通关签章后,该单又被称为"关单";

·据以要求船长装船的凭证。

第三联:收货单(Mate's receipt:M/R),又称"大副收据",在货物全部装上船以后,大副在该联上签字。其作用是:

·作为承运人收到货物并装上船的凭证;

·托运人凭 M/R 换取提单;

·如果承运人收到的货物与单证上记载的不一致或有瑕疵,大副应在该联上加批注,这些批注将转移到提单上;

·大副代表承运人在该联上签字,表明承运人将货物装上船,承运人对货物的责任开始。

(3)场站收据单联(dock receipt:D/R)

场站收据,又称"港站收据"或"码头收据",是集装箱运输中出口货运的特有单证,替代件杂货班轮运输中的"装货单联"。

场站收据(见表 2-2-4)是指承运人签发的证明已经收到托运人所托运的货物,并且对货物开始负有责任的单证。托运人据此可以向承运人或承运人的代理人换取收货待运提单或者已装船提单,并根据信用证中的规定到银行结汇。

①D/R 十联单名称

"七五"国家重点工业性试验项目——国际集装箱运输系统(多式联运)工业性试验(简称"工试")推行单证之一的"场站收据"标准格式一套共十联:

第一联:货主留底   白色

第二联:集装箱货物托运单(船代留底)   白色

第三联:运费通知(1)   白色

第四联:运费通知(2)   白色

第五联:装货单——场站收据副本   白色

第六联:场站收据副本——大副联   粉红色

第七联:场站收据   淡黄色

第八联:货代留底   白色

第九联:配舱回单(1)   白色

第十联:配舱回单(2)   白色

"场站收据"一单在"工试"项目推广过程中,各地根据当地的实际情况,在十联单基础上,可能或多或少有一点变动,如青岛港的"场站收据"为九联十一单,去掉一联运费通知,增加两张附页:缴纳出口货港务费申请书和外代留底。

②场站收据总的流转程序

i.发货人填制场站收据一式十联,船代订舱签单,在装货单上盖签单章,船代留下船代留底、运费通知共三联,其余退发货人。

表 2-2-4 场站收据

Shipper （发货人）		D / R No. （编号）	

Consignee （收货人）

场站收据

DOCK RECEIPT

第七联

Received by the Carrier the Total number of containers or other packages or units stated below to be transported subject to the terms and conditions of the Carrier's regular form of Bill of Lading (for Combined Transport or Port to Port Shipment) which shall be deemed to be incorporated herein.

Date （日期）：

Notify Party （通知人）

Pre—carriage by （前程运输）	Place of Receipt （收货地点）

Ocean Vessel （船名） Voy. No. （航次） Port of Loading （装货港）

场站章

Port of Discharge （卸货港） Place of Delivery （交货地点）	Final Destination for the Merchant's Reference （目的地）

Container No. （集装箱号）	Seal No. （封志号） Marks & Nos. （标记与号码）	No.of containers or Pkgs. （箱数或件数）	Kind of Packages; Description of Goods （包装种类与货名）	Gross Weight 毛重(公斤)	Measurement 尺码(立方米)
Particulars Furnished by Merchants （托运人提供详细情况）					

TOTAL NUMBER OF CONTAINERS OR PACKAGES （IN WORDS） 集装箱数或件数合计（大写）

Container No. （箱号） Seal No. （封志号） Pkgs. （件数）	Container No. （箱号） Seal No. （封志号） Pkgs. （件数）

	Received （实收）	By Terminal Clerk （场站员签字）

FREIGHT & CHARGES	Prepaid at （预付地点）	Payable at （到付地点）	Place of Issue （签发地点）
	Total Prepaid （预付总额）	No.of Original B(s) / L（正本提单份数）	

Service Type on Receiving □—CY □—CFS, □—DOOR	Service Type on Delivery □—CY, □—CFS, □—DOOR	Reefer Temperature Required （冷藏温度）	°F	°C
TYPE OF GOODS （种类）	□ Ordinary, （普通） □ Reefer, （冷藏）	□ Dangerous, （危险品） □ Auto. （裸装车辆）	危险品	Class: Property: IMDG Code page: UN No.
	□ Liquid, （液体） □ Live Animal, （活动物）	□ Bulk, （散货） □		

ii.发货人留下货主留底联,将货代留底联交货代作缮制流向单及今后查询,凭配舱回单二联缮制提单和其他单证,将装货单、场站收据副本和场站收据三联随同出口货物报关单一起送海关报关。

iii.海关核单后,在装货单上盖放行章,发货人持装货单、场站收据副本、场站收据三联连同货物送场站业务人员。

iv.货物送场站后,场站签发场站收据,正本(即第七联)退发货人,留下装货单作结算费用及今后查询,场站收据副本即大副联交理货部门送大副留存。

v.发货人将正本场站收据交给船代,在装船前可换取收货待运提单,或在装船后换取已装船提单。

③场站收据与大副收据的区别

i.场站收据(D/R)是集装箱运输中特有的单证;大副收据是散杂货运输中特有的单证。

ii.签发人、签发地点和签发时间不同。大副收据是由大副在货物装上船以后于港口签发;而场站收据是由代表承运人的场站业务人员在接收货物的地点,即 CY、CFS、Door 或者内陆的某个地点,于接收货物之时签发。

iii.换取提单的性质不同。大副收据换取的是已装船提单,而场站收据换取的提单性质理论上是收货待运提单。

iv.承运人责任、风险的转移点不同。大副收据的签发,承运人的责任、风险自装港货物越过船舷时开始;而场站收据的签发,承运人责任、风险的转移点在货交承运人之时。

(4)设备交接单(equipment interchange receipt:E/R)

设备交接单是集装箱进出港区、场站时,用箱人、运箱人与管箱人或其代理人之间交接集装箱设备的凭证,兼有管箱人发放集装箱凭证的功能。

设备交接单分进场(in)和出场(out)(见表 2-2-5)各三联:管箱单位留底联;码头、堆场联;用箱人、运箱人联。

设备交接单总的业务流程大体是:

①由管箱单位填制设备交接单,交用箱人、运箱人。

②由用箱人、运箱人到 CY 提箱送收箱地(或到发箱地提箱送码头堆场),经办人员核单并查验箱体后,双方签字,留下管箱单位联和码头、堆场联,将用箱人、运箱人联退还用箱人、运箱人。

③码头堆场经办人员将管箱单位联退给箱管单位。

(5)装箱单(container load plan:CLP)

装箱单(见表 2-2-6),是详细记载每一个集装箱内所装货物的名称、数量及箱内货物积载情况的单证。

装箱单的主要作用是:

①集装箱运输的辅助货物舱单;

②向承运人提供箱内所装货物的明细清单;

③计算船舶吃水和稳性的数据来源;

④发生货损时,它又是处理货损索赔事故的原始依据之一。

COSCO 的装箱单一式五联:码头联、承运人联、船代联、发货人联和装箱人联。

（6）装货清单（loading list/cargo list：L/L）

是船公司或其代理人在装船前根据装货单留底联，将全船待装货物按卸货港和货物的性质归类，依航次靠港顺序排列编制的装货单的汇总单。

表 2-2-5　设备交接单

中国连云港外轮代理有限公司
CHINA OCEAN SHIPPING AGENCY LIANYUNGANG　OUT 出场

集装箱发放／设备交接单
EQUIPMENT INTERCHANGE RECEIPT

NO.0104209

用箱人／运箱人（CONTAINER USER／HAULIER）	提箱地点（PLACE OF DELIVERY）

发往地点（DELIVERED TO）	返回／收箱地点（PLACE OF RETURN）

船名／航次（VESSEL／VOYAGE NO.）	集装箱号（CONTAINER NO.）	尺寸／类型（SIZE／TYPE）	营运人（CNTR. OPTR.）

提单号（B／L NO.）	铅封号（SEAL NO.）	免费期限（FREE TIME PERIOD）	运载工具牌号（TRUCK,WAGON,BARGE NO.）

出场目的／状态（PPS OF GATE-OUT／STATUS）	进场目的／状态（PPS OF GATE-IN／STATUS）	出场日期（TIME-OUT）
		月　　日　　时

出场检查记录（INSPECTION AT THE TIME OF INTERCHANGE）

普通集装箱（GP CONTAINER）	冷藏集装箱（RF CONTAINER）	特种集装箱（SPECIAL CONTAINER）	发电机（GEN SET）
□ 正常　（SOUND） □ 异常　（DEFECTIVE）	□ 正常　（SOUND） □ 异常　（DEFECTIVE）	□ 正常　（SOUND） □ 异常　（DEFECTIVE）	□ 正常　（SOUND） □ 异常　（DEFECTIVE）

损坏记录及代号（DAMAGE & CODE）

BR 破损（BROKEN）	D 凹损（DENT）	M 丢失（MISSING）	DR 污箱（DIRTY）	DL 危标（DG LABEL）

左侧（LEFT SIDE）　　右 侧（RIGHT SIDE）　　前 部（FRONT）　　集装箱内部（CONTAINER INSIDE）

顶 部（TOP）　　底 部（FLOOR BASE）　　箱 门（REAR）　　如有异状，请注明程度及尺寸（REMARK）.

除列明者外，集装箱及集装箱设备交接时完好无损，铅封完整无误。
THE CONTAINER／ASSOCIATED EQUIPMENT INTERCHANGED IN SOUND CONDITION AND SEAL INTACT UNLESS OTHERWISE STATED.

用箱人／运箱人签署 （CONTAINER USER／HAULIER'S SIGNATURE）	码头／堆场值班员签署 （TERMINAL／DEPOT CLERK'S SIGNATURE）

① 外代留底

表2-2-6　装箱单

CONTAINER LOAD PLAN
装　箱　单

Reefer Temperature Required. 冷藏温度 ___°C. ___°F.				Port of Loading 装港	Port of Discharge 卸港	Place of Delivery 交货地	SHIPPER'S/PACKER'S DECLARATIONS: We hereby declare that the container has been thoroughly cleaned without any evidence of cargoes of previous shipment prior to vanning and cargoes has been properly stuffed and secured.	
Class 等级	IMDG Page 危规页码	UN NO. 联合国编号	Flashpoint 闪点					
Ship's Name / Voy No. 船名/航次								
Container No. 箱号				Bill of Lading No. 提单号	Packages & Packing 件数与包装	Gross Weight 毛重	Measurements 尺码	Description of Goods 货名	Marks & Numbers 唛头
Seal No. 封号				Front 前				
Cont. Size 箱型 20' 40' 45'	Cont. Type. 箱类 GP=普通箱 TK=油罐箱 RF=冷藏箱 PF=平板箱 OT=开顶箱 HC=高箱 FR=框架箱 HT=挂衣箱							
ISO Code For Container Size/Type. 箱型/箱类 ISO 标准代码								
Packer's Name/Address. 装箱人名称/地址				Door 门				
TEL NO. 电话号码				Received By Drayman 驾驶员登收汊车号	Total Packages 总件数	Total Cargo Wt 总货重	Total Meas. 总尺码	Remarks: 备注
Packing Date 装箱日期								
Packed BY: 装箱人签名				Received By Terminals/Date Of Receipt 码头收箱签收和收箱日期		Cont. Tare Wt 集装箱皮重	Cgo/Cont Total Wt 货/箱总重量	

装货清单的主要作用是：

①编制配载图/积载图的主要依据；

②理货人员理货依据；

③港方安排驳运、进出库场等业务依据；

④船公司或船舶代理用以掌握备货情况。

(7)载货清单(manifest：M/F)

又称"舱单"，是船公司或其代理人在货物装船完毕后，根据大副收据或提单副本编制的、按卸货港的顺序逐票列明全船实际载运货物的明细单。

载货清单是国际上通用的一份十分重要的单证，其主要作用有：

①是船舶进出口报关单证之一；

②是海关对进出口货物监管的凭证之一；

③是随船单证之一。

(8)运费清单(freight manifest：F/M)

或称"运费舱单"，是全船货物运费情况汇总单，也是按卸货港及提单顺序号逐票列明的所载货物应收运费的明细表。它根据提单副本编制，是船舶代理向船公司结算代收运费明细情况的单证，是船公司营运业务的主要资料之一。该单也可直接寄往卸货港船公司的代理人处作收取到付运费或处理有关业务之用。

(9)危险货物清单(dangerous cargo list)

是全船危险货物汇总单，其主要作用有：

①船员了解所装危险品情况；

②卸货港有关当局监管船上所装危险品的必要凭证。

(10)冷藏箱清单(reefer container list)

是全船冷藏集装箱的汇总单。该单用于核查全船冷藏箱明细，及时提醒承运人和码头堆场对货物的保管和温度的控制等方面给予充分注意。

(11)配载图和积载图(cargo plan and stowage plan)

配载图(计划积载图)：大副在装货开始之前，据L/L绘制的、以图示方法表明拟装货物的装舱位置的受载计划，是装货港理货和装载的依据。

积载图(实际积载图)：理货组长或理货员在装完全部货物后绘制的、用图示方法表明的货物实际装舱位置，须经大副签字。

配载图和积载图是管货、卸货港卸货、理货的依据。

(12)提单(bill of lading：B/L)

此部分内容见本章第三节相关介绍。

(13)理货单证(tally papers)

船舶在装货港或卸货港作业，都要委请当地的理货人站在船方的立场上，代表船方清点装/卸货的数量，核对货物的标志，检查货物的残损情况，指导和监督货物的装/卸作业，并代表船方与货方或港方办理货物交接的手续。

理货的单证主要包括理货委托书、理货计数单、日报单、现场记录、待时记录和理货证明书。

2.班轮运输业务中进口货运的主要单证

班轮运输进口货运中所涉及的主要单证,有许多同出口货运单证一样,如载货清单、运费清单、危险货物清单、装箱单、集装箱设备交接单、冷藏箱清单、理货单证和提单。

此外,还有一些进口货运特有的单证:

(1)卸货报告(outturn report)

是国外常用的卸货单证。根据船舶进口卸货提供的进口载货清单和在卸货港卸下的全部货物的情况重新按票汇总而编制的,一般由装卸公司与大副共同签认。其主要作用是:

①证明货物交接,划分交接双方对货物的责任;

②表明所交货物的实际情况。如果货物出现损坏、灭失,应在该单上加"批注"。

(2)过驳清单(boat note)

采用过驳作业时使用,作用同卸货报告。

(3)提货单(delivery order:D/O)

俗称"小提单",是收货人或其代理人据以向现场(码头仓库、CY、CFS、船边)提取货物的凭证。该单在件杂货班轮运输中单独使用,而在集装箱班轮运输中则作为交货记录中的一联使用,其作用完全相同。

班轮运输操作实践中,为防止具有物权凭证功能的提单的流失和货物的错放,收货人提货时,承运人都要求收货人先将提单交给其代理审核,无误后,船舶代理收回提单,在提货单上盖章,交给收货人用以提货。

提货单的主要作用是:

①船公司或其代理人命令现场向收货人交付货物的凭证,即现场见单必须放货。

②船舶代理在D/O上盖章后,收货人要持该单连同进口货物报关单证一起,到海关对进口货物报关,所以,D/O是进口货物报关的单证之一。

(4)交货记录(delivery record)

"交货记录"是集装箱运输进口货运中特有的单证。它是承运人或其代理人将货物交付给收货人后,双方共同签署的证明承运人已经交付,承运人责任已告终止的单证。

"交货记录"一式五联:

第一联:到货通知书　　　　　白色

第二联:提货单　　　　　　　白色(见表2-2-7)

第三联:费用账单(1)　　　　蓝色

第四联:费用账单(2)　　　　红色

第五联:交货记录　　　　　　白色

"交货记录"总的流转程序是:

①船舶代理在收到进口货物单证资料后,在规定时间内向收货人或通知人或其代理人发出"到货通知书"。

②收货人或其代理人在收到"到货通知书"后,凭"到货通知书"和正本提单向船代换取后四联。船代核对正本提单无误后,在"提货单"上盖章。

③收货人或其代理人持后四联,在海关规定的期限内备妥报关资料,向海关作进口申报。海关核对后,在"提货单"上盖放行章。

表 2-2-7　提货单

中国连云港外轮代理有限公司
CHINA OCEAN SHIPPING AGENCY LIANYUNGANG

提 货 单
DELIVERY ORDER　　　　No.

致:＿＿＿＿＿＿＿＿港区、场、站

收货人:＿＿＿＿＿＿＿＿＿＿＿＿＿

　　下列货物已办妥手续,运费结清,准予交付收货人。

船名	航次	起运港	目的地
提单号	交付条款	到付海运费	
卸货地点	到达日期	进库场日期	第一程运输

标记与集装箱号	货　名	集装箱数	件　数	重　量(KGS)	体　积(m³)

请核对放货。

中国连云港外轮代理有限公司
年　　月　　日

凡属法定检验、检疫的进口商品,必须向有关监督机构申报。

收货人章	海关章		
1	2	3	4
5	6	7	8

④收货人及其代理人持后四联向场站或港区办理申请提货作业计划,港区或场站业务人员核对提货单上船代和海关的放行章后,将二、三、四联留下,作放货和结算费用的依据,在第五联"交货记录"上盖章,以示确认手续完备,受理作业申请,安排提货作业计划,并同意放货。

⑤收货人或其代理人自行或者委托内陆承运人提货完毕后,提货人应在"交货记录"联上签字以示确认提取的货物无误。该联退场站,后转交船代。

(5)货物残损单(broken & damaged cargo list)和货物溢短单(overlanded & shortlanded cargo list)

在我国港口卸货时使用,替代国外常用的"卸货报告"。货物残损单和货物溢短单由理货人员编制,理货组长与船长或大副共同签字。该单是船公司处理收货人索赔的原始资料和依据。

3.班轮运输业务中向口岸监管部门递交的主要单证

(1)向海关递交的主要单证

①出口货物报关单。出口报关后出现退关的,应在3天内向海关办理更改手续;报关单必须做到单单相符和单货相符,即报关单内容与其他随附单据和实际出口货物相符。

②出口货物许可证和其他批准文件。进出口许可证制度,是国家外贸管理的重要措施。进出口许可证有两类:

一类是凡进出口国家限制商品,除国家特准的外(如来料加工进出口货物、进料加工进口料件、外商投资企业为履行其产品出口合同而须进口的料件等),都须申领进出口许可证;

另一类是经批准有进出口经营权的公司,超出其经营范围所进出口的货物,以及其他有进出口业务但无进出口经营权的单位所进出口的货物,不论是否属于国家限制进出口的商品,均申领许可证。

③场站收据的装货单、大副联、场站收据三联。海关检查单证和查验货物后,在装货单上加盖放行章,发还给报关人凭以装运货物。

④发票。

⑤装箱单。

⑥合同或成交确认书或双方协议。

⑦减税、免税或免验的证明文件。

⑧进料加工、来料加工贸易的,应提交海关加工贸易登记手册。

⑨对列入国家法定商检《种类表》的出口商品、应受卫检和动植物检疫的出口货物或受其他管制的出口货物,都应在申报时交验有关部门签发的证明。

⑩必要的产地证明和其他有关单证。

⑪出口收汇核销单。

(2)向商检、卫检、动植物检机构递交的主要单证

包括进出口商品检验/鉴定申请单,药物、动植物报验单,商品检验证书等。

(3)向海事部门递交的主要单证

包括危险品清单、危险品准单、危险品性能说明书、危险品包装证书、危险品装箱说明书等。

四、集装箱班轮运输业务出口货运流程

集装箱班轮运输业务出口货运的主要环节有揽货,订舱,承运人接受订舱,报验,报关,提

空箱、装箱、集港交货、装船理货、缮制单证、签发提单、保险、结汇等十二个环节。

1. 揽货(canvassion)

揽货是指船公司或货运代理从货主方面争取货源的业务行为。

从国际海运业的市场营销学角度来看,揽货是产品销售的主要渠道。海运业是服务行业,其产品就是服务。当船公司确立好它的货运市场目标和策略后,在此基础上制定出具有竞争力的运价,揽货人员便持运价开始推销产品。

揽货对船公司非常重要,因为它决定着一个企业经营的成败,是企业盈与亏之间的纽带。所以,各个船公司都把争取货源放在首位,货主即为"上帝"。近年来,随着货运市场的进一步开放,船公司和货运代理不断增多,加之国际航运市场运力严重过剩,致使揽货的竞争更为激烈,揽货手段也不断推陈出新。同时,船公司也在想方设法降低运输成本,提高服务质量,为货主提供增值的、全方位的、一体化的服务,最大程度地争取货源。

揽货人员是企业的尖兵,揽货人员的素质和业务水平是至关重要的。首先,揽货人员之间要形成团队思想,具有合作精神,对于上至企业、下至该揽货部门的目标和计划都要有非常清晰的了解和认识。每一个揽货人员不仅要具有敬业精神,而且还要对企业的产品即服务的各个侧面以及竞争对手服务的各个侧面了解透彻,运用优秀的交际技巧揽取货物。

2. 订舱(booking)

与船公司揽货相对应,发货人根据贸易合同或信用证条款的规定,自行或委托货代向承运人或其代理人申请货物运输,承运人对这种申请给予承诺,就是订舱。

(1)一般货物的订舱

以 CIF 或 CFR 价格成交的货物运输,应由卖方即出口方负责租船或订舱;以 FOB 价格成交的货物运输,则由买方即进口方负责租船或订舱。通常,FOB 价格下,买方指定船公司或无船承运人,委托卖方订舱,因而被称为"指定货"。许多船公司或无船承运人都注意承揽 FOB货,争取指定本公司承运。

知识链接

对外贸易经济合作部关于规避无单放货风险的通知

各省、自治区、直辖市及计划单列市外经贸委(厅、局):

随着我国航运市场的不断开放,境外货运代理也纷纷在华设立代表处,为贸易商指定境外货代安排运输提供了条件。据不少外贸企业反映,近年来在国际贸易中,进口商使用 FOB 条款并指定境外货代安排运输的情况与日俱增,目前 FOB 条款的贸易合同已达 60%。有些指定货代心存不善,与进口商串通一气,搞无单放货,使我出口企业货、款两空。也曾发现进口商特意设置货代来国内进行骗货的案例。

为规避无单放货的风险,保护我国外贸企业的利益,请各地外经贸委(厅、局)通知各外贸企业务必注意以下几点:

一、外贸企业在签订出口合同时,应尽量签订 CIF 或 CFR 条款,力拒 FOB 条款,避免外商指定境外货代安排运输。

二、如外商坚持 FOB 条款并指定船公司和货代安排运输,可接受指定的船公司,但不能接受未经外经贸部批准在华经营国际货运代理业务的货代企业或境外货代代表处安排运输,并向外商解释,任何未经批准在华经营货代业务并签发提单的行为是非法的。

三、如外商仍坚持指定境外货代,为不影响出口,必须严格按程序操作,即指定境外货代的提单必须委托经我部批准的货运代理企业签发并掌握货物的控制权,同时由代理签发提单的货代企业出具保函,承诺货到目的港后须凭信用证项下银行流转的正本提单放货,否则要承担无单放货的赔偿责任。

四、目前,我国尚未出台国际货运代理提单管理办法。因此,外贸公司不要轻易接受货代提单,尤其是外商指定的境外货代提单。如接受指定货代提单,货物的控制权就始终掌握在境外货代手中,实际承运人无法控制货权,只能听从货代的指令。一旦指定的境外货代与收货人串通在一起搞无单放货,就会使出口商的货、款全落空。

五、各外贸公司要加强内部管理,要警惕公司内部业务员或离岗业务员与境外货代或进口商串通一气进行骗货。

对外贸易经济合作部
二〇〇〇年十二月五日

托运人或货代向船公司订舱,须递交集装箱货物托运单,比较正规的做法是缮制一套场站收据。实际业务中,托运人担心订舱不被接受或预装船名和航次等会有所变动,因而常常自制一份托运单,或者只递交场站收据中的一联(通常是第一联),或者以口头形式订舱。

集装箱货物托运单中应载明下列内容:托运人、收货人、通知方,货物的名称、数量、重量、尺码、运输标志,目的港、交货地,预配船名、航次,运费支付方式,能否转运或分运,对运输及签发提单的特殊要求等。

订舱同时,托运人若用承运人的集装箱进行运输,则向承运人提出用箱申请。

(2)特殊货物的订舱

①特殊货物

特殊货物是指有特殊性质,运输时须使用适当或特殊设备的货物。主要包括易腐、冷藏货物,危险货物,贵重货物,活的动植物,长大、笨重货物。

i.易腐、冷藏货物是指常温条件下腐烂变质或指定以某种低温条件运输的货物,如果菜、鱼类、肉类等。该类货物一般须装在冷藏集装箱或通风集装箱内进行运输。

ii.危险货物是指具有易燃、爆炸、毒害、腐蚀和放射性危害的货物。根据《国际海运危险货物规则》(以下简称《国际危规》,IMDG Code),它又分为9大类和若干小类。

iii.贵重货物是指价值高昂的货物,如金、银、古玩等。该类货物一般采用从价运输的方式进行运输。

iv.活的动植物和长大、笨重货物一般采用专门的动植物集装箱和台架式集装箱或平台集装箱等特种箱运输。

②特殊货物订舱的注意事项

i.对于《国际危规》中所列的第1类、第2类、第7类危险品,以及3.1类和5.2类危险品,中远目前接受上述货物订舱时须经中集总部确认。

ii.冷冻货和全危货,运费的支付方式不宜接受到付运费。

iii.特殊货物一般要求尽量提前几天订舱。

iv.危险品订舱时,托运单上一定要注明危险品的级别、联合国危险货物编号 UN No.以及《国际危规》的页码(IMDG Code page),易燃液体必须注明闪点(flash point)。托运时须递交的单证有:

· 危险货物包装容器使用证书。是由进出口商品检验局按照《国际危规》要求,对危险货物包装容器进行各项试验合格后出具的单证,该证书须经港务管理局核准后才能生效,港口装卸作业区凭该证书核对货物后方可验放装船。

· 危险货物说明书。要求中英文对照,一式数份,供港口及船舶装卸、运输危险货物时参考。

· 船舶装载危险货物准单。凭该单向港务监督申请,经批准后才允许装船。

· 危险货物申报单。前往美国的危险品,货主必须填写固定格式的危险货物申报单(dangerous goods declaration),此单可替代托运单。

3.承运人或其代理人接受订舱

承运人或其代理人审核托运人递交的托运单后,根据实际情况予以接受订舱,出具提单号,在场站收据的"装货单——场站收据副本"一联盖章。同时,对于托运人的用箱申请,开具放箱单给托运人。

承运人接受货物订舱时须注意:

(1)承运人要认真审核托运人递交的托运单,审核无误后才予以出具提单号。

(2)如果货主托运冷冻货,使用承运人的冷藏集装箱,则承运人须要求货主提供冷藏温度或温度范围,并且要立即开调箱单,以便箱管部门安排集装箱预检和集装箱的预冷程序。

4.出口报验

出口报验包括向商检、卫检、动植物检进行申报,以及运输危险品须向港务监督部门进行的申报。

(1)商检

《中华人民共和国进出口商品检验法》及其实施条例规定:国务院设立进出口商品检验部门,主管全国进出口商品检验工作。国家商检部门设在各地的进出口商品检验机构管理所辖地区的进出口商品检验工作。商检机构的基本任务是法定商检、监督管理、进出口商品鉴定和统一管理并签发普惠制产地证书。

①出口商品的检验及主要单证

i.法定检验

商检机构和国家商检局、商检机构指定的检验机构对进出口商品实施法定检验的范围包括:对列入《商检机构实施检验的进出口商品种类表》(简称《种类表》)的出口商品检验;对出口食品的卫生检验;对出口危险货物包装容器的性能鉴定和使用鉴定;对装运出口易腐烂变质食品和冷冻品的船舱、集装箱等运载工具的适载检验;对有关国际条约规定须经商检机构检验的出口商品的检验;对其他法律、行政法规规定须经商检机构检验的出口商品的检验。除此之外,依照有关法律、行政法规的规定,出口药品的卫生质量检验、计量器具的量值验定、锅炉压力容器的安全监督检验、船舶(包括海上平台、主要船用设备及材料)和集装箱的规范检验、飞机(包括飞机发动机、机载设备)的适航检验以及核承压设备的安全检验等项目,由其他检验机构实施检验。

· 对列入《种类表》的出口商品的检验及法律、行政法规规定须经商检机构对出口商品的检验

列入《种类表》和国际公约、法律、行政法规规定的，必须经商检机构检验的出口商品，发货人应在货物装运口岸和货物集中的产地或储存地点，在装运期前向商检机构报验，填写"出口检验申请单"，并提供检验工作必需的合同、发票、信用证及有关单证函电等。如果信用证有更改，应提供修改书；经生产、经营单位检验的，应加附厂检结果单或化验单；同时申请鉴重的，加附重量明细单；凭样成交的，应提供买卖双方确认的样品，申请商检局签封样品，一式三份，经营单位与商检局各留一份存查。

对已生产好的出口商品，但尚未成交，或未确定出运数量、运输工具，或尚未加印出口标记的，商检局可接受办理商品品质预验。申请预验时须填写"预验申请单"，预验后，发给"预验结果单"。

产地检验的出口商品或易地出口的商品，须取得"出口商品检验换证凭单"，在规定期限内凭以办理出口换证。

经商检机构检验合格后，发给商检证书、放行单，或在"出口货物报关单"上加盖商检放行章。目前在国际贸易中通常使用的检验证书主要有检验证明书（inspection certificate）、品质证明书（quality certificate）、重量证明书（weight certificate）、卫生证明书（sanitary certificate）、普惠制证书（Form A）等等。

对列入《种类表》的出口商品，海关凭商检证书、放行单或加盖的印章验放。

商检机构检验合格发给单证的出口商品，发货人应在商检机构规定的期限内报运出口，超过期限的，应重新报验，并交回原签发的所有检验证书和放行单。商检机构规定的期限为：一般出口商品，发货人应当在检验证书或放行单签发之日起 60 天内报运出口；易腐、易变、鲜活类商品一般应尽快出运。

· 出口危险货物包装鉴定

生产出口危险货物所用包装容器的生产企业必须按照《国际危规》要求生产。因此，必须申请商检机构办理包装容器的性能鉴定，提供有关产品标准和工艺规程等有关资料，检验合格发给鉴定合格单，方可出厂使用，供包装出口危险货物使用。生产出口危险货物的生产企业，在包装完毕后，必须申请商检机构办理包装容器的使用鉴定，提供包装性能鉴定报告及有关单证，检验合格后发给使用鉴定合格单，方可装运出口危险品。

· 船舱和集装箱检验

对装运出口易腐烂变质食品和冷冻品的船舱和集装箱，承运人或装箱部门必须在装货前申请商检机构对有关船舱和集装箱进行清洁检验、冷藏效能或密固检验。

ii. 对外贸易合同约定商检

对外贸易合同、信用证规定凭商检机构检验结果和商检证书交接结算计价或需要商检证书的出口商品，发货人应向商检机构申请检验，检验符合合同、信用证规定要求的发给商检证书；检验不合格的，发给不合格通知单。

②出口商品的鉴定及主要单证

出口商品鉴定业务包括：商品的质量、数量、重量、包装鉴定和货载衡量；商品的监视装载和监视卸载；商品的积载鉴定；宣布共同海损事故船舶所载货物的海损鉴定；装载商品的集装箱鉴定或者拆箱鉴定；装载出口商品的船舶、车辆、飞机、集装箱等运载工具的适载鉴定；装载

商品的船舶封舱、启封或空距测量;涉外财产的价值鉴定和损失鉴定;抽取和签封各类样品;签发产地证明书、价值证明书及其他鉴定证书;其他出口商品鉴定业务。

申请鉴定时须填写"出口商品检验/鉴定申请单",随附有关合同、国外发票、提单、商务记录、重量明细单、拟装货物清单、舱单、配载图、船方函电或书面说明、海事报告或其他有关证明。

③普惠制证书

普遍优惠制(generalized system of preferences),简称普惠制(GSP),是发达国家给予发展中国家出口制成品和半制成品(包括某些初级产品)普遍的、非歧视性的、非互惠的一种关税优惠制度。目前世界上共有 27 个给惠国,实施 16 个普惠制方案。对我国提供普惠制待遇的国家有 23 个:澳大利亚、新西兰、芬兰、挪威、瑞士、欧共体十二国、奥地利、瑞典、加拿大、日本、波兰、俄罗斯。取得普惠制待遇后,必须向给惠国提供受惠国政府有关部门签署的普遍优惠制原产地证明书,简称普惠制产地证,即 GSP 产地证。

普惠制产地证有格式 A 证书、格式 59A 证书、格式 APR 证书及简易的普惠制产地证书等种类。

i. 普惠制产地证书格式 A,全称为"普遍优惠制原产地证明书(申报与证明之联合格式)格式 A",英文是:Generalized System of Preferences Certificate of Origin (Combined Declaration and Certificate)Form A。格式 A 证书相当于一种有价证券,因而联合国贸易和发展会员优惠问题特别委员会规定,仅证书正本有效。正本必须印有绿色扭索图案,以便于识别任何机械或化学方法进行的涂改或伪造,尺寸为 279 mm×210 mm。证书使用文种为英文或法文,但证书背面注释可使用受惠国本国文字印刷。在我国,进出口商品检验局是唯一的签发普惠制产地证的机构。

ii. 格式 59A 证书的全称是"运往新西兰货物原产地证明书",英文是 Certificate of Origin for Exports to New Zealand。是享受新西兰普惠制优惠关税的证明格式之一,由出口商自行签发。

iii. 格式 APR 证书的全称是"邮政条例规定的格式 A 证书",英文是 Form A of Postal Regulation。是关于小额邮寄商品享受普惠制待遇的一种凭证。

iv. 澳大利亚除接受格式 A 证书外,还采用简易原产地证书,其简易形式有两种:一是出口商自行签发的未印有绿色扭索底纹的格式 A 证书;二是在商业发票正面由出口商自行申明的两句固定的证明语言。

④"CISS"业务的办理

"CISS"是"comprehensive import supervision scheme(system)"的简称,中文意思是"进口货物全面监管制"。"CISS"是一些第三世界的国家政府为了防止外汇流失,确保国家关税收入,以其政府首脑颁布法令的形式指定其有关部门(如财政部、外贸部、工商部或者中央银行等)与某家或者某几家国际性公证行签订合同,委托其作为代理,执行对将进口到该国的货物在出口国装运前实施强制性的检验、价格比较、交易合同合法性的审查及海关税则分类的进口综合监督制度。

i. 从事"CISS"业务的主要公证行及其所代理的实施进口货物全面管制的国家

• SGS(Societe Generale de Surveillance S. A.)通用公证行,总部设在日内瓦。其代理的实施进口货物全面监管制的国家主要有安哥拉、布隆迪、喀麦隆、科特迪瓦、赤道几内亚、加纳、海地、印尼、利比里亚、马达加斯加、墨西哥、菲律宾、卢旺达、苏里南、马里、乌干达、扎伊尔、赞比亚、秘鲁、南非共和国、塞纳加尔、坦桑尼亚。

• COTECNA-OMIC INT'L(Cotecna Inspection S. A. -Omic Int'l Ltd)即 COTECNA 检验行 OMIC 国际检验有限公司。COTECNA 检验行总部设在日内瓦,OMIC 国际检验有限公司总部设在日本东京,是 COTECNA 的成员,负责其远东业务。该公司代理的实施进口货物全面监管制的国家主要有尼日利亚、贝宁、肯尼亚。

• 其他。如法国船级社 BV 代理几内亚的"CISS"业务;日本检验公司 JIC 代理伊朗的"CISS"业务等。

中国出口货物的检验(即 CISS 业务)均可由中国进出口商品检验公司代理上述各公证行办理。

ⅱ.公证行或公证行代理签发的检验报告

• 清洁报告书(Clean Report of Findings, Attestation de Verification, Adiso de Conformidad),是说明所验货物的品质、数量/重量、包装、唛头以及价格被确认符合有关要求的证明书。各公证行提供的清洁报告书的格式都有所不同,但基本内容大同小异,通常每套清洁报告 8~9 页,正本交出口方供银行议付。但科特迪瓦有例外,除信用证另有规定,一般情况下正本直接交进口商通关用,出口方议付用加有备注说明的副本即可。

清洁报告书的作用是:进口国海关放行的有效证明,进口国银行支付外汇货款的凭证,出口方银行议付的必要单据之一。

• 不可议付报告书(Non-negotiable Report of Findings),是说明所验货物在品质、数量/重量、包装、唛头和价格等某方面或某几方面出现了问题,而且无法或者出口方拒绝纠正的证明书。

不可议付报告书的作用是:通知进口国海关对有关货物不予放行,通知进口国银行拒付外汇货款。

(2)卫生检疫和动植物检疫

①根据《中华人民共和国国境卫生检疫法》规定,国务院卫生行政部门主管全国国境卫生检疫工作;国际通航的港口、机场以及陆地边境和国界江河的口岸,设立国境卫生检疫机关。其主要任务是实施传染病检疫、监测和卫生监督。

出境的交通工具、运输设备及可能传播检疫传染病的货物,都应接受检疫,经国境卫生检疫机关许可,方准出境。

②根据《中华人民共和国进出境动植物检疫法》及其实施条例规定,国务院农业行政主管部门主管全国进出境动植物检疫工作,中华人民共和国动植物检疫局及其在对外开放的口岸和进出境动植物检疫业务集中的地点设立的口岸动植物检疫机关实施动植物进出口检疫。

出境法定检疫的物品有:出境的动植物、动植物产品和其他检疫物;装载动植物、动植物产品和其他检疫物的装载容器、包装物、铺垫材料;有关法律、行政法规、国际条约规定或者贸易合同约定应当实施出境动植物检疫的其他货物、物品。

5. 出口报关

海关是国家的进出国境监督管理机关,是把守国家经济大门的行政执法机关。海关的主要职能是:通过对进出境的运输工具、货物、行李物品、邮递物品和其他物品的监督管理、征收关税和其他税费、查缉走私和编制海关统计,维护国家的主权和利益,促进对外经济贸易和科技文化交往,保障社会主义现代化建设。

海关对一般出口货物的通关程序大体如下:出口申报—审核单证—查验货物—办理征税—结关放行。

(1)出口货物的申报

出口货物的申报是指货物在出境时,由出口货物的发货人或其代理人向海关申报,递交规定的单据文件,请求办理出口手续的过程,即"报关"。

出口货物除海关特准的以外,发货人应该在装货的 24 h 前,向海关作出口申报。

(2)报关单证的审核

对报关单证的审核是海关接受申报的重要内容。海关对上述报关单证进行认真、全面地审核,监督货物合法进出,具体贯彻国家有关管理进出口的法律、法规。作为申报人在办理进出口报关手续时,必须严格按照规定履行义务,并为其报关行为承担法律责任。

(3)出口货物的查验

海关的查验是以已经审核的报关单证为依据,对出口货物进行的实际的核对和检查,以确保货物合法出口。海关在行使对货物的检查权时,货物的发货人或者其代理人应当到场,并负责搬移货物,拆开和重封货物的包装。海关认为必要时,可进行开验、复验或者提取货样。

为了保护货主的合法权益,《海关法》第 94 条规定:"海关在查验进出境货物、物品时,损坏被查验的货物、物品的,应当赔偿实际损失。"

(4)出口货物的征税

为了鼓励出口,目前仅对个别的出口货物征税,如钨矿砂、生锑等,其余的出口货物均免征出口关税。

(5)出口货物的放行

出口货物在办完向海关申报、接受查验、纳完税款等手续后,由海关在装货单上盖放行章。托运人或其代理人必须凭海关签印放行的货运单据才能出运货物。

货物的放行是海关对一般出口货物监管的最后一个环节,放行就是结关。货物的出口报关手续到此结束。

在集装箱运输中,除了集装箱货物须作出口报关以外,装载货物的集装箱以及装载集装箱货的船舶,在出国境时,也须向海关申报。

根据《中华人民共和国海关对进、出口集装箱和所装货物监管办法》(以下简称《办法》)的规定,购买进口的和国内生产的集装箱,投入国际运输时,集装箱所有人应向海关办理注册、登记手续。注册登记后,由海关在集装箱适当部位刷贴"中国海关"标志,再次进出口时,可凭此标志免办有关手续。

对于承载集装箱货的船舶,《办法》第 3 条规定:"承载进、出口集装箱货物的运输工具负责人或者其代理人,应向海关申报,并在交验的进、出口载货清单(舱单)或者装货清单、交接单、运单上,列明所载集装箱件数、箱号、尺码,货物的品名、数(重)量,收发货人,提单或者装货单号等有关内容,并附交每个集装箱的装货清单。"

6. 货主提空箱

发货人或其代理人自行或委托内陆承运人,持承运人或其代理人签发的放箱单前往存箱点(通常在 CY)提空箱,业务中比较正规的放箱单是设备交接单。用箱人、运箱人检查集装箱箱体后,与管箱人共同签署设备交接单,证明责任交接。

无论集装箱出场还是进场,双方对集装箱都要进行目测检查。目测检查主要包括以下几个方面:

(1)外部检查。检查集装箱外表有无损伤、变形、破口等异样。

(2)内部检查。对箱内侧六面进行察看,是否有漏水、漏光、水迹、油迹、残留物、锈蚀。

(3)集装箱的箱门检查。检查箱门有无变形,能否270°开启。

7. 装箱

集装箱货物的装载,整箱货由发货人或其代理人负责装箱,拼箱货由货运站负责装箱。

(1)使用集装箱装载一般货物的要求

集装箱货物的装载,尤其是 LCL 货的装载,要特别注意:

①不同件杂货混装在同一箱内时,应根据货物的体积、重量、外包装的强度、货物的特性、运输要求,将货区分开来。将包装牢固,重件货装在箱子底部;包装不牢、轻货装在箱子上部。

②货物在集装箱内的重量分布应均衡。例如,箱子某一部位负荷过重,可能会造成箱子底部结构发生弯曲或脱开。箱子重量分布不均衡,重心偏向一侧,在吊机和其他机械作业时,箱子会发生倾斜,影响作业,甚至导致危险。

③货物在箱内的积载,应根据货物包装强度决定堆码层数,并且,最好在堆码之间垫入缓冲器材。

④货物装载应严密整齐,货物与箱体之间如有空隙,应加适当的衬垫材料,防止货物移动。衬垫材料(如胶合板、草席、隔垫板等)应清洁、干燥。

⑤不同种类货物拼箱时,应注意其物理、化学性质,避免发生串味、污损而导致货损。

⑥箱内的货物重量不得超过该箱允许的额定载重量,每一个集装箱的额定载重量在箱体上均有记载。除此之外,某些国家对进口的集装箱货的重量另有严格限制,尤其是美国,规定包括货物重量、集装箱重量、托盘重量和牵引车重量在内,总重量(the gross vehicle weight: GVW)不超过 80 000 lb(36 288 kg);到 Lax/Longbeach 和 Oakland 的 GVW 不超过 95 000 lb(43 092 kg);到 Port Newark 的 GVW 不超过 90 000 lb(40 824 kg);到 Seattle/Tacoma 的 GVW 不超过 105 000 lb(47 628 kg)。

知识链接

中海集装箱运输公司公布的集装箱限重规定

美洲部各航线限重标准对比表

——自 2011 年 7 月 16 日起生效

流向	航线分类		限重标准下限(TON)		限重标准上限(TON)		超重费标准(OWS)
			20'	40'	20'	40'	
美国 IPI 点	卸港为美国	CY-CY	17.236	19.958	20.9	22.5	USD150/TEU
		CY-DOOR	17.236	19.958	19.051	20.412	
	卸港为 VANCOUVER	CY-CY	19.955	21.77	21.77	25	USD250/UNIT
		CY-DOOR	17.236	19.958	19.051	20.412	USD150/TEU
加拿大 IPI 点	CY-CY		20	25	24.948	27	20（含）-21.727 TONS/20GP USD125; 21.727(含)-23.5 TONS/20GP USD455; 23.5(含)-24.948 TONS(含)/20GP USD855; 25(含)-27 TONS(含)/40GP USD175;
	CY-DOOR		/	/	19	20	
SEAS/CAX2	巴西		24	/	26.82	/	24(含)--26.82 TONS USD200/20'
	阿根廷，巴拉圭		24	/	26.82	/	
ACSA/ACSA2/ACSA3	PUERTO QUETZAL (ACAJUTLA，CORINTO，CALDERA) /BUENAVENTURA /CALLAO /SAN ANTONIO/SAN VICENTE/ VALPARAISO/ IQUIQUE/ GUAYAQUIL		/	/	27.7	/	NO OWS
墨西哥，中美洲，加勒比，	MANZANILLO,MX BASE PORT ENSENADA,MX BASE PORT LAZARO CARDENAS,MX BASE PORT(AAE1)		20	/	26	/	20(含)-23 TONS USD200/20' 23(含)-26(含) TONS USD300/20'
	墨西哥 IPI		20	/	20(BY TRUCK OR RAIL/TRUCK) 26 (BY RAIL)	20 (BY TRUCK OR RAIL/TRUCK) 26(BY RAIL)	20(含)-23 TONS USD200/20' 23(含)-26(含) TONS USD300/20'
	巴拿马 IPI		17	/	25	25	17(含)-20 TONS USD100/20' 20(含)-23 TONS USD200/20' 23(含)-25 （含）TONS USD300/20'
	MANZANILLO,PA BASE PORT／KINGSTON, CARTAGENA, CAUCEDO, PORT OF SPAIN, PUERTO CABELLO		17	/	26	/	17(含)-20 TONS USD100/20' 20(含)-23 TONS USD200/20' 23(含)-26 （含）TONS USD300/20'

备注：1.美国和加拿大的基本港限重 22 TON/20', 25 TON/40'，但须按照起运/目的港码头的规定操作。

2.以上均指货重，箱重标准暂定：2.18 TON/20', 3.65 TON/40'。

欧洲、地中海航线限重标准对比表

适用范围	流向	航线限重标准（TON）			超重收费标准(OWS)	有效期
		20'GP	40'GP/HQ	45'HQ		
上海口岸和宁波口岸：本地和中转货物	地东、黑海港口：	20 TON≤20'货重<26 TON	/	/	USD 100/20'GP	驳船：从2011年8月7日起生效；母船：从2011年8月7日起生效
	地西基本港：	26 TON≤20'货重	/	/	USD 300/20'GP	
	北非港口：	/	/	20 TON≤45'货重	不接	
	以色列、亚得里亚海港口：	/	/	/	按照箱体标准和码头要求操作	
	欧洲基本港：				按照箱体标准和码头要求操作	
	欧洲非基本港：		/	/		
	欧洲内陆点：	26 TON<20'货重	26 TON<40'货重	/	确认接载	
	欧洲 Switzerland：	25 TON<20'货重	25 TON<40'货重	/	不接	
	地中海非基本港和内陆点：	20 TON≤20'货重<23 TON			USD 100/20'GP	
		23 TON≤20'货重	23 TON≤40'货重	/	确认接载	

亚太部各航线限重标准对比表

流向	分类	航线限重标准（TON）		航线超重收费标准(OWS)	有效期
		20'干货箱	40'干货箱		
东南亚线	海防	18 TON<20'货重≤20 TON	/	USD 50/20'	从2010年5月21日起生效
		20 TON<20'货重≤23 TON	/	USD 100/20'	
		23 TON<20'货重	/	逐票申请	
	KHPNH	20 TON<20'货重	/	逐票申请	从2009年2月28日起生效
	VNSGN / VNNPT	23 TON≤20'货重<25 TON	/	USD 100/20'	从2011年4月18日起生效
		25 TON≤20'货重	/	逐票申请	
	THLCH / THBKK / THSCT	25 TON≤20'货重	/	逐票申请	
	SINGAPORE、PORT KELANG 及经 PORT KELANG 中转的东南亚港口	20 TON<20'货重≤22 TON	/	USD 100/20'	从2009年11月3日起生效
		22 TON<20'货重≤24 TON	/	USD 200/20'	
		24 TON<20'货重	/	逐票申请	
菲律宾线	所有港口	26TON≤20'货重	/	逐票申请	从2011年3月1日起生效
澳洲线	FREMANTLE、ADELAIDE (经 PKG 水路中转)	21TON≤20'货重<箱体限重	/	USD 100/20'	从2010年8月1日起生效
	其他港口			按照箱体标准和码头要求操作	从2009年1月8日起生效
香港线	AUS1 航线上的香港货	20 TON<20'货重	/	USD 50/20'	从2010年4月30日起生效
	其他航线上的香港货	/	/	按照箱体标准和码头要求操作	

备注：

1. 经 PORT KELANG（WEST PORT）中转的东南亚港口：SURABAYA；YANGON；PENANG；PASIR GUDANG；SEMARANG；BELAWAN；JAKARTA；PANJANG；BINTULU, SARAWAK；MIRI, SARAWAK；KOTA KINABALU, SABAH。

2. 未列明限重的港口按照箱体标准和码头要求操作。

⑦集装箱装箱完毕后,应使用合适的方法进行固定、绑扎,并关闭箱门,施加铅封。绑扎一定要牢固,否则开箱时容易引起倒塌,造成事故。如对货物加固或绑扎的材料系木材,且目的地是澳大利亚、新西兰等国家,则应在箱体外表明显地方贴上有关部门出具的木材经免疫处理证明。

(2)使用罐式集装箱装载液体货物的要求

①罐式集装箱本身结构、性能、箱内面涂料适合货物的运输要求。

②货物的比重与罐式集装箱的容积和强度应该相近。

③排罐时必须具有必要的设备和阀门。

④安全阀应处于有效状态。

(3)使用冷藏集装箱装载冷藏货物的要求

冷藏集装箱装载货物可分为冷却货物(chilled cargo)和冷冻货物(frozen cargo)两种,前者是指一般选定不冻结的温度或者是货物表面有轻微结冻以上的温度,其温度范围一般在$-1℃～11℃$,能够维持货物的呼吸和防止箱内出汗;后者是指将货物冻起来运输,其温度范围通常在$-1℃～-20℃$不等。

对冷藏货物在运输途中应保持的温度,托运人在托运时应有明确指示。装载冷藏集装箱时,应注意以下几点:

①冷藏集装箱必须具有集装箱所有人出具的集装箱合格证书或文件。

②集装箱的起动、运转、停止装置应处于正常状态。

③集装箱通风孔处于所要求的状态,泄水管保持畅通。

④货物达到规定的装箱温度。

⑤货物装箱时,不能堵塞冷气通道,天棚部分应留有空隙。

⑥装载期间,冷藏装置停止运转。

(4)使用集装箱装载危险品的要求

①集装箱要有正确的标记、标志,并有"集装箱装运危险货物证明书"。

②集装箱要清洁、干燥,适合装货。

③货物要符合《国际危规》的包装要求,有正确的标记、标志,并经国家规定的有关部门检验认可。

④每票货物均应有危险货物申报单。

⑤与危险货物性质不相容的货物禁止同装一箱。

⑥与普通货物混装时,危险货物不得装在普通货物的下面,并应载于箱门附近。

⑦包件装箱正确,衬垫、加固合理。

⑧装载后,应按《国际危规》要求,在集装箱外部每侧张贴危险货物类别标志。

8.集港交货

托运人或其代理人将集装箱货运进集装箱港口、码头,将货交付给码头的业务人员,由码头的业务人员审核单证和集装箱货物后,在场站收据正本上签字,表明承运人接收了集装箱货,并对集装箱货物开始负责。如果集装箱货的情况与场站收据中记载内容不相符,应在场站收据上将集装箱货的短量、损坏等情况及程度在场站收据上加以批注。

货物自进入集装箱港口之后,包括在码头装卸、堆存、驳运等作业中所造成货物的灭失、损坏事故或船体、船具的损坏事故,港口负责赔偿。

9. 装船理货

集装箱码头堆场或集装箱装卸区根据接收的待装货箱情况,制订装船计划,等待船舶靠泊后即可进行装船。装船同时,理货公司进行装船理货、计数。

从 20 世纪 90 年代开始,尤其是"9·11"事件发生后,美国海关于 2003 年 2 月 2 日起开始全球实施《装船前 24 小时申报舱单管理规则》。之后,各国开始纷纷效仿,尤其对以集装箱班轮运输为代表的集装箱货物开始实施安全预检,要求从事集装箱班轮运输的相关人员提前申报舱单和相关内容。2004 年 4 月 19 日,《加拿大海关装船前 24 小时申报舱单的规定》开始执行;墨西哥从 2007 年 9 月 1 日起也开始实施 24 小时申报规则;2010 年 12 月 31 日,欧盟 27 个成员国第 1875/2006 号规则即《欧洲海关提前舱单规则》开始执行。2009 年 1 月 1 日起,我国新的《海关进出境运输工具舱单管理办法》也开实施行。

知识链接

美国 AMS 和 ISF 申报

1 AMS 申报

AMS 是美国海关的"自动舱单系统"(automated manifest system)。2003 年 2 月 2 日起,美国海关开始全球实施《装船前 24 小时申报舱单管理规则》,即对所有挂靠美国港口的集装箱船舶,船公司或无船承运人在境外装运港装船前 24 小时,必须将舱单用电子数据递交美国海关 AMS,由其在货物装船前预先评价用海运集装箱走私武器的风险,故又被称为反恐舱单申报。

1.1 申报的主要内容

申报的舱单应当包括下述 14 项内容:

(1)船舶前往美国前离开的最后一个港口(即使在该港口船舶只是临时挂靠并没有进行装卸货作业);

(2)承运人标准代码(standard carrier alpha code;SCAC);

(3)船舶航次号;

(4)船舶预计到达美国第一个港口的日期;

(5)承运人的提单号和货物数量;

(6)向美国海关申报的提单上显示的交货地点;

(7)准确的货物名称和货物重量;

(8)提单上托运人的准确名称和地址或者识别号码(识别号码是美国海关 2003 年根据《自动商业环境(The Automated Commercial Environment)规定》分配的号码);

(9)提单上收货人(记名提单)、货主或者作为第一通知方的货主代表(指示提单)的名称和地址或者标识号码;

(10)船名、船籍和 IMO 号码;

(11)货物装上干线船的装货港;

(12)运输危险品时的国际危险品代码;

(13)准确的箱号;

（14）集装箱铅封号。

1.2　申报主体

AMS 申报主体首先是船公司；其次，已向联邦海事委员会登记或者已公布运价本并向联邦海事委员会提供担保的无船承运人。如果无船承运人向海关缴纳了保证金，可以向美国海关直接传递舱单信息。

1.3　拼箱货的申报

（1）一个参加了 AMS 的无船承运人和另一个未参加 AMS 的无船承运人共同拼装一个集装箱货时，如果由未参加 AMS 的无船承运人向船公司订舱，美国海关要求该未参加 AMS 的无船承运人向承运人完全披露并提交其自己的货物舱单信息，以便承运人向美国海关申报，而参加 AMS 的无船承运人可以自行向美国海关单独申报。

（2）未参加 AMS 的无船承运人和参加了 AMS 的无船承运人共同拼装一个集装箱货，并由参加 AMS 的无船承运人向船公司订舱，未参加 AMS 的无船承运人也必须向参加了 AMS 的无船承运人申报。

1.4　未按规定申报的三重惩罚制度

（1）罚款（第一次，5 000 美元，并扣运输工具；第二次，1 万美元，依此累加）；

（2）经济赔偿；

（3）推迟卸船。

2　ISF 申报

2008 年 1 月 2 日，美国海关及边境保护局颁布了《进口商安全申报及承运人附加要求》（The Importer Security Filing and Additional Carrier Requirements：ISF & ACR），该规定被简称为 ISF 申报，俗称 10＋2 申报，要求美国进口商（10 项申报内容）和船公司（2 项申报内容：集装箱积载图和集装箱状态信息）通过 AMS 或自动报关行接口（automated brober interface：ABI）将电子数据输入美国海关。

在集装箱船离开前往美国的港口后 48 小时内，船公司应向美国海关和边境保护局提交集装箱积载图（vessel stow plan）。若航程不足 48 小时，在出港前提交集装箱积载图；在船舶抵达美国港口前 24 小时的基础上，承运人应每天汇报集装箱状态信息（container status messages）。

知识链接

中华人民共和国海关进出境运输工具舱单管理办法

《中华人民共和国海关进出境运输工具舱单管理办法》（以下简称《办法》）自 2009 年 1 月 1 日起施行。进出境运输工具舱单（以下简称舱单）是指反映进出境运输工具所载货物、物品及旅客信息的载体，包括原始舱单、预配舱单、装（乘）载舱单。进出境运输工具载有货物、物品的，舱单内容应当包括总提（运）单及其项下的分提（运）单信息。

1　适用范围

《办法》的适用范围非常广，包括进出境船舶、航空器、铁路列车以及公路车辆舱单的管理。

2　传输主体

《办法》不仅针对舱单本身进行管理,而且还延伸到整个物流链的管理,从运输工具进境的预报、抵港申报、卸货,到出境的装箱、配载、装货,涵盖了物流全过程,涉及船公司、无船承运人、船代、海关监管场所、理货公司、货主等多方面。

舱单等电子数据的传输包括两部分:一部分是舱单电子数据;另一部分是与舱单相关的其他电子数据,如理货报告。因此,传输主体也相应分为两类:一类是舱单传输人(主要包括运输工具负责人、无船承运人等);另一类是相关数据传输人(包括理货部门、监管场所经营人及出口货物发货人)。

3　传输时限

3.1　关于进境

进境运输工具载有货物、物品的,舱单传输人应当在下列时限向海关传输原始舱单主要数据:

(1)集装箱船舶装船的 24 小时以前,非集装箱船舶抵达境内第一目的港的 24 小时以前;

(2)航程 4 小时以下的,航空器起飞前;航程超过 4 小时的,航空器抵达境内第一目的港的 4 小时以前;

(3)铁路列车抵达境内第一目的站的 2 小时以前;

(4)公路车辆抵达境内第一目的站的 1 小时以前。

3.2　关于出境

以集装箱运输的货物、物品,出口货物发货人应当在货物、物品装箱前向海关传输装箱清单电子数据。

出境运输工具预计载有货物、物品的,舱单传输人应当在办理货物、物品申报手续前向海关传输预配舱单主要数据,海关接受预配舱单主要数据传输后,舱单传输人应当在下列时限向海关传输预配舱单其他数据:

(1)集装箱船舶装船的 24 小时以前,非集装箱船舶在开始装载货物、物品的 2 小时以前;

(2)航空器在开始装载货物、物品的 4 小时以前;

(3)铁路列车在开始装载货物、物品的 2 小时以前;

(4)公路车辆在开始装载货物、物品的 1 小时以前。

10. 承运人或其代理人缮制单证、签发提单

在托运人提空箱、装箱、重箱集港的同时,承运人或其代理人缮制装船单证,主要有预配清单、集装箱箱号清单、舱单、运费舱单和提单等。

托运人将货交付给承运人后,承运人或其代理人即签发场站收据给托运人。场站收据的签发,证明承运人责任开始。托运人可持场站收据向承运人或其代理人换取收货待运提单,如果信用证规定凭收货待运提单可以结汇的话,托运人即可到银行办理结汇手续。

如果信用证中规定必须凭已装船提单结汇,则须在收货待运提单上加盖已装船印章,使之变成已装船提单,才能前往银行结汇。

11. 保险

如果货物以 CIF 价格成交,托运人须在出口地向保险公司办理货物保险。

12. 结汇

托运人根据信用证中的规定,持正本提单到指定银行结汇。

五、集装箱班轮运输业务进口货运流程

集装箱进口货物运输的主要环节有付款索单、缮制卸货和交货单证、卸船理货、换取提货单、报验、报关、提重箱、拆箱、还箱九个环节。

1. 付款索单

付款索单是指收货人向银行支付货款,购买正本提单。收货人在得到正本提单后,应仔细审核提单所记载的事项和提单背书的连贯性。

2. 缮制卸货和交货单证

船舶从装货港开出后,装货港船代应将有关单证寄交卸货港船代。

寄交的单证主要有:

(1)提单副本或场站收据副本;

(2)积载图;

(3)集装箱装箱单;

(4)集装箱箱号清单;

(5)集装箱货物舱单等。

卸货港船代收到以上单证后,即着手制订船舶预计到港的计划,并同港方、收货人、海关和其他部门尽早取得联系,一俟船舶靠泊,应尽快办理海关手续,安排卸船交货。卸货港船代应在远洋船舶抵港前 7 天,近洋船舶抵港后 36 小时内,缮制好一式五联的“交货记录”,并向收货人或通知方或其代理人发出“到货通知书”(“交货记录”的第一联),做好交货准备。

3. 卸船理货

船舶抵达卸货港,码头组织卸船作业。卸船同时,理货公司进行理货,填写理货单。当集装箱和集装箱货物有损害或短少时,应缮制集装箱残损单、溢短单和集装箱货物残损单、溢短单。

4. 换取提货单

收货人或其代理人凭正本提单和到货通知书到船代处换取“交货记录”后四联。船代审核单证无误后,收回正本提单,在“交货记录”第二联——提货单上签章,作为命令场站交货的凭证。

船代签发提货单前,务必要收回正本提单。业务中应尽量避免无正本提单放货。如果近洋航线正本提单尚未到达卸货港,对承运人来说,最保险、最可靠的做法是凭收货人提供的提单副本加银行担保放货。

5. 进口报验

进口报验包括向商检、卫检、动植物检部门进行申报,以及运输危险品须向港务监督部门进行的申报。

(1)商检

①进口商品的检验

i.法定检验

《商检法》规定,必须经商检机构检验的进口商品,收货人在进口商品到货后必须向商检机构办理进口商品的登记和报验,并提供贸易合同、发票、装箱单、重量明细单、国外检验证书、技术说明书、提单等单证资料,以及进口货物报关单。海关对列入《种类表》的进口货物,凭商检机构在报关单上加盖的印章验放。商检合格,商检机构发给"检验情况通知单",供作内部货物交接和备案的依据;商检不合格,发给"检验证书",作为对外索赔或退换货物的凭证。

ii. 对外贸易合同约定商检

对外贸易合同约定凭商检机构检验结果和商检证书交接结算的进口商品,收货人应及时报验。商检机构检验后,不论是否合格均签发商检证书,以便对外交接结算。海关不实施凭商检印章验放。

iii. 一般进口商品的检验

《种类表》以外或合同中未约定商检的一般进口商品,收货人向商检机构办理登记手续后自行提货验收,如发现有质量问题或者商品内包装的数量清点、衡器计重等方面问题须向外索赔的,应及时申请商检机构检验,对外出证。

iv. 残损商品检验

口岸卸货时,包装外表残损的进口货物,收货人或其代理人必须在卸货口岸申请商检机构验残,由口岸商检机构检验出证,以便分清残损责任,向有关责任方索赔。

v. 外商投资企业和"三来一补"贸易方式进口的商品检验

外商投资企业、来料加工、来件装配的进口商品,一般由有关部门自行检验,如需商检,可申请商检机构办理委托鉴定业务。对于中外合资、中外合作经营企业和补偿贸易的进口商品,列入《种类表》内的按法定检验办理,其他则按一般进口商品的检验进行。

②进口商品的鉴定及主要单证

进口商品鉴定业务包括:商品的质量、数量、重量、包装鉴定和货载衡量;商品的监视装载和监视卸载;商品的残损鉴定;船舶的舱口检视和载损鉴定;宣布共同海损事故船舶所载货物的海损鉴定;装载商品的集装箱鉴定或者拆箱鉴定;船舱的封舱、起舱或空距测量;涉外财产的价值鉴定和损失鉴定;抽取并签封各类样品;为对外贸易、运输和保险证明各方履约、确定责任和提供检测数据等有关的其他鉴定业务。

申请鉴定时须填写"进口商品检验/鉴定申请书",随附有关合同、国外发票、提单、商务记录、重量明细单、拟装货物清单、舱单、配载图、船方函电或书面说明、海事报告或其他有关证明。

(2)卫生检疫和动植物检疫

根据《中华人民共和国国境卫生检疫法》规定,入境的交通工具和人员,必须在最先到达的国境口岸的指定地点接受检疫。除引航员外,未经国境卫生检疫机关许可,任何人不准上下交通工具,不准装卸货物等物品。入境的交通工具,如果来自检疫传染病疫区,或者被检疫传染病所污染,或者发现有与人类健康有关的啮齿动物或病媒昆虫的,应当实施消毒、除鼠、除虫或者其他卫生处理。

根据《中华人民共和国进出境动植物检疫法》及其实施条例的规定,入境法定检疫的物品有:入境的动植物、动植物产品和其他检疫物;装载动植物、动植物产品和其他检疫物的装载容器、包装物、铺垫材料;来自动植物疫区的运输工具;进境拆解的废旧船舶;有关法律、行政法规、国际条约规定或者贸易合同约定应当实施进境动植物检疫的其他货物、物品。

6. 进口报关

海关对一般进口货物的通关程序与出口货物的通关程序大体相同：进口申报—审核单证—查验货物—办理征税—结关放行。其中，审核单证、查验货物、结关放行三个步骤的操作及规定与出口货物相差不大，有关内容可参看出口货物报关部分，在此不再重复。下面仅就进口货物通关程序中进口申报和办理征税两个步骤作以介绍。

（1）进口货物的申报

进口货物的申报是指货物在入境时，由收货人或其代理人向海关申报，递交规定的单据文件，请求办理进口手续的过程。

进口货物应当自运输工具申报进境之日起 14 日内，由收货人或其代理人向海关作进口申报。超过 14 日期限未向海关申报的，由海关征收滞报金。滞报金按日计收，日征收金额为进口货物到岸价格的 0.5‰，滞报金的起征点为人民币 10 元。对于超过 3 个月还未向海关申报进口的，其进口货物由海关依法提取变卖处理。如果属于不宜长期保存的，海关可以根据实际情况提前处理。变卖后所得价款在扣除运输、装卸、储存等费用和税款后，尚有余款的，自货物变卖之日起一年内，经收货人申请，予以发还；逾期无人申请的，上缴国库。

（2）进口货物的征税

根据《中华人民共和国进出口关税条例》的规定，海关税则的进口税率有普通税率和最低税率两种。对产自同中国没有贸易互惠条约或协定国家的进口货物，按普通税率征税；对产自同中国有贸易互惠条约或协定国家的进口货物，按最低税率征税。

进口货物关税，是专门对进口商品征收的关税。根据《中华人民共和国海关进出口税则》的规定，除极少数进口商品免税外，其他绝大多数进口商品都是征税的。海关在征收进口货物关税同时，其他的税费，如增值税、消费税等，也由海关同时代征。

进口货物经查验情况正常，应按章纳税。收货人在缴清税款或者提供担保后，海关方可签印放行。

7. 提重箱

整箱货，由收货人或其代理人自行或者委托内陆承运人前往码头堆场提取箱货。堆场业务人员审核"交货记录"的第二联——提货单上船代和海关的印章无误后，留下二、三、四联，在第五联——交货记录上盖章或签字。收货人或其代理人凭交货记录提取箱货后，也在交货记录上签字，以示货物已完好交付。拼箱货，由货运站前往码头堆场提取箱货。

重箱箱体出场站时，收货人凭出场的设备交接单与码头交接集装箱设备的责任。

收货人提取箱货时注意：一定要在码头堆场的免费堆存期内提取。一般情况下，集装箱码头堆场的免费堆存期为 10 天。收货人未在规定的免费堆存期内提取货物，对超过的天数须缴纳超期堆存费，又称滞期费。

8. 拆箱

整箱货，由收货人在收货地的仓库或工厂进行拆箱。拼箱货，由货运站负责拆箱分票。收货人或其代理人持"交货记录"后四联前来货运站提取拼箱货。货运站业务人员审核第二联——提货单后，留下二、三、四联，在第五联——交货记录上盖章。收货人最后凭交货记录提取货物，在交货记录上签字以示货物交接完成。

整箱货拆箱后或拼箱货提货时，如发现货物有损害灭失，应及时向承运人递交书面的索赔通知书，或者邀请承运人和商检机构进行联合检查，对货损予以确认，以备事后索赔。

9. 还箱

拆箱后,收货人按规定期限将承运人的集装箱归还到码头堆场或承运人指定的还箱点。货主使用承运人的集装箱运输货物,对箱子有一定的免费使用期。如果货主未能在免费使用期届满后将集装箱归还承运人,承运人对超出时间可向货主收取超期使用费,又称延期费。

收货人持进场的设备交接单与码头堆场或还箱点业务人员交接集装箱责任。提取货物后,在交货记录上签字以示货物交接完成。

整箱货拆箱后或拼箱货提货时,如发现货物有损害灭失,应及时向承运人递交书面的索赔通知书,或者邀请承运人和商检机构进行联合检查,对货损予以确认,以备事后索赔。

第三节   租船运输

一、租船合同范本

租船合同订立时,双方为了各自的利益,必然对租船合同的条款逐项推敲,造成旷日持久的谈判,不利于迅速成交。

为了简化和加速签订进程,节省为签订租船合同花费的费用,也为了维护自己的利益,在国际市场上,一些航运垄断集团、大的船公司或大的货主,都制定一些租船合同格式,在这些格式中罗列事先拟就的主要条款。为了便于对这些格式条款进行删减、修改和补充,每一租船合同都为格式的名称编了代码名称,为每一条款编了代号,并在每行内容前(或后)编了序号。租船合同格式到目前为止可能不下百种。其中,由英国航运公会(British Chamber of Shipping:BCS)、波罗的海国际航运公会(The Baltic and International Maritime Conference:BIMCO)、纽约土产交易所(New York Produce Exchange:NYPE)和日本海运集会所等公共机构所制定的,被公认并且被广泛采用的合同格式,被称为标准租船合同格式(standard C/P)。

当前,国际租船市场上比较有影响的标准租船合同格式主要有以下几种。

1. 标准的航次租船合同格式

(1)统一杂货租船合同(Uniform General Charter)

简称"金康"(GENCON),是由国际著名的船东组织——波罗的海国际航运公会(BIM-CO)的前身"波罗的海白海航运公会"制定的,并几经修改。最早的合同格式于1922年制定,分别在1939年、1950年、1966年、1976年、1994年进行了修改。当前租船市场上选用的主要是1994年版本。

这个租船合同范本是一个不分货种和航线,适用范围比较广泛的航次租船合同的标准格式。

(2)斯堪的纳维亚航次租船合同(Scandinavian Voyage Charter)

简称为"斯堪康"(SCANCON),是波罗的海国际航运公会于1956年制定,1962年、1993年修订,主要用于斯堪的纳维亚地区的杂货航次租船合同格式。

(3)美国威尔士煤炭合同(Americanized Walsh Coal Charter)

简称"AMWELSH",美国威尔士煤炭合同,是美国船舶经纪人和代理人协会1953年制定,1979年和1993年修订,专用于煤炭运输的航次租船合同标准格式。

(4)普尔煤炭航次租船合同(Coal Voyage Charter)

简称"普尔"(POLCOALVOY),是波罗的海国际航运公会于1971年制定,并于1976年和

1997 年修订,用于煤炭航次租船的合同标准格式。

(5)谷物泊位租船合同(Berth Grain Charter Party)

简称"巴尔的摩 C 式"(BALTIMORE Form C),是广泛使用于从北美和加拿大向世界各港整船装运谷物的标准格式。这个标准格式是由设在纽约的北美粮食出口协会和设在伦敦的北美托运人协会以及纽约土产交易所联合制定的。当前普遍使用的是 1974 年的修订本。

(6)北美谷物航次租船合同 1989(North American Grain Charter Party,1973⟨Amended 1989⟩)

简称"NORGRAIN 89",是北美粮食出口协会、波罗的海国际航运公会和英联合王国航运委员会以及船舶经纪人和代理人全国联盟制定的,内容较新而且较全面的谷物航次租船合同的标准格式,这种标准格式专用于美国和加拿大出口谷物的航次租船。

(7)C(矿石)7 租船合同(C⟨ORE⟩7 Mediterranean Iron Ore)

C(ORE)7 租船合同是第一次世界大战期间英国政府制定的用于进口铁矿石的航次租船合同的标准格式。

(8)北美化肥航次租船合同 1988(North American Fertilizer Charter Party)

简称"FERTIVOY 88",是波罗的海国际航运公会和国际航运委员会制定的用于化肥航次租船的合同标准格式。

2. 定期租船合同的标准格式

(1)统一定期租船合同(Uniform Time Charter)

简称"波尔的姆"(BALTIME),是 1909 年波罗的海国际航运公会制定,并由英国航运公会承认的标准定期租船合同格式。格式经过数次修订,最新修改的版本是 2001 年格式。

(2)定期租船合同(New York Produce Exchange Time Charter)

简称"ASBATIME"或称"土产格式"(NYPE Form),是美国"纽约土产交易所"制定的定期租船合同的标准格式。该格式 1913 年制定,经 1921 年、1931 年、1946 年多次修订,现在使用的是 1993 年修订的,得到波罗的海国际航运公会/船舶经纪人和代理人联合会推荐的,代号为"NYPE 93"的合同。由于它的内容较全面,且规定较公平,所以得到较广泛的使用。

(3)集装箱船舶统一定期租船合同(Uniform Time Charter Party for Container Vessels)

简称"BOXTIME",是波罗的海国际航运公会 1990 年制定的集装箱船舶定期租船合同的标准格式,2004 年修订。

(4)中租期租船合同 1980

这是中国租船公司 1980 年制定的专供中国租船公司从国外租用定期租船使用的自备格式,简称"SINO TIME,1980"。虽然这仅是中租的自备格式,但是,由于我国每年都要租用大量期租船,经过多年使用,已为大多数船舶所有人熟悉和接受。

3. 光船租船合同的标准格式

国际航运界使用较为广泛的光船租船合同格式是波罗的海国际航运公会制定的"标准光船租船合同"(Standard Bareboat Charter),租约代号"贝尔康 89"(BARECON 89)。

二、航次租船合同的主要内容

航次租船合同的主要条款如下:

船舶说明条款(description of vessel clause)

预备航次条款(preliminary voyage clause)

出租人的责任及免责条款(owner's liabilities and exceptions clause)

运费支付条款(payment of freight clause)

装卸条款(loading and discharging clause)

滞期费和速遣费计算条款(demurrage and dispatch money clause)

合同解除条款(cancelling clause)

留置权及承租人责任终止条款(lien clause and cesser clause)

互有责任碰撞条款(both-to-blame collision clause)

新杰森条款(New Jason clause)

共同海损条款(general average clause)

提单条款(bill of lading clause)

罢工条款及战争条款(strike and war clause)

冰冻条款(ice clause)

仲裁条款(arbitration clause)

佣金条款(commission clause)等。

我们将以 1994 年 GENCON 合同为例,重点介绍航次租船合同的以下几项主要内容。

1. 船舶概况

(1)船名(name of vessel)

租约中船名的指定通常有以下几种方式:

①指定一艘特定船只。船名一旦指定,船舶所有人无权以其他船只替代。如果由于某种原因不能履行合同,则承租人有权解除合同。

②××船或其替代船由船舶所有人选择(M/V ××× or substitute at shipowner's option),即所谓的"替代船条款"。替代船必须在船级、船型、位置等方面与原定船只相符。替代船一经选定,亦不能再做更改。

③在×船或××船或……中选择一艘。这种方式对船东来说,更具灵活性,可进行多次选择。

④船舶待指定。双方事先约定好待指定船舶的具体条件、性质、技术规范,若船东提供的船舶不符合条件,承租人可拒绝接受,并可因船东违约而解除合同,同时还可要求赔偿损失。

(2)船籍(nationality of vessel)

船籍是指船舶所属国籍。一般来说,海上航行时,船上不得同时悬挂两个国家的国旗,也不能不悬挂任何国旗,否则会被视为海盗船处理。在战争年代,船籍或船旗关系到中立国问题。如果是交战双方,可能面临被扣押、征用、没收等风险。在和平年代,船籍涉及法律适用、货物保险、港口使费等若干问题。当前方便旗船十分流行,一方面是开放登记的做法非常普遍,另一方面是由于政治、节省成本等原因。根据《中华人民共和国香港特别行政区基本法》及有关法律规定,1997 年 7 月 1 日后在香港登记的船舶,同时悬挂中华人民共和国国旗和香港特别行政区区旗。

(3)船级(classification of vessel)

船级是指双方在订立合同时船舶应实际达到的技术状况。除非另有约定,否则即使在合同履行期内丧失船级,也不视为违约。英国有些案例表明,船级是合同的条件条款,如果违反,承租人可解除合同。

（4）船舶吨位（tonnage）

船舶吨位包括登记吨和载重吨。登记吨包括总登记吨（gross registered tonnage，GRT）和净登记吨（net registered tonnage，NRT），通常是按照《1969 年国际船舶吨位丈量公约》的规定进行测量。登记吨涉及港口费用、运河费用等使费的计收。有些运河，如苏伊士运河、巴拿马运河是采用特殊的方法测量吨位，以收取费用。载重吨（deadweight tonnage），又称载货能力（deadweight capacity），表明船舶实际装载货物的能力。合同中载明的数字是指实际可装载的最大货物数量，不包括船舶燃料、物料、淡水、备用品、船舶常数（constant）等。船舶常数是指由于船舶经过修理或改装、更换设备，以及舱底积存污油水，海藻、贝壳等海洋生物附着于船底等诸多原因，使船舶载重能力下降的数值。

关于载重吨，实践中有如下表示方法：5 000 t；大约 5 000 t（注：上下浮动 3%～5%）；5 000 t，干 5% 由出租人（或承租人）选择；4 800～5 200 t。在具体装货之前，船长根据本船的实际装货能力及港口吃水限制向货主"宣载"（declaration），若货主未能提供如上数字的货物，则承担相应的亏舱费；反之，船东应承担给货主造成的损失，例如短装损失、额外的仓储费等。在英美法国家，此条款被认为是中间义务条款。

（5）船舶动态（vessel's position）

是指订立合同时船舶所处的位置或状态。因为它直接影响船舶能否按期抵达预定的装货港，出租人为了避免麻烦，往往不具体订明船舶准确的动态，而是以"now trading"等说明。

（6）船舶预计到港并做好装货准备时间（expected ready to load）

又称受载期（laydays），即船舶在合同规定的日期内到达规定的装货港并做好装货准备的日期。合同中一般同时还订有解约条款，即船舶未能在某一日之前到达装货港并做好装货准备，承租人有权解除合同。解约条款规定的这一日期称为解约日（cancelling date）。解约日通常就是受载期的最后一天，但有的合同二者不一致。

即使出租人或船长明知船舶不能在解约日之前到达装货港并做好装货准备，只要承租人不提出解除合同，船舶仍应驶往装货港。为了减少船期损失，合同中往往订有"质询条款"（interpellation clause）。大致含义是：当承租人收到出租人或船长关于不能如期到达装货港的通知，应在一定时间内作出是否解除的答复；否则视为承租人放弃解除合同的权利。

GENCON 94 合同即有如此规定。我国《海商法》第 97 条也规定："出租人在约定的受载期限内未能提供船舶的，承租人有权解除合同。但是，出租人将船舶延误情况和船舶预期抵达装货港的日期通知承租人的，承租人应当自收到通知时起 48 小时内，将是否解除合同的决定通知出租人。"这样的条款会改变原有合同中关于解约日的规定，即限制了承租人单方面享有的解约权利。

2. **预备航次**（preliminary voyage）

预备航次是指当租船航次与运输航次不一致时，从装货港前某一个地方驶往装货港的航次。预备航次根据航次租船合同的具体规定不同，其履行义务也不同。如果合同规定船舶必须在某一个固定日期之前抵达装货港或开始预备航次，则出租人有绝对的义务履行合同，不得有任何延误。在英国，这被视为一种条件条款。如果合同规定船舶应以合理的速遣或以适当的谨慎履行预备航次，则出租人应以尽可能快的速度完成这一航次。该条款在英国则被视为一种保证条款。

因为预备航次是航次租船合同的一部分，所以在预备航次中，由于航次租船合同免责条款规定的事由发生,致使船舶延迟到达装货港,给承租人造成的损失,出租人可以提出免责的抗辩。但是,如果延误超过了解约日,则承租人仍可解除合同,即解除合同的权利不受免责条款的影响。

实践中船舶不能如期抵达装货港受载,往往是因为前一合同的延误造成的。船东不能以此为理由,对抗本航次的承租人。为此,GENCON 94明确规定,先前的约定(即合同)完成以后,才有履行本航次的义务。也就是说,根据这一条款,即使船舶延迟抵达装货港是由于前一合同延误造成的,只要在履行本次预备航次过程中没有任何延误,仍不能视为出租人违约,出租人无须对此承担任何赔偿责任。GENCON 76则没有如此规定。

3.装卸条款

(1)装卸港口

目前,国际上通常有三种约定装卸港口的办法:

①合同中订明特定的装卸港口,称"港口合同";

②直接约定某个特定的装卸泊位或地点,称"泊位合同";

③合同中约定了两个或两个以上的港口,由承租人选择,其实质也是"港口合同"。此时,通常合同中还要进一步约定承租人应在船舶驶往装货区域或卸货区域方向或经过某地点时,或某个期限内,向船方发出最后确定的装货或卸货港名称的通知,即"宣港"(declaration of port)。否则,因为承租人未及时"宣港"给出租人造成的延误损失,承租人负责赔偿。

不论合同中约定"港口合同"还是"泊位合同",都与装卸时间的起算息息相关。这部分将在介绍装卸时间起算时再详细说明。

(2)安全港或安全泊位

航次租船合同和定期租船合同都有这一条款,我们在此一并介绍。

第一,何为"安全港"或"安全泊位"?

国际上对此判定的争议颇多,具体可以从以下几个方面理解:

·自然条件方面的安全:是指该港口应具有能够使船舶避免恶劣气候等自然危害的必要设施,如防波堤、气候报警设备等;

·港口设施方面的安全:是指港口应能提供足够的夜间照明、拖船、引航员以及必要的锚地、调头区域等;

·航海方面的安全:是指港口应设置能使船舶安全进出港口所需的导航灯标等,港口的航道水深及桥梁的高度等都应符合安全航行的要求;

·装卸货物方面的安全:是指能保证船舶在港装卸作业期间使船舶始终处于安全浮泊状态;

·政治局势方面的安全:是指港口没有战争或战争危险,或暴动或骚乱等其他危及船舶安全的政治因素。

第二,"安全港"或"安全泊位"由谁负责提供?

在航次租船下,如果装卸港口或泊位已在合同中明确约定,一般承租人不保证港口的安全性;如果装卸港口或泊位由承租人选择或待指定,则承租人有保证港口或泊位安全的义务。但是英国法律对此规定不一致:如果承租人在两个或两个以上的港口中选择,则港口的安全性由出租人、承租人双方共同保证;若承租人在某一个范围内选择一个港口时,他才负有保证港口安全的义务。

在定期租船合同下,指定港口的安全性则由承租人负责。

第三,什么时候承租人应保证港口的安全性?是指定船舶时,还是船舶实际抵达港口时?

在"The Evia"一案后,确定了"可望安全原则",即要求承租人要恪尽职守,在指定港口(或泊位)当时,该港口(或泊位)可望是安全的,即预计船舶抵达、停留或离开该港时,港口应该是安全的。但是,该案是发生在定期租船合同下,"可望安全原则"是否可用于航次租船合同,还未有定论。

(3)临近条款

如果航次租船合同中约定了"合同港口",出租人有义务将船舶驶往该约定港口。但是,如果船舶接近或抵达该港口之前,该港或港口周围出现了事先无法预料或预见的阻碍或延误船舶的正常航行并估计会持续很长时间的情况时,出租人有权根据合同中的"临近条款"(near clause),将船舶驶往"临近港口或地点"装卸货物。

(4)装卸费用

关于装卸费用及风险如何分担的问题,完全依据合同条款的具体规定。常见的条款如下:

①Liner terms:班轮条款,又称"泊位条款"(berth terms)、"总承兑条款"(gross terms)、"船边交接货物条款"(free alongside ship:FAS),是指出租人负担货物的装卸费用的条款。

②free in(FI):是指出租人不负责装货费。如果出租人仅就装货费不负责,其他费用仍承担的话,可用FILO条款,即free in,liner out,是FI条款的变形。

③free out(FO):出租人不负责卸货费。如果出租人仅就卸货费不负责,其他费用仍承担的话,可用LIFO条款,即liner in,free out,是FO条款的变形。

④free in and out(FIO):出租人不负责装货、卸货费。

⑤free in and out:stowed and trimmed(FIOST):出租人不负责装货、卸货、积载、平舱费。如果装运的是大件货,出租人负担绑扎费用,则在上述规定之后加上"绑扎"(lashed)一词;同样,若加上"垫舱"(dunnages)一词,意味着出租人还不承担垫舱费。

⑥gross load and discharge or gross load or gross discharge:出租人负责与装卸或装货或卸货有关的全部费用。与班轮条款不同,后者指出租人除了要负担装卸费以外,还要承担积载、平舱等费用。

⑦scale load and discharge:出租人负责一定限额的装卸费,超出部分由承租人自行负担。

4.装卸时间、滞期费和速遣费

(1)装卸时间的概念

依《1993年租船合同装卸时间解释规则》的解释,装卸时间(laytime)是指"合同当事人双方约定的,船舶出租人使船舶处于并保持适于装卸货物,而无须支付运费之外的附加费的时间"。也可以说,装卸时间是出租人和承租人约定的货物装卸所需的时间。

航次租船合同之所以规定装卸时间,是因为时间损失的风险是在船舶出租人身上,而装卸货物的时间控制由承租人掌握或安排。如果承租人不合作或因其他原因延长船舶在港停泊时间,就会延长航次时间。这对船舶出租人来说,既可能因在港停泊时间延长而增加港口费用的支出,又可能因航次时间延长而相应地减少船舶出租人的营运收入,所以要在航次租船合同中规定装卸时间。

(2)装卸时间规定方法

对装卸时间的确定,通常有以下几种规定方式:

①规定具体的日期

合同中明文规定装卸时间是多少。例如装货港为 10 天,卸货港为 5 天。

②规定一定的装卸定额

在合同中规定平均每天应装或应卸的货物吨数,按照这个定额来计算装完或卸完全部货物所需的天数。如合同中规定每晴天工作日 2 000 t,若装船 14 000 t 货物,则装卸时间为 7 天。

③按港口习惯尽快装卸(CQD)

这里所说按港口习惯尽快装卸,是指承租人和船舶出租人双方约定,按装货港或卸货港习惯的装卸方法和装卸能力,以尽可能快的速度进行装卸作业。这种方式并没有规定明确的时间,常易引起纠纷。

(3)对装卸"日"的规定

"日"在航次租船合同装卸时间中占有重要意义。但是,对于"日"应该怎样理解,常常有不同的解释。对于"日"的不同理解,计算出的装卸时间完全不同,最终也会影响滞期和速遣时间的计算结果。

①日(day)

日的含义是指从 0000 点至 2400 点连续 24 小时的时间。不足一日按比例计算。

②连续日(running days or consecutive days)

连续日的含义是指一日紧接一日的日数,也就是日历日数。

③工作日(working days:WD)

工作日是指装卸时间没有明确除外的日数。装卸时间一般都将节假日除外,所以工作日实际上是指港口正常工作的日子。

④晴天工作日、24 小时晴天工作日、连续 24 小时晴天工作日(weather working day or weather working day of 24 hours or weather working day of 24 consecutive hours)

以前这三个术语各有不同的解释和含义,易引起纠纷和混乱,《1993 年租船合同装卸时间解释规则》将这三个术语合并一起给予相同的解释。意指除去天气不良影响船舶装卸任何时间之外的连续 24 小时晴天工作日。即除去星期日、节假日、天气不良影响装卸时间外,以真正的连续 24 小时为一日的表示装卸时间的方式。

实务中经常采用的术语为以下几种:

· WWDSHING——晴天工作日,星期日、节假日包括在内。

· WWDSHEX——晴天工作日,星期日、节假日除外。

· WWDSHEXEIU——晴天工作日,星期日、节假日除外,即使进行装货或卸货,也不计入装卸时间。

· WWDSHEXUU——晴天工作日,星期日、节假日除外,除非已使用。

(4)装卸时间起算

装卸时间对于出租人和承租人是非常重要的,因此需要明确装卸时间从何时开始起算,根据国际公认的原则是,船舶必须具备以下三个条件,才能开始起算装卸时间。

①船舶到达合同指定的装卸地点

对于"港口合同",船舶须抵达该港口即可构成到达船舶。对于"泊位合同",船舶须抵达泊位时,才构成到达船舶。

在"港口合同"下,由于港口的范围很大,究竟到何处才算到达,实务中颇有争议。在英国,最早的案件确定的船舶抵达的标准是船舶须抵达港口的商业区(见 1904 年"The Leonis"案)。这个标准对船东来说是相当不利的。因为港口相当拥挤,船舶抵港时可能到港区很远的地方锚泊等候,而此处因不是商业区,等候的时间由船东承担,经济损失有时是巨大的。后来在 1973 年"Johanna Oldefdorft"一案中英国上议院确立了新的标准,那就是船舶只要抵达港内某地点,并处于租船人立即而有效的控制下,便构成船舶的抵达。这一标准成为判断是否是到达船舶的法定标准。如果船舶未进入港口当局法定管辖区域内,便不是一艘到达船只。

在"泊位合同"下,尽管船舶是否到达泊位相对来说比较容易确定,但有时由于泊位拥挤而使船舶不能靠泊。为了避免等泊时间损失,一般需要在合同中加入"不管靠泊与否(WIBON)"的术语,从而将泊位租船合同转化为港口租船合同。船舶一经抵达港内,便构成到达船舶。

②船舶在各个方面已做好装卸货物的准备

船舶抵达合同指定的装卸地点时,要在各个方面做好装卸货物的准备。所谓各个方面,主要是指影响船舶装卸货物的方面。如从船舶本身来看,船舶的装卸设备已处于随时使用的状态:货舱能够适合所装的、已通过检验、清洁、无虫无味;冷藏舱的冷却温度符合装货要求;油舱的加热设施正常运转;船舶舱盖可以随时打开等。从船舶应具有的证书来看,各种法律规定的证书处于有效期。从手续来看,船舶按照合同的规定已通过检疫,已履行海关手续。

③递交装卸准备就绪通知书(N/R)

装卸准备就绪通知书是一份书面通知,是指在船舶抵达合同规定的装卸地点后,船长向承租人或其代理人发出本船已在各个方面准备就绪等待装卸货物的通知。船长在船舶具备上述两个条件后,到达装卸港口,并在各个方面为装卸货物做好准备后,应立即向承租人递交装卸准备就绪通知书。递交 N/R 的意义在于:一是船方宣布船舶已对装卸工作准备就绪,可以进行装卸货物作业;二是装卸时间可以按照规定的时间起算。

装卸时间的具体起算还须看合同的规定,一般情况下递交 N/R 一段时间后才开始起算装卸时间。如"金康"合同格式规定:"上午递交 N/R,下午 1:00 起算,下午办公时间内递交 N/R,下一个工作日上午 6:00 起算。"装卸时间起算不以船舶是否实际进行装卸货物为准,尽管这时船舶可能仍然在外等待泊位,但装卸时间依然开始起算,且等泊损失的时间应计入装卸时间。

(5)装卸时间中断

装卸时间中断是指因合同规定的不计入装卸时间的因素产生而使装卸时间暂时停止计算。国际上对装卸时间的普遍看法是装卸时间的风险在承租人身上,一旦开始起算,便不停地运转,直至装卸完毕。只有在以下两种情况下才暂时停转:

①船方过错妨碍承租人有效地安排装卸货物,如船舶机器设备发生故障,不能进行装卸货物或无法发动主机靠泊装卸货物。即便是因船方可免责的原因妨碍了承租人使用装卸时间,仍然停止计算装卸时间,因为装卸时间的规定并不是针对船方可否免责而言,并不涉及货物损害赔偿的问题。

②合同中订明不计算装卸时间的情况。如星期日、节假日、不良天气等都不计算装卸时间。另外合同中还可能列明一些除外条款,典型的例子便是移泊时间不计算装卸时间,熏舱时间不计算装卸时间。

(6)装卸时间结束

装卸时间结束似乎是很简单的问题,装卸完毕就停止计算,终止装卸时间。然而并不完全是这样,要视具体情况而定。货物装上船,并不等于装货过程已完毕,货物可能还需捆绑、加固、平舱、积载,装卸货工具还要搬离,使船舶恢复到可开航状态始算完成。卸货完毕,则要看承租人是否已合理实质地将货卸完,如仍留货物或卸货工具在船上,卸货工作未算完成。

例如某轮在中国秦皇岛港卸载从罗马尼亚港口装运的尿素。该轮于 3 月 22 日 2330 时卸货完毕,并自此时至次日 0650 时清除舱内的地脚货,承租人将卸货时间计算至卸货结束之时 3 月 22 日 2330 时。我国海事仲裁委员会裁决认为:虽然卸货港装卸时间事实记录载明该轮 3 月 22 日 2330 时卸货完毕,但该轮自此时至次日 0650 时从舱内清除的地脚货仍是该轮所载货物的一部分,因此卸货时间应计算至 3 月 23 日 0650 时。

再如某轮在巴西亚马孙河某港装载圆木。装货作业结束后,船员对船上圆木进行了捆绑,船方将捆绑圆木所用的时间计入装卸时间。我国海事仲裁委员会裁决认为:为了船舶和船载圆木在航行中的安全,甲板上堆装的圆木需要进行捆绑,捆绑是装货作业必不可少的一部分,承租人以该轮装货结束为由将捆绑圆木所用的时间从装货时间中扣除是不合理的。

(7)装卸时间的统算

通常情况下,装货时间和卸货时间分别计算,但有时承租人为了能合理地调配装卸时间,避免支付滞期费,希望将装卸时间统一计算。航次租船合同通常采用的统算方式有以下几种。

①装卸共用的时间(all purpose)

装卸共用时间是指合同中规定一个可供装货和卸货使用的合计时间,并未就装卸货时间分别予以规定。如装卸时间共用 15WWD,在这个时间内,要求承租人把货装完和卸完,而不论装货时间或卸货时间各使用多少,只要装货和卸货实际时间未超过合计时间,即不会出现滞期问题。

②调剂使用装卸时间(reversible laytime)

调剂使用装卸时间按《1993 年租船合同装卸时间解释规则》的解释,是指给予承租人将装卸时间加在一起使用的选择权。这种选择权一经行使,其效力便等同于装卸共用时间。作为承租人可以选用,也可以不选用,取决于实际情况。

③平均计算装卸时间(to average laytime)

平均计算装卸时间是指装货时间和卸货时间分别计算,将两处最终所得的滞期时间或速遣时间相互抵消的计算方法。如在装货港滞期一天,在卸货港速遣一天,两者相抵消,便不发生滞期或速遣问题。这一用语的用意在于分别以在装货或卸货中节省的时间抵补在装货或卸货中滞期的时间,从而节省或减少通常支付双倍速遣费的滞期费。

(8)滞期费和速遣费

①滞期费

滞期费是指承租人在规定的装卸时间内未能装卸完货物,使船舶滞留在港造成损失,从而支付给船舶出租人约定的金额。滞期费按滞期时间和规定的费率计算,而不问出租人的损失程度。船舶出租人只能按商定的滞期费率收取滞期费。为了避免无限期的滞期,减少出租人的损失,双方当事人可以在合同中约定允许滞期的时间,比如 10 天。如果滞期时间未超过规定的期限,可按规定的滞期费率支付滞期费。如果超过规定的时间,则进入超滞期,船舶出租人可就超滞期的时间,要求承租人按实际损失的金额给予赔偿。

由于滞期期间内可能会发生星期日、节假日、不良天气、罢工等影响工作的情况,应计算在滞期时间内还是应排除在外,易引起争议,所以为了避免纠纷需要给予具体规定。通常有以下两种方式:

i. 滞期时间非连续计算

所谓滞期时间非连续计算,是指在滞期期间内的星期日、节假日、不良天气以及装卸时间允许除外的时间都不计入滞期时间,即滞期时间可以断续计算。

ii. 滞期连续计算

所谓滞期连续计算,是指进入滞期期间后,即使遇到星期日、节假日、天气不良以及装卸时间允许除外的时间也都要计入在内,连续计算直至装完或卸完货物,即"一旦滞期,永远滞期"。通常滞期时间的计算是以滞期连续计算为原则的,除非在合同中有相反的术语,如滞期时间非连续计算。

②速遣费

与滞期费恰好相反的速遣费,是指承租人在规定的装卸时间内提前完成装卸货物,节省了船舶在港时间,从而由船舶出租人支付给承租人约定的报酬金额。速遣费按节省的时间和规定的费率计算,速遣费通常是滞期费的二分之一。

同滞期时间一样,速遣时间也存在是否应该扣除星期日、节假日、不良天气等影响工作的时间。通常也有以下两种计算方式:

i. 节省全部时间

节省全部时间是指从装货或卸货完毕时算起,至可用装卸时间终止时止的期间,即包括星期日、节假日、不良天气在内的全部节省时间。

ii. 节省全部工作时间

节省全部工作时间是指从装货或卸货完毕时算起,至可用装卸时间终止时止的期间,不包括装卸时间除外的时间。也就是说,在节省的时间中,星期日、节假日、不良天气等的时间,不计为速遣时间,也不计算速遣费。

一般说来,按节省全部工作时间计算速遣费是比较合理的。因为星期日、节假日、不良天气等停止工作的时间本来就不计入装卸时间,因此在计算节省时间时,当然也不应该把它包括在内。

三、定期租船合同的主要内容

定期租船合同的主要条款有:

船舶说明条款(description of vessel clause)

船速及燃油条款(vessel's speed and fuel consumption clause)

交船条款(delivery of vessel clause)

租期条款(period of hire clause)

合同解除条款(cancelling clause)

合法货物条款(lawful merchandise clause)

航行区域条款(trading limits)

出租人提供的事项条款(owners to provide clause)

承租人提供的事项条款(charterers to provide clause)

租金支付条款(payment of hire clause)

还船条款(redelivery of vessel clause)

停租条款(off-hire clause)

出租人责任及免费条款(owners' responsibilities and exceptions clause)

使用及赔偿条款(employment and indemnity clause)

转租条款(sub-let clause)

共同海损条款(general average clause)

新杰森条款(New Jason clause)

双方有责碰撞条款(both-to-blame collision clause)

战争条款(war clause)

仲裁条款(arbitration clause)

佣金条款等(commission clause etc.)。

以下重点介绍定期租船合同中的几个条款。

1. 船速与燃油消耗条款

定期租船合同中关于船舶的航速及燃料消耗一般是这样规定的:"船舶满载时能在良好天气和风平浪静的情况下,以每天消耗×吨左右燃料约×节的速度航行。"

"良好天气和风平浪静",一般是指蒲福4级风以下,但也不是绝对的。在一贯风平浪静的海面上,很可能将风力在蒲福2级以下的天气才算是良好天气;相反,对超级油船航行在洋面上,风力为蒲福6级时,仍算做良好天气。

"约"的理解:合同中常在所规定的航速的数值前加一个"约"字。从法律的角度解释,这个"约"字就意味着出租人在合同中所承诺的航速,允许有一定范围的伸缩。对于这个伸缩范围,国际航运惯例常把它限定在5%以下。

另外,在定期租船实务中,船舶所有人对船舶航速的保证,一般是指把船交给承租人使用之前的几个航次或交船当时,船舶必须达到合同规定的大约航速。但是,如果交船后的整个租期内航速逐渐降低而达不到合同规定的船速,船舶所有人就不一定承担违约责任。除非在合同中明确"在整个租期内约×节航速航行"。

船舶航速与燃料消耗有密切的联系。为此,波罗的海国际航运公会建议在合同中订入一个"燃料品质条款"(bunker quality clause)以进一步明确规定燃料的品质。只有承租人使用符合品质条件的燃料时,其实际消耗量超过合同规定的定额,船舶所有人才承担违约赔偿责任。

2. 租期、交还船条款

交船(delivery)是船舶所有人按合同约定的时间及地点,将合同中指定的船舶交给承租人使用的行为;还船(re-delivery)是指承租人在合同规定的租期届满时,将船舶还给船舶所有人的行为。定期租船的租期是从交船开始至还船截止的。

(1)交船、还船地点

关于交船的地点,虽然有的租船合同规定由船舶所有人指定,但通常都是由承租人指定。如"波尔的姆"格式及"土产格式"都规定由承租人选择。国际上常用的约定方法有:

①在可抵达的泊位交船(at the reachable berth)。在可抵达的泊位交船又称"泊位交船"。按照这种规定,承租人指定的交船泊位必须能使船舶到港后立即靠泊。如果船舶到港后不能及时靠泊履行交船手续,所产生的等待时间损失,应由承租人承担。船舶所有人仅支付船舶进

港时的引航费和拖船费,船舶的港口费则由承租人负担。

②到达引航站交船(on arrival pilot station:APS)。在这种情况下,只要船舶在合同规定的时间内抵达交船港的引航站,不论是否实际履行交船手续,均被认为船舶所有人已经依约交船。承租人须负担船舶的引航费、拖船费及港口费用。

③引航员登船交船(on taking inward pilot:TIP)。在这种情况下,即使船舶已抵达交船港或交船港的引航站,只要引航员没有登船,就不被认为船舶所有人已履行了交船义务。虽然如此,由于港口拥挤等非恶劣天气原因导致船舶不能进港和引航员不能登船致使船舶等待的时间损失,按照国际航运惯例一般由承租人承担。船舶的引航费、拖船费及港口费用也应由承租人负责。

关于还船地点,大多数定期租船合同都未加以限制,只明确由承租人选择。

(2)交还船时间

关于交船的时间,在租船合同中既可规定一个具体的交船日期,也可以规定一个最迟的交船期。但更普遍的做法是规定一个交船期限,即规定不得早于×年×月×日和不能迟于×年×月×日。

关于还船的时间,原则上承租人应在租期届满时还船。但是,实践中经常会出现承租人在租期届满之前或之后还船。如果承租人在租期届满前还船,则称为"早期还船"(underlap),反之,则称为"超期还船"(overflap)。

对于"早期还船",英美法一般认为出租人必须接受交还的船舶,并采取合理措施安排船舶继续营运,尽量减少损失,同时也可对承租人提前还船对出租人造成的净营运损失提出赔偿请求。

对于"超期还船"则主要取决于承租人使用船舶"最后一个航次"(final voyage)的履行是否合法。否则,后果不同。

• 合法的最后航次(legitimate last voyage)

根据英国法律,如果承租人在指定最后一个航次时,能够合理地预计到船舶可在租期届满之前完成,尽管实际上可能构成延迟还船,但仍是合法的最后航次。在美国,如果船舶履行最后航次将超出租期,则超期称为 overlap;如果船舶不履行最后航次,将提前还船,则提前的日期称为 underlap。如果 overlap 不超过 underlap,则该航次为合法的最后航次,反之则为非法的最后航次(illegitimate last voyage)。

如果是合法的最后航次,则对于承租人所作出的航行指示,船长有义务听从。且如果船舶不是由于合同双方负责的原因被延迟则租船合同将延续至航次终了,租金按合同约定的费率支付,直至航次终止,而不管此时航运市场的租金率是上升还是下降。如果是承租人违约造成船舶延迟还船,则对于延迟期间,承租人应以合同租金率与市场租金率之中的较高者,补偿出租人的损失。

• 非法的最后航次(illegitimate last voyage)

当承租人指定最后一个航次时,不是经过合理估算,而是故意或明知履行该航次会导致延迟还船,而仍然履行该航次的,则为非法的最后航次。

对于非法的最后航次的指示,船长有权拒绝,并请求承租人重新指定一个合法的最后航次。如果承租人不重新指定,则出租人有权视合同已经终止,并请求损害赔偿。如果船长听从了承租人关于非法的最后航次的指示,而出租人本人并不知晓,则事后出租人仍有权拒绝继续履行航次，并请求违约赔偿。即出租人有权要求承租人支付租金直至还船，且当航运市场的租金率上升时，应当支付较高的市场租金率。

（3）交船、还船的条件

关于交船条件，"波尔的姆"格式的规定比较简单，它只规定"在各方面适于通常的货物运输的状态下交船"和"在运输中必须维持船体和船机的充分效率"。所谓"在各方面适于"，通常认为交船时船舶应具备如下条件：全部船员均已配齐；船舶处于适航状态；船舶处于适于装载货物的状态；船舶必须办完一切进口报关、检疫等手续，并经过船舶检验，取得证明；货舱清洁，装卸机械能正常工作等。

关于还船条件，"波尔的姆"格式和"土产格式"都规定承租人应在船舶与交船时同样完好状态下还船。这就是说，租船合同规定承租人负有使船舶恢复到原来状态的义务。由于定期租船的营运、航行和装卸等都是依据承租人的命令进行的，因此，由此而造成的船舶损害，应由承租人负责。

（4）交船、还船时船上所存燃油、淡水的处理

交船和还船时，船内必然还剩有燃油和淡水。按照国际习惯，在交还船时，船上所存的燃油和淡水，双方都应接受，并按交还船当天当地的市场价格结算。但是，如果燃油和淡水的剩余量过多，不但会影响船舶的载货能力，而且也可能增加接收船舶一方的费用支出，尤其是港口油价较高时。反之，如果剩余量过少，也会因一时难以补充，而使接收船舶的一方在安排船舶在港作业或继续航行方面产生困难。因此，租船合同中常对燃油和淡水的剩余量及储备品的数量作出规定。

3. 租金支付与撤船

租金的支付应按期、如数地支付，这是承租人的绝对义务。不论哪一个定期租船合同都规定，如果承租人欠付租金，船舶所有人有权撤回船舶。而且在行使这项权利时，并不需要事先向承租人提出警告，即可指示船长将船舶撤回，只要撤船当时将这一情况电告承租人即可。

船舶所有人因承租人欠付租金而撤船后，对船舶所载货物仍享有留置权，以确保对租金和其他债权的请求权。

4. 停租

停租（off hire）是指在租船期间因约定的原因而妨碍承租人对本船的有效使用时，承租人可以在停止使用期间，中断继续支付租金义务的一种权利。或者说，承租人可以扣除停止使用期间应付租金的权利。定期租船合同中规定的主要停租事项有：

（1）船员或物料不足；
（2）船体、机器及设备的故障或损坏；
（3）船舶的定期修理及入坞检查、清理、油漆船底；
（4）海损事故引起的延误；
（5）船舶缺少有效证书引起的延误；
（6）船员罢工；
（7）非承租人原因导致的船舶被扣押；
（8）清洗锅炉超过 48 小时；
（9）合同中规定的其他原因等。

第四节　提单实务及相关的国际公约和我国海商法的规定

一、提单的概念、功能和分类

1. 提单的概念

《中华人民共和国海商法》(以下简称我国《海商法》)第71条规定:"提单,是指用以证明海上货物运输合同和货物已经由承运人接收或者装船,以及承运人保证据以交付货物的单证。"

2. 提单的功能/职能

(1)提单是货物收据(receipt of goods)

提单上有关货物情况的记载事项,据《海牙规则》,必须包括下列三项内容:

①货物的数量(件数或重量或数量);

②货物的外表状况;

③货物的主要标志。

提单一经签发,就意味着承运人已按提单上所列内容收到了托运的货物。但是,对于这种作为收据的法律效力的理解,历来是有分歧的。对于提单在承运人与托运人之间的证据效力,《海牙规则》认可其作为初步证据,但是,当提单转让给第三人后,其证据效力是否仍然是初步证据? 1851年"Grant v. Norway"一案后,英美法有了"提单在承运人与收货人之间是最终证据"的判例。直到《维斯比规则》,提单的证据效力才被完整地确定下来,即:提单在承运人与托运人之间是初步证据,在承运人与收货人之间是最终证据。我国《海商法》第77条也专门就提单上有关货物记载事项的证据效力作出了明确的规定:"除依照本法第75条规定的规定作出保留外,承运人或代其签发提单的人签发的提单,是承运人已经按照提单所载状况收到货物已经装船的初步证据;承运人向善意受让提单的包括收货人在内的第三人提出与提单所载状况不同的证据,不予承认。"

(2)提单是物权凭证(document of title)

所谓提单是物权凭证,即谁持有提单,谁就拥有提单项下货物的所有权。

最初,提单并不具有物权凭证功能,仅是一张普通货物收据,但是,这样一来,给国际贸易带来了很多不便。例如,收货人持提单向承运人提货,承运人却根据托运人的指示已将货放给了他人,收货人钱货两空。再如,货主不能随意地将货物转卖于他人。直到1855年,英国率先通过《提单法》,确立了提单的物权凭证功能。

提单是物权凭证,意味着提单的转移就是物权的转移,转让物权就变成了一件非常简单的事。提单除了可以转让,还可以抵押、质押和信贷。

但是,作为物权凭证的提单,当运输过程中发生货物灭失时,收货人并无货物追及权,只有赔偿请求权。

正因为提单具有物权凭证功能,承运人只有在收回提单的前提下才能将货物放给收货人。但在实践中,却经常发生无提单放货。主要原因是:①近洋航线货到单未到;②因提单有不符点或其他原因而造成不能结汇,但货物已运到;③提单在流转时丢失。无正本提单放货时,最通常的做法是银行担保(当地一流银行,以CIF价格做担保金额,担保期起码至抵消索赔时效期限)。

（3）提单是运输合同的证明（evidence of contract）

由于货主在向承运人订舱时，业务中常以口头形式出现，没有书面的、详尽的合同条款，而提单上印就了规定承运人与货物关系人之间的权利、义务的详细条款，所以，提单常被认为是运输合同。

提单是否是运输合同，这一问题在理论界曾引起长期争议。按照严格的法律概念，提单并不具有作为合同应具备的基本条件：它不是双方意思表示一致的产物，约束承托双方的提单条款是承运人单方拟定的；它履行在前，而签发在后，早在签发提单之前，承运人已经开始接受托运人托运的货物和将货物装船的有关货物运输的各项工作。因此，如果说提单本身就是运输合同，倒不如说提单只是运输合同已存在的证明更为合理。事实上，从海上货物运输的特点看，早在托运人提出订舱要求，承运人对此表示承诺的时候，运输合同即已成立，承托双方就是根据这种约定来安排货物运输的。如果产生争议，当然也应以这种约定作为处理的依据。承运人签发提单，只不过是证明这种承托和委托关系的存在而已。所以，现行通论认为，提单在承运人与托运人之间是运输合同的证明，不是运输合同，但是，当提单转让给了善意第三方（包括收货人）后，可以将提单视为运输合同。

3. 提单的种类

根据不同的标准，提单可以有不同的分类。

（1）按货物是否已装船划分

①已装船提单（on board B/L or shipped B/L）：提单签发时，货物已经装上船。国际贸易中，以 CIF、FOB、CFR 价格术语成交的贸易，必须是已装船提单才能结汇。

②收货待运提单（received for shipment B/L）：是承运人已收到货物但并未装上船时签发的提单。集装箱多式联运中使用的提单，一般都是收货待运提单。

（2）按收货人的抬头方式划分

①记名提单（straight B/L）：指在提单的收货人栏内具体写明收货人名称的提单。记名提单不能背书转让。

②指示提单（order B/L）：指在提单的收货人栏中只填写"凭指示"（to order）或"凭某人指示"（to order of ×××）字样的提单。指示提单又可分为托运人指示提单、记名指示人提单和选择指示人提单。收货人栏内记载"to order"和"to order of shipper"，是托运人指示提单；收货人栏内记载"to order of ×××"，是记名指示提单；收货人栏内记载"××× or to order"，是选择指示人提单。指示提单经背书即可转让。

③不记名提单（blank B/L or open B/L or bearer B/L）：指在收货人栏内只填写"to the holder of the B/L"或将这一栏空出的提单。不记名提单不需背书即可转让。

（3）按对货物外表状况有无不良批注划分

①清洁提单（clean B/L）：指货物装上船时，货物外表状况良好的提单，即提单上"外表状况明显良好"栏没有作相反批注或其他有碍结汇的词句。

②不清洁提单（foul B/L）：承运人在提单上加注了有关货物及包装状况不良或存在缺陷等批注的提单。

（4）按不同的运输方式划分

①直达提单（direct B/L）：指承运人签发的，货物从装货港直接运达卸货港的提单。

②转船提单（transhipment B/L）：指承运人签发的，货物从装货港不直接运达卸货港，而

经过转船,由两个以上的承运人才能完成货物运输的提单。

③联运提单(through B/L):指承运人签发的,需要通过船船联运才能运抵卸货港的提单。联运提单与转船提单最大的不同是:联运提单下有一个负责全程运输的契约承运人,而转船提单下没有,各区段承运人负责自己的运输区段。

④多式联运提单(combined transport B/L or multimodal transport B/L or intermodal transport B/L):指需要两种或两种以上不同的运输方式共同联运而完成的货物运输下签发的提单。多式联运提单下,有对全程运输负责的总契约承运人。与联运提单最大的不同是:多式联运提单下,运输方式必须是两种以上不同运输方式,而联运提单是同种运输方式。

(5)按船舶营运方式划分

①班轮提单(liner B/L):是指经营班轮运输的承运人或其代理人签发的提单。

②租船提单(charter party B/L):是指船东或船长根据租船合同签发的提单。

(6)按提单内容的繁简划分

①全式提单(long form B/L):指详细列明有承运人和托运人之间权利、义务等条款的提单,又称"繁式提单"。

②简式提单(short form B/L):指提单上印明"简式"字样,而背面没有列明承运人和托运人权利、义务的条款,只注明以承运人全式提单上所列条款为准的提单。

(7)按签发提单的时间划分

①倒签提单(anti-date B/L):货物装船完毕后,应托运人的要求,由承运人或其代理人签发的、提单上记载的签发日期早于货物实际装船完毕日期的提单。由于倒填日期签发提单,所以称为"倒签提单"。

②预借提单(advanced B/L):由于信用证规定的装运期或交单结汇期已到,而货物尚未装船或货物尚未装船完毕时,应托运人要求由承运人或其代理人提前签发的已装船提单。即托运人为能及时结汇而从承运人处借用的已装船提单。

③顺签提单(post-date B/L):货物装船完毕后,承运人或其代理人应托运人的要求而签发的提单上记载的签发日期晚于货物实际装船完毕的日期。由于顺填日期签发提单,所以称为"顺签提单"。

承运人签发预借、倒签和顺签提单都要冒极大风险,尤其是预借提单,因为这种做法掩盖了提单签发时的真实情况。许多国家的规定和判例表明,一旦货物引起损坏,承运人不但要负责赔偿,而且还要丧失享受赔偿责任限制和援用免责条款的权利。

(8)按签发人划分

①无船承运人签发的提单(NVOCC B/L):指由无船承运人或其代理人签发的提单。在集装箱班轮运输中,无船承运人通常为拼箱货物签发该种提单。因为拼箱货是在集装箱货运站内装箱和拆箱,而货运站又大多有仓库,所以又称其为仓单或仓提单(house B/L),也有相对于班轮公司签发的总提单,而称其为"分提单"。当然,无船承运人也可以为整箱货签发提单。

②有船承运人签发的提单(sea B/L):指在班轮运输中,由班轮公司或其代理人签发的提单。

(9)其他特殊提单

①最低运费提单(minimum B/L):指对每一提单上的货物按起码运费收取时签发的提单。

②并提单(omnibus B/L):应托运人要求,承运人将同一艘船装运的相同港口、相同货主的两票或两票以上货物合并而签发的一套提单。托运人为节省运费,会要求承运人将属于最低运费提单的货物与其他提单的货物合在一起只签发一套提单。

③并装提单(combined B/L):是指将两批或两批以上品种、质量、装货港和卸货港相同,但分属于不同收货人的液体散货并装于同一液体货舱内而分别为每批货物的收货人签发的、其上盖有"并装条款"印章的提单。

④分提单(separate B/L):指应托运人要求,承运人将属于同一装货单号下的货物分开,并分别签发的提单。

⑤交换提单(switch B/L):指在直达运输的条件下,应托运人要求,承运人同意在约定的中途港凭起运港签发单换发以该中途港为起运港的提单,并记载有"在中途港收回本提单,另换发以中途港为起运港的提单"或"switch B/L"字样的提单。签发交换提单,承运人必须收回原来签发的提单。

⑥包裹提单(parcel receipt B/L):指为以包裹形式托运的货物签发的提单。

⑦舱面货提单(on deck B/L):货物积载于船舶露天甲板,并在提单上记载"on deck"字样的提单,也称甲板货提单。

⑧交接提单(Memo B/L):指由于货物转船或联运或其他原因,在不同承运人之间签发的不可转让、不是"物权凭证"的单证。交接提单只是具有货物收据和备忘录的作用。

二、有关提单的国际公约和我国海商法的规定

1.《海牙规则》简介

全称《统一提单若干法律规定的国际公约》,简称《海牙规则》(Hague Rules:HR),1924年8月25日通过,1931年6月2日生效。我国未加入。

《海牙规则》的主要内容:

(1)定义条款

①承运人(carrier):"与托运人订有运输合同的船舶所有人或承租人。"

其中,"承租人"是指在租期内承运第三方托运的货物(通常为航次租船下),收取运费,并以自己名义签发提单的人。此时,船东和承租人合称为"合作承运人"(joint carrier)。通常他们之间的分工是:船东负责货物的保管、照料和运输;承租人负责货物的装载、积载和卸载。发生货损时,收货人可找任一方索赔。

②运输合同(contract of carriage):"仅适用于以提单或任何类似的物权证件进行有关海上货物运输的合同;在租船合同下或根据租船合同所签发的提单或任何物权证件,在它们成为制约承运人与凭证持有人之间的关系准则时,也包括在内。"

该定义说明:

· 《海牙规则》中提及的运输合同不包括租船合同;

· 承托之间签订的运输合同可与 B/L 反映的不一致,但不可对抗第三方;

· 租约下签的提单必须具有物权凭证的作用时,其证明的运输合同才能受《海牙规则》的约束。

③"货物"(goods):包括各种货物、制品、商品和任何各类的物件,但活的动物和在运输合同中载明装于甲板上且已照装的货物除外。

构成《海牙规则》舱面货的条件有三:一是货主同意载于甲板上,但航运惯例或国家法律规

定允许装运舱面者除外;二是货物事实载于舱面;三是提单正面载明"on deck"字样。

④船舶(ship):"指用于海上货物运输的任何船舶。"

⑤货物运输(carriage of goods):自货物装上船舶开始至卸离船舶为止的一段时间。该定义就是《海牙规则》下承运人责任期限/期间条款。

对"装上船"和"卸下船"的理解,一般认为:使用船上装卸机械进行装卸作业时,理解为"钩至钩";使用岸上装卸机械装卸作业时,理解为"船舷到船舷"。

(2)承运人在海上货物运输中的基本义务(最低责任义务)

①适航(seaworthy)

《海牙规则》第3条第1款规定:"承运人在船舶开航前和开航当时应当谨慎处理,使船舶处于适航状态,妥善配备船员、装备船舶和配备供应品,并使货舱、冷藏舱、冷气舱和其他载货处所适于并能安全收受、载运和保管货物。"

i. 船舶适航的含义

船舶适航(seaworthy)有狭义和广义之分。狭义的船舶适航,仅指船舶本身的适航,是指船舶的船体、船机在设计、结构、性能状态等方面能够抵御航次中通常出现的或能合理预见的风险。广义的船舶适航除了船舶本身的适航外,船舶还应满足下述两项要求:

第一,妥善配备船员、装备船舶和配备供应品。配备船员妥善与否,应从船员数量和质量两方面要求。在数量上,应满足船舶正常航行值班或作业的需要;在质量上,船员应能胜任工作。目前,国际上衡量承运人是否妥善配备船员的一个重要依据,是《海员培训、发证和值班标准国际公约》(STCW公约)及其修正案。妥善装备船舶,是指船舶在各方面得到完善的装备。妥善配备供应品是指船舶带有充足的燃料、物料、淡水和食品,供在下一停靠港添加之前使用。

第二,使货舱、冷藏舱、冷气舱和其他载货处所适于并能安全收受、载运和保管货物。即通常所说的"适货"。指货舱及其设备完善,满足所运货物的要求。

ii. 船舶适航的标准

《海牙规则》以"due diligence"为适航标准,翻译为"谨慎处理"或"恪尽职守"等。它要求作为一名具有通常要求的技能,并能谨慎行事的承运人,采取各种为特定情况所合理要求的措施。如果船舶存在通过采取这种措施仍不能发现的潜在缺陷,不视为承运人违反适航义务。

iii. 船舶适航的时间

《海牙规则》要求船舶适航的时间是"航次开航前和开航当时",具体理解为至少从该航次装货开始至船舶起航为止的时间。

②管货

《海牙规则》第3条第2款规定:"承运人应当适当而谨慎地装载、操作、运输、积载、保管、照料和卸载所运货物。"即承运人应保证,货物从装到卸中间的7个环节都要谨慎操作。

适航和管货,是《海牙规则》为海运承运人确立的最低责任义务,之后所订立的公约法规基本都采纳了《海牙规则》关于最低责任义务的规定。

(3)承运人在海上货物运输中的两大权利

①免责(exclusion/excepted perils)

《海牙规则》对承运人免责事项确立了不完全过失责任制。免责事项列举了17项:

· 船长、船员、引航员或承运人的雇佣人员在驾驶船舶或管理船舶上的行为、疏忽或不履行义务;

· 火灾,但由于承运人的实际过失或私谋所造成者除外;

· 海上或其他通航水域的灾难、危险或意外事故;

· 天灾;

· 战争行为;

· 公敌行为;

· 君主、当权者或人民的扣留、拘禁或依法扣押;

· 检疫限制;

· 货物托运人或货主、其代理人或代表的行为或不行为;

· 不论由于任何原因引起的局部或全面罢工、关厂、停工或劳动力受到限制;

· 暴动和骚乱;

· 在海上救助或企图救助人命或财产;

· 由于货物的固有缺点、质量或缺陷所造成的容积或重量的损失,或任何其他灭失或损害;

· 包装不当;

· 标志不清或不当;

· 恪尽职责不能发现的潜在缺陷;

· 不是由于承运人的实际过失或私谋,或是承运人的代理人或雇佣人员的过失或疏忽所引起的其他任何原因。

值得一提的是 A 项免责中的"驾驶船舶"与"管理船舶"的含义。"驾驶船舶"(navigation of the ship)中的过失行为,是指船长、船员和引航员等,在船舶航行或停泊操纵上的过失;"管理船舶"(management of ship)中的过失行为,是指船长、船员等在维持船舶的性能和有效状态上的过失行为,既非船舶的经营管理,也非行政管理。

另外,实务中区分"管理船舶"(简称"管船")与"管理货物"(简称"管货")是非常重要的。因为其法律后果截然不同。管船过失,承运人可免责;而管货过失,是承运人未尽到最低责任义务,要承担责任。区分管船和管货的标准可以从以下两方面考虑:

· 货损是由船员缺乏对船舶谨慎照料和处理而间接引起的,是管船;货损是由船员缺乏对货物的谨慎照料和处理而直接引起的,是管货。

· 船员的行为动机,视船员的某项操作最初目的是针对船还是货。针对船,是管船;针对货,是管货。

[案例]

一批马口铁自天鹅海运往温哥华途中发生船舶碰撞,须入坞修理,因修理时须打开舱盖,又恰逢阵雨,船员未及时关好舱盖或加盖防雨布,使舱内受潮生锈。造成货损的原因是舱盖忘关,而舱盖未关是因修船打开的,船员打开舱盖这一行为是针对船而不是货,因此造成货损的原因属于管船过失,承运人免责。但如果打开舱盖这一行为是为了装卸货物,那么,因舱盖未关使货物受潮则属于管货过失。

②赔偿责任限制(limitation of liability)

《海牙规则》规定了承运人即使在承担赔偿责任情况下仍然可享受赔偿责任限制的权利。

每件或每单位不超过 100 英镑或与其等值货币,如 500 美元、100 000 日元、700 元人民币等。

(4)《海牙规则》的适用范围

《海牙规则》的适用范围非常狭窄,仅适用在缔约国所签发的提单,从非缔约国签发的提单则不适用《海牙规则》。为了解决这一不足,提单中常加上一"首要条款",来说明提单的条款适用《海牙规则》。

(5)索赔和诉讼

当货物发生损坏、灭失时,如果显而易见,则收货人应当在提货当时书面通知承运人或其代理;如果货损非显而易见,则在三天之内,书面通知承运人或其代理人。该书面索赔通知书具有初步证据效力。如果收货时已对货物的状况进行联合检验或检查,便无须书面通知。

《海牙规则》规定的诉讼时效是 1 年,自货物交付之日或应交付之日起算。

(6)运输合同无效条款

"运输契约中的任何条款、约定或协议,凡是解除承运人或船舶由于疏忽、过失或未履行本条规定的责任与义务,因而引起货物的或与货物有关的灭失或损害,或以本规则规定以外的方式减轻这种责任的,都应作废并无效。"

这一条款体现了《海牙规则》的强制性。例如:提单中规定承运人责任限制低于 100 英镑;诉讼时效短于 1 年;扩大承运人的免责;等等。

2.《维斯比规则》简介

全称是《关于修订统一提单若干法律规定的国际公约的议定书》,简称《维斯比规则》(Visby Rules:VR)。该议定书于 1968 年 2 月 23 日通过,1977 年 6 月生效。我国和美国均未加入。

《维斯比规则》的主要内容就是对《海牙规则》进行修改和补充,因此又称为《海牙-维斯比规则》。修改补充的主要内容如下。

(1)提单的证据效力

《海牙规则》确定了提单在承运人与托运人之间是初步证据(或称表面证据),《维斯比规则》增加了"当该提单已被转予诚实行事的第三者时,即具有最终证据的效力。"

(2)承运人的赔偿责任限制

《维斯比规则》改《海牙规则》的单轨制为双轨制,即规定承运人赔偿责任限制为每件或每单位 10 000 金法郎或毛重每千克 30 金法郎,以其高者为准。

此外,《维斯比规则》还增加了两项规定:

第一,增加了集装箱运输中件数的确定原则。以提单上列明的内装货物件数为准,如果未在提单上列明内装货物件数,则以每一集装箱为一件或一个单位。

第二,增加了承运人丧失赔偿责任限制权利的规定。如经证明货物的灭失或损坏是承运人蓄意造成,或者是承运人明知可能造成损害而轻率地采取行为或不行为引起的,则承运人丧失赔偿责任限制的权利。

(3)增加了对侵权行为请求的规定/非合同之诉

《海牙规则》中没有关于侵权行为的规定,即侵权行为之诉不适用《海牙规则》。《维斯比规则》规定,对承运人提起的任何有关货物灭失或损坏的诉讼,不论该诉讼是违约还是侵权,均适用《维斯比规则》的有关规定。同时还规定,如果这种诉讼是对承运人的雇佣人或代理人所提起,该雇佣人或代理人便有权适用承运人按照公约可援引的各项抗辩和责任限制。

(4)适用范围

《维斯比规则》扩大了适用范围:适用于在两个不同国家港口之间与货物运输有关的每一提单,如果:

①提单在某一缔约国签发;或者

②货物从某一缔约国港口起运;或者

③被提单所包含或所证明的合同受本公约各项规定或者给予这些规定以法律效力的任一国家立法的约束。

(5)1979 年修订的《维斯比规则》议定书

由于黄金市场价格波动,1979 年 12 月 31 日在布鲁塞尔召开了 37 国外交会议,通过了修订《维斯比规则》的议定书,1984 年 4 月生效,我国未加入。

议定书改金法郎为特别提款权(Special Drawing Right:SDR),规定承运人的赔偿责任限额为 666.67 SDR/件或货损单位 2 SDR/毛重千克,二者择高。①

3.《汉堡规则》简介

全称是《1978 年联合国海上货物运输公约》,简称《汉堡规则》(Hamburg Rules:HBR)。1978 年 3 月 6 日至 31 日,联合国在汉堡召开的海上货物运输外交会议上通过了该公约,1992 年 11 月 1 日公约生效。目前缔约国有 34 个。

《海堡规则》与《海牙规则》、《维斯比规则》相较,比较平衡货主与承运人的权利和义务。其主要内容包括:

(1)承运人的责任期间

《汉堡规则》将承运人的责任期间扩展为在装货港接收货物时起至卸货港交付货物时止,货物处于承运人掌管的全部期间内。

(2)承运人的免责

《汉堡规则》完全改变了《海牙规则》和《维斯比规则》列举式免责事项的规定:"除非承运人证明他本人、其雇佣人或代理人为避免事故发生及其后果已采取了一切所能合理要求的措施,否则承运人应对因货物灭失或损坏或迟延交货所造成的损失负赔偿责任,如果引起该项灭失或迟延交付的事故,如同第 4 条所述,是在承运人掌管期间发生的。"这就是说,在《汉堡规则》下,货物的灭失、损坏或延迟交付所造成的损失,只要发生在承运人的责任期间,首先推定承运人的过失并由承运人承担责任。如果承运人要免除责任,他应承担举证责任,证明他本人、雇佣人或代理人都没有过失,而且为避免事故的发生及其后果也采取了一切所能合理的措施,否则,承运人就不能免责。

可见,《汉堡规则》采用完全过失责任制,删除了《海牙规则》规定的有过失还可免责的情形,特别是删除了船长、船员、引航员或承运人的雇佣人在驾驶和管理船舶中的过失免责条款。

(3)迟延交付

《汉堡规则》增加了迟延交付的规定:"如果货物未能在明确议定的时间内,或虽无此项议定,但未能在考虑到实际情况对一个勤勉的承运人所能合理要求的时间内,在海上运输合同所规定的卸货港交货,即为迟延交付。"

---

① SDR 是国际货币基金组织于 1969 年创设,作为国际储备的货币单位,自 1981 年 1 月 1 日开始,以美元、德国马克、法国法郎、日元和英镑 5 种货币,按一定加权比例数组成一个货币篮子。

（4）赔偿责任限制

《汉堡规则》保留了《维斯比规则》的双轨制、关于集装箱运输件数确定原则和承运人丧失赔偿责任限制条件的规定，只是将承运人的赔偿责任限额作了进一步提高：每件或每货运单位835特别提款权或毛重每千克2.5特别提款权，二者之中以高者为准。

此外，《汉堡规则》增加了迟延交付货物的赔偿责任限制的规定：承运人对迟延交付的赔偿责任，以迟延交付货物应支付运费的2.5倍的数额为限，但不得超过海上货物运输合同规定的应付运费总额。

（5）保函

《海牙规则》和《维斯比规则》没有明确规定保函的法律效力，司法实践中对保函的法律效力一般认定为无效。但是，由于业务操作实践中，在倒签提单、预借提单、顺签提单、凭保函换清洁提单、近洋航线货到单不到等情形下，都使用保函来操作，保函从某一个方面来说的确是起到了一定的促进贸易、加快货运的作用。所以，一直以来，理论界对保函的法律效力都争论不休。《汉堡规则》首次对保函的法律效力给予了初步认定：托运人出具的保证向承运人赔偿的保函或协议，只对托运人有效，而对收货人或受让提单的第三方均属无效。但是，如果承运人有意欺诈，则对托运人也无效，而且承运人也不再享有责任限制的权利。

（6）索赔和诉讼

①货损明显，在下一工作日之前提出书面通知；

②货损不明显，15日内提出；

③收货时双方已联合检查，不需书面通知；

④发生迟延交货，收货人应在60日内递交书面通知，否则承运人不负责；

⑤若货损由托运人或其受雇人、代理人所致，承运人应在灭失或损害发生之日或货物交付之日（两者以较迟发生者为准）起90天内书面通知；

⑥诉讼时效为2年，自承运人交付或应交付货物之日起算。

（7）承运人与实际承运人的赔偿责任

《汉堡规则》第1条："承运人"，是指由其本人或以其名义与托运人订立海上货物运输契约的任何人。"实际承运人"，是指受承运人委托从事货物运输或部分货物运输的任何人（包括从事此项工作的任何其他人）。

第10条：A.实际承运人享有本公约所规定的承运人责任、义务、权利；B.承运人对全程运输负责，若是实际承运人责任造成损失，承运人向实际承运人追偿；C.若承运人与实际承运人都有责任，双方负连带责任。

第11条：如果合同明确约定，合同所包括的某一特定运输部分应由承运人以外的指定的人履行，承运人对这一特定运输部分，由于实际承运人掌管之下发生的事故而引起的灭失、损害或迟延交付不负赔偿责任，实际承运人负赔偿之责。

（8）适用范围

关于适用范围，在《汉堡规则》第2条第1款中作了如下的规定："本公约的各项规定适用于两个不同国家间的所有海上运输合同，如果：

（a）海上运输合同所规定的装货港位于一个缔约国内，或

（b）海上运输合同所规定的卸货港位于一个缔约国内，或

（c）海上运输合同所规定的备选卸货港之一为实际卸货港，而且该港位于一个缔约国内，

或

(d)提单或证明海上运输合同的其他单证是在一个缔约国内签发的,或

(e)提单或证明海上运输合同的其他单证规定,本公约各项规定或实行本公约的任何国家的立法,应约束该合同。"

从上述《汉堡规则》规定的适用范围看,它较《维斯比规则》增加了(b)和(c)两项。

4.《鹿特丹规则》简介

全称《全程或者部分海上国际货物运输合同公约》(Convention on Contracts for the International Carriage of Goods Wholly or Partly by Sea),由联合国贸易法委员会(UNCITRAL)制定,2008年12月11日联合国大会通过。2009年9月23日,在荷兰鹿特丹举行签字仪式。因此,该公约又被称为《鹿特丹规则》。截止到2011年10月,该公约有23个国家和地区签字,只有西班牙一个国家递交了批准书。该公约的生效条件为"第20份批准书/核准书交存起一年期满后的下一个月第一日生效"。我国政府正在考虑是否签字。

《鹿特丹规则》的意义在于平衡利益、寻求统一、顺应时代和促进发展。其特点可概括为:

· 不仅局限于港到港之间的国际货物运输;

· 包含了很多革新性特征,如第3章"电子运输记录";

· 引入贸易法中相关条款,如第10章"控制方的权利"和第11章"权利转让";

· 提倡仲裁(第15章);

· 加大了承运人责任(承运人责任期间、适航、赔偿责任限额、识别货物控制方、诉讼时效等)。

《鹿特丹规则》关于承运人主要权利和义务的内容包括:

(1)承运人的责任期间

①承运人根据本公约对货物的责任期间,自承运人或者履约方为运输而接收货物时开始,至货物交付时终止。

②i.收货地的法律或者条例要求将货物交给某当局或者其他第三方,承运人可以从该当局或者该其他第三方提取货物的,承运人的责任期间自承运人从该当局或者该其他第三方提取货物时开始。

ii.交货地的法律或者条例要求将货物交给某当局或者其他第三方,收货人可以从该当局或者该其他第三方提取货物的,承运人的责任期间至承运人将货物交给该当局或者该其他第三方时终止。

(2)承运人的免责

承运人的赔偿责任基础采用完全过失责任制。

(3)管货和适航

《鹿特丹规则》中承运人的管货义务,较《海牙规则》和《维斯比规则》增加了两个环节:"承运人应当妥善而谨慎地接收、装载、操作、积载、运输、保管、照料、卸载并交付货物。"

《鹿特丹规则》将承运人的适航义务扩展到了整个航程中。"承运人必须在开航前、开航当时和海上航程中谨慎处理:

(a)使船舶处于且保持适航状态;

(b)妥善配备船员、装备船舶和补给供应品,且在整个航程中保持此种配备、装备和补给;并且

(c)使货舱和船舶所有其他载货处所,包括由承运人提供的载货集装箱,适于且能安全接收、运输和保管货物,且保持此种状态。"

(4)赔偿责任限制

承运人对于违反本公约对其规定的义务所负赔偿责任的限额,按照索赔或者争议所涉货物的件数或者其他货运单位计算,每件或者每个其他货运单位875个计算单位,或者按照索赔或者争议所涉货物的毛重计算,每千克3个计算单位,以两者中较高限额为准。

(5)索赔和诉讼

《鹿特丹规则》第23条规定:

①除非已在交货前或者交货时,或者在灭失或者损坏不明显的情况下,在交货后交货地的7个工作日内向承运人或者向实际交付货物的履约方提交了表明此种灭失或者损坏一般性质的货物灭失或者损坏通知,否则,在无相反证据的情况下,推定承运人已按照合同事项中有关货物的记载交付了货物。

②未向承运人或者履约方提交本条述及的通知,不得影响根据本公约对货物灭失或者损坏索赔的权利,也不得影响第17条所规定的举证责任分担。

③被交付货物的人与承运人或者与当时被要求承担赔偿责任的海运履约方对货物进行了联合检验的,无须就联合检验所查明的灭失或者损坏提交本条述及的通知。

④除非在交货后21个连续日内向承运人提交了迟延造成损失的通知,否则承运人无须就迟延支付任何赔偿金。

⑤向实际交付货物的履约方提交本条述及的通知,与向承运人提交该通知具有同等效力;向承运人提交通知,与向海运履约方提交通知具有同等效力。

《鹿特丹规则》规定的诉讼时效为2年。

5. 中国《海商法》的有关规定

我国《海商法》于1992年11月7日通过,1993年7月1日实施。我国《海商法》的显著特点是融合了《海牙规则》、《维斯比规则》和《汉堡规则》中易被现在航运界所接受的条款。在此,仅介绍我国《海商法》关于承运人主要权利和义务的条款。

(1)承运人的责任期间

我国《海商法》第46条、第103条对承运人责任期间的规定划分为三种情形:

①承运人对集装箱装运的货物的责任期间,是指从装货港接收货物时起至卸货港交付货物时止,货物处于承运人掌管之下的全部期间。

②承运人对非集装箱装运的货物的责任期间,是指从货物装上船时起至卸下船时止。

③多式联运下,多式联运经营人的责任期间为接收货物时起至交付货物时止。

(2)承运人的责任义务

我国《海商法》给承运人规定了三项最低责任义务:船舶适航、管货和无不合理绕航。

(3)承运人的权利

我国《海商法》对承运人的两大权利——免责和责任限制,分别借鉴了《海牙规则》和《维斯比规则》1979年议定书。承运人的免责事项采用列举式12项、不完全过失责任制;赔偿责任限额采用了《维斯比规则》1979年议定书666.67 SDR/货损单位或2 SDR/毛重千克(二者择高)的规定。

12项免责是:

①船长、船员、引航员或者承运人的其他受雇人在驾驶船舶或者管理船舶中的过失；

②火灾，但是由于承运人本人的过失所造成的除外；

③天灾，海上或者其他可航水域的危险或者以外事故；

④战争或者武装冲突；

⑤政府或者主管部门的行为、检疫限制或者司法扣押；

⑥罢工、停工或者劳动受到限制；

⑦在海上救助或者企图救助人命或者财产；

⑧托运人、货物所有人或者他们的代理人的行为；

⑨货物的自然特性或者固有缺陷；

⑩货物包装不良或者标志欠缺、不清；

⑪经谨慎处理仍未发现的船舶潜在的缺陷；

⑫非由于承运人或者承运人的受雇人、代理人的过失造成的其他原因。

（4）索赔和诉讼

①货物损坏显而易见，收货人应在接货时递交书面索赔通知；

②货物损坏非显而易见，在货物交付的次日起连续 7 日内，集装箱货物交付的次日起连续 15 日内递交书面通知；

③货物交付时，收货人已会同承运人对货物进行联合检查或检验，无须书面通知；

④发生迟延交货，收货人应在 60 个连续工作日内递交书面通知，否则承运人不负责；

⑤诉讼时效为 1 年。

三、集装箱班轮运输提单的正面所载事项

提单正面记载事项（见表 2-4-1）分为必要记载事项和一般记载事项两类。必要记载事项是按有关提单的国内立法或国际公约的规定，使提单具有证据效力，在提单正面所记载的内容；一般记载事项也称任意记载事项，其内容一般不影响提单的法律效力，只不过是因承运人业务需要，或为了进一步明确区分承运人与托运人之间的责任，或为了减轻或免除承运人的责任而加注的内容而已。

1. 提单正面必要记载事项

（1）《海牙规则》3 项

①货物的数量（件数或重量或数量）；

②货物的外表状况；

③货物的主要标志。

（2）《汉堡规则》15 项（第 15 条第 1 款）

①货物品类，货物的主要标志，对货物的危险性质的说明，包数或件数或数量，货物重量；

②货物外表状况；

③承运人姓名及其主要营业所；

④托运人姓名；

⑤在托运人指定收货人时的收货人姓名；

⑥装货港及承运人在装货港接管货物的日期；

⑦卸货港；

⑧正本提单份数；

⑨签发提单地点;

⑩承运人或其代表的签字;

⑪运费金额、支付方式;

⑫适用《汉堡规则》的声明;

⑬货物应在或可在舱面载运的声明;

⑭在卸货港交付日期或期限;

⑮商定的赔偿责任限度的提高。

(3)我国《海商法》11项(第73条)

①货物的品名、标志、包数或者件数、重量或者体积,以及运输危险货物时对危险性质的说明;

②承运人的名称和主营业所;

③船舶名称;

④托运人的名称;

⑤收货人的名称;

⑥装货港和在装货港接收货物的日期;

⑦卸货港;

⑧多式联运提单增列接收货物地点和交付货物地点;

⑨提单的签发日期、地点和份数;

⑩运费的支付;

⑪承运人或者其代表的签字。

提单缺少前款规定的一项或者几项的,不影响提单的性质;但是,提单应当符合本法第71条的规定。

2. 集装箱提单的"正面条款"

所谓正面条款是由3个条款组成,即确认条款、承诺条款和签署条款。

确认条款——表明承运人是在集装箱外表状况良好、铅封号完整下接收货物、交付货物,同时说明该提单是一张收货待运提单。

承诺条款——表明正式签发的正本提单是运输合同成立的证明,对双方都有约束力。

签署条款——指签发正本提单的份数,凭其中一份正本交货后,其余自动作废。

四、集装箱班轮运输提单背面的主要条款

1. 首要条款

首要条款(paromount clause)是承运人按照自己的意志,印刷于提单条款的上方(通常为提单条款第1条),用以明确本提单适用法规的条款。

《海牙规则》第10条规定:"本公约各项规定,适用在任何缔约国所签发的一切提单。"显然这种适用范围是很狭窄的。一般来说,提单都是在装货港签发的。可以设想,如果去程的装货港在一个缔约国,那么船公司所签发的提单当然可以适用《海牙规则》;可是,如果返程的装货港在一个非缔约国,那么,同样是这个船公司签发的提单就不能适用《海牙规则》。这样,就给承运人带来很多不便。为此,许多船公司都在提单条款中列有类似"本提单应依据1924年8月25日在布鲁塞尔签订的《关于统一提单若干法律规定的国际公约》,即《海牙规则》的规定生效。该法被认为已载入提单,而提单中所载任何内容,都不应被理解为承运人对该公约所规定的权利或豁免的放弃,或任何责任与义务的增加"词句的条款,使本公司所签发的提单都适用于《海牙规则》。

表 2-4-1　中远集装箱提单

中远集装箱运输有限公司
COSCO CONTAINER LINES

TLX: 33057 COSCO CN
FAX: +86(21) 65458984

PORT TO PORT OR COMBINED TRANSPORT BILL OF LADING

1. Shipper　Insert Name Address and Phone/Fax	Booking No.	Bill of Lading No.
	Export References	
2. Consignee　Insert Name Address and Phone/Fax	Forwarding Agent and References FMC/CHB No.	
	Point and Country of Origin	
3. Notify Party　Insert Name Address and Phone/Fax　(It is agreed that no responsibility shall attach to the Carrier or his agents for failure to notify)	Also Notify Party-routing & Instructions	

4. Combined Transport*　Pre-Carriage by	5. Combined Transport*　Place of Receipt	
6. Ocean Vessel Voy. No.	7. Port of Loading	Service Contract No.　Commodity Code
8. Port of Discharge	9. Combined Transport*　Place of Delivery	Type of Movement

Marks & Nos. Container / Seal No.	No. of Container or Packages	Description of Goods (If Dangerous Goods, See Clause 20)	Gross Weight	Measurement

Declared Cargo Value US$

Description of Contents for Shipper's Use Only (Not part of This B/L Contract)

10. Total Number of Containers and/or Packages (in words) Subject to Clause 7 Limitation

11.　Freight & Charges	Revenue Tons	Rate	Per	Amount	Prepaid	Collect	Freight & Charges Payable at / by

Received in external apparent good order and condition except as otherwise noted. The total number of the packages or units stuffed in the container, the description of the goods and the weights shown in this Bill of Lading are furnished by the merchants, and which the carrier has no reasonable means of checking and is not a part of this Bills of Lading contract. The carrier has issued _____ original Bills of Lading, all of this tenor and date, one of the original Bills of Lading must be surrendered and endorsed or signed against the delivery of the shipment and whereupon any other original Bills of Lading shall be void. The merchants agree to be bound by the terms and conditions of this Bill of Lading as if each had personally signed this Bill of Lading.
*Applicable Only When Document Used as a Combined Transport Bill of Lading.

Date Laden on Board
Signed by:

9805　Date of Issue　　　　Place of Issue QINGDAO　　　　Signed for the Carrier, COSCO CONTAINER LINES CO., LTD.

2.承运人权利义务和责任条款

提单中关于承运人权利义务和责任如何规定,完全取决于提单的适用法律。目前,提单中适用法律最多的就是《海牙-维斯比规则》。中远(COSCO)集装箱运输有限公司则以我国《海商法》作为适用的法律。

3.责任形式条款

提单背面采用的责任形式(liability system)不同,承运人将会承担不同的赔偿责任。

(1)单一责任制:签发提单的人仅对自己的运输区段负责,发生货损时,适用货损区段的法规赔偿。单一责任制不适于多式联运。

(2)网状责任制:签发提单的人对全程运输负责,发生货损时,适用货损区段的法规赔偿。当货损区段不能确定时,在网状责任制下,通常只要有海运区段参与,均按海运法规赔偿,然后由各运输区段分摊。网状责任制是目前国际上最流行的责任制,COSCO集装箱班轮提单即采用此种责任制。

(3)统一责任制:签发提单的人对全程运输负责,发生货损时,按统一法规赔偿。这种责任制是将来发展的趋势,最受货主的欢迎,但目前实行仍有很多困难。

4.舱面货选择权条款

规定装在舱面运输的集装箱与舱内集装箱享有同样的权利。

5.制约货主的责任条款

(1)B/L正面的批注条款

集装箱班轮运输中,承运人通常对接收的集装箱整箱货的箱内情况不知情,为减轻自己的责任,常在提单上打上这一类"不知条款"(unknown clause)。常见的不知条款有:

shipper's load and count:SLAC——托运人装箱并计数;

shipper' load, count and seal:SLACS——托运人装箱、计数并铅封;

said by shipper:SBS——据托运人称;

said to contain:STC——据称内装;

...unknown:据称不知。

确定"不知条款"的法律效力,关键有两点:一是批注的内容是否与事实相符,相符则有效;二是承运人不能"一无所知",承运人对提单上货物的"件数"和"重量"至少要知其一,这是《海牙规则》确定的原则。如果"一无所知",那么承运人接收了什么样的货? 对什么负责呢?

[案例1]

上海一货主委托货运站装载出口毛巾1 000纸板箱,货运站在收到1 000箱毛巾后,出具收据给发货人。但在装箱时,装箱单记载960箱。货运抵进口国,拆箱单上却记载980箱。由于B/L上记载了1 000箱,B/L上又加注"SLACS",收货人向承运人提出赔偿。

[案例2]

杭州工艺品公司出口一批工艺品,CY to CY。工艺品由货主装箱。收货人掏箱时,箱内实是砖头、石头。B/L上标注"SLAC",收货人向发货人提出索赔,发货人拒赔,并出具商检证书、装箱证明书、海关监装证明书,表明装载箱内的工艺品件数准确、包装完好;收货人向承运人索赔,拒赔;向保险公司索赔,亦拒赔。

上述案例 1 中,虽然是货运站装箱,但却是受货主的委托,所以,该批货本应由货主自己装箱,是整箱货,因而,"SLACS"的批注与事实相符,有效。案例 2 中的批注很显然也是有效的。

(2)铅封完整交货条款

提单中通常都有这样一个条款:只要承运人接收货物时,货物外表状况良好、铅封号完整,在同样状态下交付货物,则初步证明承运人对货物的损坏不负责任。

(3)托运人正确申述货物内容条款

托运人在托运货物时,有向承运人正确申述货运资料的义务,否则,由此带来的损失,托运人负责。

(4)承运人、海关检查权条款

承运人也有类似于海关的货物检查权。提单中一般都规定:承运人有权但无义务在任何时间开启任何集装箱,检查其中内容。当集装箱的铅封被海关或其他当局开启以便检查箱中货物时,承运人对由此发生或引起的任何灭失、损坏、费用或任何其他后果,概不负责。

(5)留置权条款

有的提单对留置权条款的规定非常详细。以中远集装箱提单为例:因运费、空舱费、滞期费、延迟费和由于承运人为重新装桶、重新包装、重新做标记、熏蒸或由于货物方面过错进行的必要处置而应收取的任何款项,因共同海损应支付的分摊款项,因罚款、应付款、港税、陆上运费或为货物利益由承运人支付和/或垫付的佣金,因提单项下支付给承运人的救助费,因政府当局实施的或任何个人对货物提起的诉讼而导致对货物依法扣留或其他司法程序产生的任何费用,承运人可对货物及与货物有关的单证享有留置权。

6.危险货物运输条款

(1)托运人必须事先提交书面申请。

(2)承运人或其代理人对于事先不知其性质而载运的危险品货物,承运人可在客观环境有此需要时,在卸货前任何时候、任何地点将其卸上岸或销毁或清除其危害性而不予赔偿,并由托运人承担对承运人造成的损失。

(3)如果承运人了解货物性质并同意装船,在运输过程中对船、船上人员或其他货物构成实际危险时,亦可在任何地点卸货或销毁而不负责。共同海损分摊除外。

因此,托运危险品时,托运人应保证:

①提供危险品货物详细情况;

②提供运输注意事项、预防措施;

③满足有关危险品货物运输、保管、装卸要求;

④货物包装外表应注有清晰、永久性标志;

⑤在整箱货运输时,箱子外表(四面)应贴有危险标志。

注意:

①虽有证明单证,但事实证明不符《国际危规》或单证取得不合法,相关方不能免除责任;

②承运人在发现损害后应及时采取措施,防止损失扩大。

五、实务中提单的缮制和签发应注意的问题

1. B/L 中"装货港""卸货港""接货地""交货地"的填写

B/L 中,"装货港""卸货港""接货地""交货地"的填写应与承运人对货物的责任区间和其负责的运输区段相对应,还要与费用支付相对应。

例如:

一票货,装货港上海,卸货港德班(Durban),交货地南非的约翰内斯堡(Johannesburg),则 B/L 中相应栏的填写应为:

"装货港"——上海;

"卸货港"——德班;

"接货地"——上海(或不打);

"交货地"——约翰内斯堡。

2. B/L 的签发

(1)提单的签发人

有权签发提单的人只有承运人本人、船长和经承运人授权的代理人。

(2)提单的签发日期

要求凭已装船提单结汇的,提单的签发日期应与提单上所列货物实际装船完毕的日期一致。

(3)提单的签发份数

提单有正本和副本之分。所谓提单的签发份数,主要是指正本。为了防止提单遗失、被窃或在转让中发生丢失,一般实务中都签发数份正本提单,通常是 3 份。

3. 异地签单

一般有两种情况:

(1)有权签发 B/L 的代理接到货主订舱后,如发现装货港不是本港但又须在本港签单,签单时应做到:

①与装货港联系,以确认货物是否能在该港装船;

②向装货港代理订舱;

③与装货港代理落实运费及港杂费等收取;

④在得到货物已装船确认后签单,时间为实际装船日期;

⑤通知装货港代理 B/L 已在本港签发,避免重复签单。

(2)装货港代理在接到货主订舱后,如货主要求在另一港签单,装货港代理应:

①与另一港代理联系并委托签单;

②将货主订舱单传至另一港缮制 B/L;

③与另一港代理落实运费及港杂费的收取;

④装船后立即通知签单。

4. B/L 的更改和重新签发

(1)B/L 的更改

①尽量开航前更改:更改之处加盖更正章;大多公司都规定,更改之处不要超过 3 处。

②船舶开航后的更改要求:正式书面申请;保函或银行担保;填写更改单;支付更改费;经承运人及其代理书面确认;通知船长和卸港代理。

（2）B/L 重新签发

①在当地主要报刊或按一定法定程序将提单声明作废；

②原提单为记名提单，托、收货人均应出具担保；原提单为指示提单，须提供一流银行担保。

如果正本提单结汇后，在寄送途中遗失，可不必重新签发 B/L，收货人可在目的港凭提单副本加银行保证书提货。

（3）注意事项

①B/L 的更改和重签风险很大，一般要尽量避免；

②更改、重签提单均要注意代理人之间的信息沟通，及时通知船长和卸港代理。因 B/L 更改而重新签单的，必须要求托运人、订舱人交回原已签发的全套正本提单。

5. 倒签 B/L、预借 B/L、无单放货①

（1）对于倒签 B/L、预借 B/L 和无单放货的责任行为属性，长期以来，法学界、司法界存在着不同观点。总结起来主要存在以下三种观点：一是侵权②；二是违约；三是侵权与违约竞合。司法实践都比较倾向于侵权说。

（2）提货保函的法律效力，司法实践一般认为在承运人与保函人之间有效，在承运人与提单持有人之间无效。

6. 海运单（sea waybill）

20 世纪 70 年代以后，由于近洋航行中，船到提单未到而不得已无单放货，加之提单诈骗案的增多，产生了一种新的单证，叫海运单。

海运单是指用以证明海上货物运输合同和货物已经由承运人接收或装船，以及承运人保证将货物交给指定的收货人的不可流通转让的单证。

海运单与提单的区别：

①海运单不能背书转让，提单可背书转让；

②海运单不是凭以提货的物权凭证（认人不认票），提单是（认票不认人）；

③海运单必须详尽收货人，提单不必；

④海运单通常只签发 1 份正本，提单一般 3 份。

使用海运单的优缺点：

①优点：迅速、简便、安全、减少费用；

②缺点：不能流通，不可转卖货物，不可作为抵押品，对买方不安全。

适合使用海运单的情况：

①国内外母子公司之间的贸易；

②结算方式为直接汇付、往来账户、现金贸易等不须信用证的贸易；

③买卖双方有悠久业务交往、双方充分信任、关系密切的贸易合作伙伴之间的业务。

7. 电子提单（electronic B/L）

电子提单，是指通过电子传送的有关海上货物运输合同的数据。是一种无纸单证，即一系列有关海上货物运输合同的电子数据，按特定的规则组合而成，并以电脑通信途径进行传送。

---

① 无单放货，又叫无正本提单放货，是指国际贸易中货物运输承担者把其承运的货物交给未持有正本提单的收货人。

② 四条件：一，行为具有违法性；二，损害事实客观存在；三，主观上有过错；四，因果关系。

电子提单的流转通过 EDI 实现,必须将承运人、承运人代理人、托运人、收货人和银行各自的电脑联成网络。电脑将货物运输合同中的文字、数字、条款,按特定的规则,转化为电讯,并将这些电讯组合成传递单位,借助于 EDI,从一台电脑传递到另一台电脑。电子提单按密码(private code)进行流转,所以能有效防止航运单证欺诈,解决无单放货问题。因而,被称为"无单放货的救星"。但是,由于资金和技术原因,目前在世界上的应用尚不普及,但有广阔前景。

8. 电报放货(telex release)

简称"电放",是指已签发或应签发而尚未签发 B/L 的装货港代理根据 B/L 上托运人的要求,在装货港收回 B/L 或不签发正本 B/L,以电传、传真(电子邮件)形式通知卸货港代理将货物交给 B/L 收货人或托运人指定方。

"电放"须满足的条件:

(1)代理须承运人授权"电放";

(2)须订舱单上的托运人提出书面申请;

(3)已签发提单的必须收回全套 B/L。

第五节　海运运费的计收

一、运费和运价

运费(freight),是指海上承运人根据运输契约对承运的货物向货主收取的报酬。

运价(freight rate),也称运费费率,是运费的单位价格,即承运人对每一计量单位货物运输所收取的运费。

海运运费的计收,主要发生在班轮运输和航次租船运输中。定期租船和光船租船中,出租方向承租方计收的是"租金"。在班轮运输中,班轮公会或班轮公司制定公开的运价本,运价相对稳定;在航次租船运输中,运价是由租船合同双方基于市场行情、船舶和货物等多方面因素谈判而成。因此,本节将主要介绍班轮运输运费的计算。

二、班轮运价的特点

(1)班轮运输的成本较高,因而班轮的运价也较高;

(2)班轮运输的货物对运费的负担能力较强;

(3)班轮运价相对较稳定,在短期内不变动;

(4)班轮运价是一种垄断价格;

(5)班轮运价的制定是采用在运输成本的基础上实行高值货物高运价、低值货物低运价政策。

三、班轮运费的结构

1. 班轮运费的计算结构

$$班轮运费 = 基本运费 + 附加费$$

其中

$$基本运费 = 运费费率 \times 计费吨$$

主要附加费有:

（1）超重附加费（heavy-lift additional）：指每一件商品的毛重超过规定重量时所增收的附加费。

（2）超长附加费（long length additional）：指每一件商品的长度超过规定长度时所增收的附加费。

（3）直航附加费（direct additional）：指托运人要求承运人将其所托运的货物从装货港装船后，不经过转船而直接运抵航线上某一非基本港时所增收的附加费。

（4）转船附加费（transhipment additional）：指商品必须在中途挂靠港口，换装另一艘船运至目的港时，承运人为此增收的附加费。

（5）港口附加费（port additional）：指对某些港口的情况比较复杂，装卸效率低或者港口费收较高等情况下，承运人增收的附加费。

（6）燃油附加费（bunker surcharge：BS/bunker adjustment factor：BAF）：指因国际市场上燃油价格上涨，使船舶的燃油费用支出超过原核定成本中燃油费用所占比例，承运人在不调整原定运价的前提下，为补偿燃油费用的增加而增收的附加费。当燃油价格回落时，该项附加费会调整直至取消。

（7）选卸附加费（optional additional）：由于托运人在托运时尚不能确定具体的卸货港，要求待船舶开航后再在预先指定的两个或两个以上的卸货港中作选定，因此增收的附加费就是选卸附加费。

（8）变更卸货港附加费（alteration of destination additional）：指商品不在提单上记名的卸货港卸货而增收的附加费。

（9）绕航附加费（deviation surcharge）：指因某一段正常航线受战争影响、运河关闭或航道受阻塞等意外情况发生，迫使船舶绕道航行，延长运输距离而增收的附加费。

（10）港口拥挤附加费（port congestion surcharge）：指由于港口拥挤，船舶抵港后要长时间等泊，为补偿船期损失而增收的附加费。

（11）超额责任附加费（additional for excess of liability）：指托运人要求承运人承担超过提单上规定的赔偿责任限额时，而由承运人增收的附加费。

知识链接

附加费

ACC　加拿大安全附加费

ACC　Alameda Corridor Charge　阿拉巴马走廊附加费（从长滩（Long Beach）、洛杉矶（Los Angeles）中转至加州（California）、亚利桑那州（Arizona）和内华达州（Nevada）的货收取的西部走廊附加费）

AGS　Aden Gulf Surcharge　亚丁湾附加费

AMS　Automatic Manifest System　自动舱单系统录入费（用于美加航线）

BAF　Bunker Surcharge or Bunker Adjustment Factor　燃油附加费

CAF　Devaluation Surcharge or Currency Adjustment Factor　货币贬值附加费

CHS　Chassis Charge　底盘车使用费

CLB　Cleaning Box Charge　集装箱清洁费

CSC　Container Stuffing Charges　装箱费

　　　Container Service Charge　集装箱服务费

CUS　Custom Clearance Fee　清关费

DAF　Document Amendment Fee　改单费

DDC　Destination Delivery Charge　目的地交货附加费/目的港卸货附加费　美国线专用：美西＄370/540/835；美东＄535/1 070/1 205）

DDF　Destination Documentation Fee　目的地单证费

DEM　Demurrage Charges　滞期费

DTHC/DTH　Destination Terminal Handle Charge　目的港码头操作费

DTS　Container Detention Charges　集装箱延期费

EBA　Emergency Bunker Additional　紧急燃油附加费（一般是非洲航线、中南美航线使用）

EBS　Emergency Bunker Surcharge　紧急燃油附加费（一般是大洋洲航线使用）

EQH　Equipment Hire Charge　设备租用附加费

ERC　Empty Reposition Charge　空箱回运费

ESS　Emergency Space Surcharge　紧急舱位附加费

FAF　Fuel Adjusting Factor　燃油价调整附加费（日本线专用）

FMF　Fumigation Charge　熏蒸费

GRI　General Rate Increasing　综合费率上涨附加费（一般是南美航线、美国航线使用）

GRR　General Rate Restoration　修复于旺季收的运价普遍恢复附加费，类似于RR(Rate Restoration)费率恢复附加费

HDS　Hot Delivery Surcharge at Destination　快速交货费

HLC/HVL　Heavy-lift Additional Charge　超重吊装费

IAP　Indonesia Additional Premium Surcharges　印尼港口附加费

IFA　Interim Fuel Additional　临时燃油附加费（某些航线临时使用）

IHD/TAD　Inland Haulage at Discharge/Transport Additional at Discharge　内陆转运费

ISPS/SFS　International Ship and Port Facility Security Charge　国际船舶和港口安全费用

LFC　Lift off Charge　吊下费

LOC　Lift on Charge　吊上费

ODF　Origin Documentation Fee　起运地单证费

ORC　Origin Receiving Charge　原产地收货费/起运港码头操作费（一般在华南地区使用）

OSC　Overtime Storage Charge　超期堆存费

PCC　Port Construction Charges　港口建设费

PCS　Port Congestion Surcharge　港口拥挤附加费（一般是以色列、印度某些港口及中南美航线使用）

PCS/PTF   Panama Canal Surcharge/Panama Canal Transit Fee   巴拿马运河附加费

PSS   Peak Season Surcharge   旺季附加费（大多数航线在运输旺季时可能临时使用）

PTI   Refer Container Pretesting Inspect   空箱预冷费

RSC   Seal and Re-seal Charge/Fee   铅封费和重新铅封费

SAPA   South Africa Port Additional   南非港口附加费

SCS   Suez Canal Surcharge   苏伊士运河附加费

SPS   Shanghai Port Surcharge   上海港口附加费（上海港军工路码头）

TRS   Telex Release Surchage   电放费

TAR/WRS   Temporary Additional Risks Surcharge/ War Risk Surcharge   临时战争附加费/战争附加费

THC   Terminal Handling Charge   码头操作（吊柜）费

YAS   Yen Appriciation(or ascend) Surcharge   日元增值附加费（日本航线专用）

2. 集装箱运输中运费的组成结构

集装箱运输中不同交接方式下承运人收取的费用组成结构不同：

CY to CY：装货港堆场服务费＋海运运费＋卸货港堆场服务费

CFS to CFS：装货港拼箱服务费＋装货港堆场服务费＋海运运费＋卸货港堆场服务费＋卸货港拆箱服务费

CY to CFS：装货港堆场服务费＋海运运费＋卸货港堆场服务费＋卸货港拆箱服务费

CFS to CY：装货港拼箱服务费＋装货港堆场服务费＋海运运费＋卸货港堆场服务费

CY to Door：装货港堆场服务费＋海运运费＋卸货港堆场服务费＋内陆运输费

CFS to Door：装货港拼箱服务费＋装货港堆场服务费＋海运运费＋卸货港堆场服务费＋内陆运输费

Door to CY：内陆运输费＋装货港堆场服务费＋海运运费＋卸货港堆场服务费

Door to CFS：内陆运输费＋装货港堆场服务费＋海运运费＋卸货港堆场服务费＋卸货港拆箱服务费

Door to Door：内陆运输费＋装货港堆场服务费＋海运运费＋卸货港堆场服务费＋内陆运输费

堆场服务费包括：在装货港堆场接收、堆存、搬运至装卸桥下；在卸货港装卸桥下接收、搬运、堆存费；在装卸港的有关单证费用。

拼/拆箱服务费包括：装箱、拆箱、封箱、做标记、搬运（CFS to CY、CFS 内部）、堆存、必要的分票和积载、理货及有关单证费用。

四、班轮运费的计费标准

计费标准（freight basic），也称计算标准，是指计算运费时使用的单位。

1. 计费标准的表示

(1)W(weight)：以货物的毛重为计费标准；

(2)M(measurement)：以货物的体积为计费标准；

（3）W/M：以货物的毛重和体积相较择高者为计费标准；

（4）Ad. Val.：以货物 FOB 价值的一定百分比作为计费标准；

（5）Ad. Val. or W/M：按货物 FOB 价值的一定百分比计算出的运费，与以货物的毛重和体积相较择高者计算出的运费相比，取其高者；

（6）商品实体的个数或件数：在特殊情况下，也有以每头（牲畜）、每辆（车）等为计费标准。

2. 计量单位

1 公吨＝1 计费吨，1 立方米＝1 计费吨

五、集装箱班轮运输运费的计算方法

1. LCL 海运运费的计算方法

与件杂货班轮运输运费计算方法一样

（1）计算公式

公式 1：

$$运费(F)＝基本运费(F_b)＋附加费(S)$$
$$＝基本运价(f)× 计费吨(Q)＋附加费(S)$$

公式 2：

$$FOB(C)＝0.99\ CIF\ /(1＋Ad.\ Val.)＝CFR/(1＋Ad.\ Val)$$

$$运费(F)＝FOB(C)×Ad.\ Val$$

（2）运费计算举例

例 2-5-1：

某轮从上海港装运 10 t 共 33.44 m³ 茶叶到非基本港伦敦，要求直航。已知：茶叶属 8 级，计费标准是 W/M，基本费率为 USD 90.00（F/T），伦敦港直航附加费率为基本运费的 35%，伦敦港的港口附加费率为 USD 7.00（F/T），求运费。

解：因为茶叶的容积吨大于重量吨，所以应按容积吨 33.44 m³ 计收运费，全程运费为：

$$F＝90.00× 33.44 ＋ 90.00 × 33.44 × 35\% ＋ 7.00 × 33.44 ＝4\ 297.04(USD)$$

例 2-5-2：

某轮从大连装载 0.5 m³ 鹿茸运至基本港汉堡，托运人提供的 CIF 价为 USD 45 000，已知：鹿茸的计费标准是 Ad. Val.，费率为 2%。求运费。

解：因为从价运费是按 FOB 价值的一定百分比计算的，故应先根据换算公式求得鹿茸的 FOB 价值，然后计算全部应收的运费：

$$FOB＝0.99\ CIF/(1＋Ad.\ Val.)＝0.99×45\ 000÷(1＋2\%) ＝43\ 676.47(USD)$$

所以，全部运费为：

$$F＝43\ 676.47 × 2\% ＝873.53(USD)$$

（3）集装箱拼箱运费计收与件杂货运费计收不同之处

拼箱货另有拼箱/拆箱服务费和堆场服务费；拼箱货一般不接受货主提出的有关选港或变更目的港的要求，因而不存在选港附加费和变更目的港附加费。

2. FCL 海运运费的计算方法

（1）最低运费的计算方法

例 2-5-3：

某 20 ft 干货集装箱,内装小五金,尺码吨为 19.5 m³,重量吨为 15 t,运费费率为 USD 30.00 M,按照远东班轮公会的最低运费吨的规定(20 ft 干货箱,最低运费吨为重量吨 17.5,尺码吨为 21.5),求该票货物的基本运费。

解:21.5 × 30－645(USD)

(说明:最低运费的计收方法,已包括亏箱运费,不再另行加收。)

(2)最高运费的计算方法

是集装箱运输下特有的运费概念。是指即使货主实际装箱的货物尺码超出箱子规定的计费吨,承运人仍按箱子所规定的计费吨收取运费,超出部分免收运费。

例 2-5-4:

某 20 ft 干货箱,最高计费吨为 31 m³,箱内实载棉毯 35 m³,费率为 USD 1 350 M,求基本运费。

解:1 350 × 31＝41 850(USD)

(说明:只能尺码超过,不能超重。)

(3)余额运费的计算方法

任何一票货物由一个地方、一个托运人,运至另一地方,交给一个收货人,使用 3 个或 3 个以上集装箱(注:不同船公司对不同航线规定集装箱数不同)时,其最后一个集装箱货物运费计算可略低。

例 2-5-5:

一票货电视机 108 台,已装 4 个 20 ft 集装箱,每箱 25 台电视机,余 8 台不足装满 1 箱。重量 0.5 t,尺码 8 m³,最低计费吨为 21.5 m³。问如何收取该票货物运费。

解:

A.最后一箱可按实际装箱的重量吨或尺码吨计收运费。

B.所使用的集装箱最低限额的总和减去一个适当的数字计收(如减去尺码吨 6 m³ 或重量吨 4.5 t)。

(4)包箱费率

FAK box rate:不管箱内装什么货,按集装箱的不同类型确定的包箱费率。

FCS box rate:按货物的等级和集装箱的类型确定的包箱费率。

FCB box rate:按货物的等级、计费标准和集装箱的类型确定包箱费率。

(5)总包干费率

包括运费费率和一切附加费率。

3.特定货物运费的计算

(1)集装箱内的家具和行李

①组装成箱子再装入集装箱的,中远 1 号运价本按 10 级货计算。

②直接积载于集装箱内的,按集装箱内容积的 100％计收运费和其他与集装箱有关的费用。

(2)服装(挂载运输)

①只适应于 CY to CY 运输。

②运费按集装箱内容积的 85％计收,衣架及其他必要的装箱物料由货主提供。

③货主可在同一箱内挂载服装和其他货物,其他货物按实际尺码计,但总运费尺码不得超

过集装箱内容积的 100%。

（3）回运货物

在卸货港或交货地卸下的货物，在一定时间内（如中远 1 号运价本 6 个月内）交由原承运人运回原装货港或接货地点，回运货物给予运费优惠（如中远 90%）。

4. 附加费的计收

（1）超长、超重附加费

是对集装箱内每件货收取，而非对整个集装箱。

①FCL to FCL：不加收。

②LCL to LCL：按运价本同件杂货班轮运输一样计收。

③FCL to LCL、LCL to FCL：加收 50% 附加费。

（2）滞期费/超期堆存费

集装箱运输下，货主未在规定的免费堆存期内前往承运人的堆场或货运站提货，承运人对超出的时间向货主收取的费用。

①免费堆存期视各港规定及于各承运人约定不同。

②滞期费按"once on demurage，always on demurage"原则收取。

（3）延期费/超期使用费

货主使用承运人集装箱，未能在免费使用期届满后将集装箱归还承运人或送交承运人指定地点，承运人对超出时间向货主收取的费用。

■ 实训项目

项目任务 1：查找班轮公司信息

每人任意选择一个全球排名前 20 位的著名班轮公司，查找该船公司的基本资料，并在组内分享。

航运公司	排名	TEU 总计	艘数总计	自有船舶 TEU	自有船舶艘数	租赁船舶 TEU	租赁船舶艘数	订造船舶 TEU	订造船舶艘数	订造船舶占现有 TEU（%）
马士基航运	1	2 262 493	601	1 115 746	206	1 146 747	395	441 080	55	19.50
地中海航运	2	1 968 188	466	994 444	209	973 744	257	560 858	53	28.50
达飞轮船	3	1 264 329	389	484 023	93	780 306	296	208 388	23	16.50
长荣海运	4	611 939	165	330 167	88	281 772	77	176 000	20	28.80
中远集运	5	589 762	142	338 365	95	251 397	47	296 536	36	50.30
美国总统轮船	6	587 983	146	169 547	45	418 436	101	204 480	22	34.80
赫伯罗特	7	587 850	135	267 259	56	320 591	79	131 000	10	22.30
南美轮船	8	562 830	145	51 090	10	511 740	135	98 589	12	17.50
韩进海运	9	517 155	110	239 492	40	277 663	70	154 542	15	29.90
中海集运	10	486 897	141	287 716	74	199 181	67	122 044	14	25.10
商船三井	11	411 492	97	213 274	36	198 218	61	57 169	10	13.90
东方海外	12	409 352	88	283 278	47	126 074	41	140 816	13	34.40
日本邮船	13	406 118	102	309 403	59	96 715	43	9 076	2	2.20
汉堡南美	14	382 543	117	175 326	43	207 217	74	149 590	24	39.10
阳明海运	15	337 507	84	193 789	46	143 718	38	102 214	16	30.30
川崎汽船	16	329 467	78	217 186	38	112 281	40	58 672	8	17.80
以星航运	17	328 555	98	165 674	36	162 881	62	155 769	14	47.40
现代商船	18	302 723	60	100 646	17	202 077	43	65 460	5	21.60
太平船务	19	254 798	135	159 413	91	95 385	44	67 806	22	26.60
阿拉伯轮船	20	236 661	58	126 696	28	109 965	30	104 800	8	44.30

Alphaliner 公司统计 20 大班轮公司最新排名（截至 2011.5.1）

项目任务 2：

查找所选船公司近期始发港为青岛的各主要航线的船期表（尽量包含各条航线，至少 5 条），完成下表，组内分享。

_____船公司航线及挂靠基本港

航线名称	挂靠的基本港

项目任务 3：

每人从"项目任务 2"完成的结果中选择一条航线，查询从青岛到该航线各个挂靠外国港口的集装箱运价，制作成该航线的运价表（包括主要附加费）。

项目任务 4：根据托运单信息进行提单缮制

青岛国航国际货运有限公司

BOOKING SHEET(SEA)

SHIPPER：LONGKOU JIANGCHENG FRUIT CO. LTD

CONSIGNEE：ALFINITY ENTERPRISE

NOTIFY PARTY：SAME AS CONSIGNEE

CARRIER：COSCO

VSL/VOY：HUAI JI HE 143W

ETD：2010-3-18

POL：QINGDAO，CHINA

POD：MANILA

DEPOT：东港场站

VOLUME：$7\times40'$RH

B/L NO：COS 33741070

NO. OF B/L：THREE

PLACE OF ISSUE：QINGDAO，CHINA

MARKS	PKGS	DESCRIPTION OF GOODS	GROSS WEIGHT(G. W.)	MEASUREMENT.
N/M	2 464 CARTONS	FRUIT FREIGHT PREPAID	48 510.000 KG	108.000 CBM
TOTAL	SAY TWO THOUSAND FOUR HUNDRED AND SIXTY-FOUR CARTONS ONLY.			

中远集装箱运输有限公司
COSCO CONTAINER LINES

TLX: 33057 COSCO CN
FAX: +86(21) 65458984

PORT TO PORT OR COMBINED TRANSPORT BILL OF LADING

1. Shipper　Insert Name Address and Phone/Fax	Booking No.	Bill of Lading No.
	Export References	

2. Consignee　Insert Name Address and Phone/Fax	Forwarding Agent and References FMC/CHB No.
	Point and Country of Origin

3. Notify Party　Insert Name Address and Phone/Fax　(It is agreed that no responsibility shall attach to the Carrier or his agents for failure to notify)	Also Notify Party-routing & Instructions

4. Combined Transport*　Pre-Carriage by	5. Combined Transport*　Place of Receipt	
6. Ocean Vessel Voy. No.	7. Port of Loading	Service Contract No.　Commodity Code
8. Port of Discharge	9. Combined Transport*　Place of Delivery	Type of Movement

Marks & Nos. Container / Seal No.	No. of Container or Packages	Description of Goods (If Dangerous Goods, See Clause 20)	Gross Weight	Measurement

Declared Cargo Value US$	Description of Contents for Shipper's Use Only (Not part of This B/L Contract)

10. Total Number of Containers and/or Packages (in words) Subject to Clause 7 Limitation

11.　Freight & Charges	Revenue Tons	Rate	Per	Amount	Prepaid	Collect	Freight & Charges Payable at / by

Received in external apparent good order and condition except as otherwise noted. The total number of the packages or units stuffed in the container, the description of the goods and the weights shown in this Bill of Lading are furnished by the merchants, and which the carrier has no reasonable means of checking and is not a part of this Bills of Lading contract. The carrier has issued _____ original Bills of Lading, all of this tenor and date, one of the original Bills of Lading must be surrendered and endorsed or signed against the delivery of the shipment and whereupon any other original Bills of Lading shall be void. The merchants agree to be bound by the terms and conditions of this Bill of Lading as if each had personally signed this Bill of Lading.
*Applicable Only When Document Used as a Combined Transport Bill of Lading.

Date Laden on Board

Signed by:

9805　Date of Issue　　　　Place of Issue QINGDAO　　　　Signed for the Carrier, COSCO CONTAINER LINES CO., LTD.

项目任务 5：描述货运流程

"济南贸易实业公司"(济南)与"美国迪斯尼集团"(长滩)成交一批玩具,成交价是 CIF Long Beach,信用证开出后 60 天装船,装船港青岛,运输条款为 CY to CY。全程运输由青岛中货负责,签发中远提单。但,提单由"迪斯尼集团"转让给美商"爱迪华超级市场"。用图表或文字描述该批货物的进出口货运流程。

项目任务 6：运费计算

我国某出口商委托国际货运代理人出运一票货物,共装 5 个 20 ft 集装箱(TEU)。假设从国内某港口到国外某港口的基本费率是 USD 2 000/20′,附加费 BAF 是 USD 700/TEU, EBS 是 USD 200/TEU,PSS 是 USD 300/TEU,CAF 是 USD 200/TEU,请计算:

(1)托运人应支付多少运费?

(2)如果该出口商要求货代报"ALL IN RATE",那么,"ALL IN RATE"是多少?

(3)如果该出口商要求货代报"ALL IN FREIGHT",那么,托运人应支付多少运费?

(4)尝试用项目任务 3 中所查得的运价及附加费,对 5 个 20 ft 集装箱货物的运费进行计算。

项目任务 7：滞期费和速遣费的计算

V/C 规定:

(1)在装货港的装货时间和在卸货港的卸货时间分别为 3 个和 4 个 WWD,SHEX;

(2)如果在上午 12:00 以前递交 N/R,LAYTIME 从下午 1:00 起算;如果在下午 6:00 以前递交 N/R,LAYTIME 从次日上午 8:00 起算;

(3)滞期费每天 800 美元,速遣费每天 400 美元。

装货港的装/卸时间事实记录如下:

```
5/3,星期二,16:00,船舶抵港;
         16:40,递交、接受 N/R;
6/3,星期三,08:00,装卸时间起算,装货开始,工作至 24:00;
7/3,星期四,00:00~04:00,因雨停工;
         04:00~24:00,装货;
8/3,星期五,00:00~24:00,装货;
9/3,星期六,00:00~18:00,装货;
         18:00~24:00,停工;
10/3,星期日,00:00~24:00,停工;
11/3,星期一,00:00~08:00,停工;
         08:00~24:00,装货;
12/3,星期二,00:00~12:00,装货完毕。
```

卸货港的装/卸时间事实记录如下:

20/3,星期三,08:00,船舶抵港;
　　　　　　10:00,递交、接受 N/R;
　　　　　　13:00,装卸时间起算;
　　　　　　13:00~24:00,卸货;
21/3,星期四,00:00~06:00,卸货;
　　　　　　06:00~08:00,起货机故障停工;
　　　　　　08:00~24:00,卸货;
22/3,星期五,00:00~11:00,卸货完毕。

问题:

(1)按滞期时间"连续计算"和"节省全部工作时间"分别计算装卸两港滞期费和速遣费是多少?

(2)按滞期时间"非连续计算"和"节省全部时间"分别计算装卸两港滞期费和速遣费是多少?

法律思考

1. 危险品运输问题近年来越来越严重,关于危险品运输引发的索赔案与日俱增。请结合下述案例,总结海上危险货物运输中,订舱、装箱、装船运输过程中的操作注意事项及发生货物损害灭失如何处理及责任的承担。

某石化公司向某国内船公司托运危险品乐果:3 只 20 ft 集装箱共 720 桶,目的港汉堡。货物的包装、装箱、铅封、商检、报关等,均由石化公司自己负责。青岛港装船。船舶在香港至新加坡的航行途中,船上值班员发觉有乐果气味。船抵新加坡,船东委托检验师登轮检验,乐果气味浓度很高。考虑到汉堡处理费过高,船东指示返回青岛港。驶离新加坡之前,向舱内注入一定量二氧化碳。抵青后,经对船舶采取一系列措施后卸货。卸货后,对乐果进行检验,发现有胶状物不断从货箱流出;开箱检验,乐果货桶在箱内均未加固,部分货桶歪斜、变形;桶盖开启,锈蚀严重。船公司提单背面有如下条款:"承运人在事先知其危险性而同意载运的危险货物,当货物对船舶、人员或者其他货物构成实际危险时,可以将货物卸下、销毁或者使之不能危害,而不负赔偿责任。但是,共同海损分摊除外。"

2. 无单放货的法律问题

(提示:《最高人民法院关于审理无正本提单交付货物案件适用法律若干问题的规定》,2009 年 2 月 16 日通过,自 2009 年 3 月 5 日起施行。)

[案例]

典型案例:粤海公司与仓码公司、特发公司等海上货物运输无单放货、提货、代理放货纠纷案

粤海公司起诉仓码公司海上货物运输无单放货纠纷案和仓码公司诉深圳外代公司、深圳特发公司、珠海海岛贸易公司、华港公司无正本提单代理放货、提货纠纷案,由广州海事法院合并审理并作出一审判决后,粤海公司不服,提出上诉,广东省高级人民法院于 1993 年 7 月 29

日作出终审民事判决。仓码公司、外代公司、特发公司不服终审判决,分别向最高人民法院提出申诉,请求再审。最高人民法院决定提审本案。

最高人民法院经审理查明:粤海公司的子公司富辉公司于 1989 年 1 月 3 日和 2 月 21 日与华港公司分别订立了两份购销合同,约定富辉公司将两批共 1 万套电冰箱散件卖给华港公司,每套在香港卖方仓库的交货价为 250 美元,总值 250 万美元,由买方负责到达目的港后的仓库。合同签订后,富辉公司根据华港公司的委托,于 1989 年 1 月 10 日书面委托粤海公司代华港公司办理 1 万套电冰箱箱体由香港运至深圳蛇口赤湾港的运输手续。粤海公司接受委托后,于 1989 年 1 月 16 日和 2 月 21 日分别将两批各 5 000 套电冰箱箱体及其附件在香港交给仓码公司承运。仓码公司向粤海公司出具了四份正本提单。提单载明:托运人是粤海公司代华港公司;收货人是粤海公司。上述提单项下的两批货物运至深圳蛇口赤湾港后,均由集装箱公司接卸。集装箱公司的货物记录单表明:委托单位为招商局驳船运输公司"蛇口"有限公司代华港公司。由于华港公司没有按约定支付全部货款,粤海公司未将正本提单交给华港公司。

1989 年 1 月 26 日,华港公司通过叶某委托特发公司将第一批到达的 5 000 套电冰箱箱体报关。叶某以特发公司的名义向外代公司出具保函,要求办理提货手续。外代公司给叶某一份盖有进口货物提货章的副本提单。特发公司持此副本提单向海关报关。报关单上的经营单位、收货单位及报关单位均为特发公司。5 月 3 日,特发公司的下属企业万科公司代特发公司缴纳了 5 000 套电冰箱箱体的关税,海关放行。10 月 23 日,华港公司与万科公司达成协议,由华港公司支付 50 万元人民币,提取了 3 000 套电冰箱箱体,其余 2 000 套抵押给中国人民建设银行蛇口支行,由蛇口支行代华港公司支付万科公司代垫的关税 50 万美元。

1989 年 2 月 21 日,仓码公司承运的第二批 5 000 套电冰箱箱体运到赤湾港。外代公司于 22 日向集装箱公司的职员陈某提供了加盖进口货物提货章的副本提单作报关之用。9 月 30 日,海岛公司持进口货物许可证、报关单等报关文件,将该批电冰箱箱体及附件报关进口,因没有缴纳关税,海关未予放行。后由于该批货物长期存放在仓库中,引发仓储纠纷,被法院和海关联合拍卖。

1990 年 7 月 9 日,粤海公司以仓码公司向无正本提单的人交货为由提起诉讼,要求仓码公司赔偿其 215 万美元的货款及利息损失 55 万美元。仓码公司也于 12 月 31 日,以外代公司、华港公司、特发公司、海岛公司无正本提单提货、交货为由提起诉讼。广州海事法院认为两案实际上是基于同一事实、同一诉讼标的的共同侵权纠纷案,后案的被告与前案有利害关系,是共同诉讼当事人,故追加其为前案的被告,将两案合并审理。

另查明:粤海公司所持正本提单项下的货物,是粤海公司从韩国购买的,成本价是每台 190 美元,共支付运杂费 85 389 美元。富辉公司已经于 1992 年 12 月 1 日向原终审法院声明:其与华港公司订立购销合同出售的 1 万台电冰箱箱体,物权属粤海公司。其全力支持粤海公司对仓码公司提起的诉讼,不再对该批箱体的物权另行提起诉讼。

以上事实,有销售合同、提单、报关单、庭审笔录、书证等证据证实。本案争议的电冰箱箱体,是由粤海公司支付货款购买的,其因购买继受取得对该批电冰箱箱体的所有权。富辉公司是受粤海公司的委托与他人签订合同出卖该批货物,两者之间只是信托代理关系,货物的所有权并未发生转移。富辉公司亦已声明该批货物的所有权属于粤海公司。富辉公司接受华港公司的委托,转委托粤海公司将该批货物运往深圳蛇口赤湾港,并由承运人签发了以粤海公司为收货人的记名提单,它既表明货物的所有权人是粤海公司,也表明富辉公司、华港公司确认的最后交货地为深圳赤湾港。华港公司虽与富辉公司签订了购买该批电冰箱箱体的合同,但是华港公司并未按合同的约定支付货款;货物运到交货地后亦未发生合法的支付行为。粤海公司一直持有正本提单。因此,粤海公司对本案争议的货物仍然拥有所有权,并享有提单持有人的其他权益。

粤海公司是货物的所有人,又是正本提单的持有人,对于其合法拥有的所有权及持正本提单提取货物的权利应当给予保护。但是,粤海公司不积极履行收货人的义务,长时间不提取货物,由此而造成的可得利益及利息的损失应当自负。同时还应对后5 000套电冰箱箱体的损失负担相应的责任。

特发公司非提单持有人,并没有合法地取得货物所有权,其将前5 000套电冰箱箱体向海关报关的行为属侵权行为,其将有效的提货单证处分给华港公司和蛇口建行提货,已经造成了货物不能返还的损害结果,故特发公司应对粤海公司前5 000套电冰箱箱体的损失承担全额赔偿责任。

海岛公司亦非提单持有人,也没有合法取得货物所有权,其将后5 000套电冰箱箱体报关的行为同属侵权行为。虽因未交关税导致未提取货物,但是其报关行为已给提单持有人凭正本提单提货造成了障碍,是导致货物被拍卖的原因,其侵权行为已造成了损害结果,海岛公司应负主要责任。

仓码公司作为货物的承运人,接收了粤海公司托运的货物,并开出了正本提单,应将货物安全运送到达目的港并交付给正本提单持有人。外代公司作为仓码公司的代理人,应当正确履行自己的代理职责。但是,外代公司将货物交付给非提单持有人,该行为构成了对粤海公司的侵权,其法律后果应由仓码公司和外代公司承担,故仓码公司和外代公司应对造成粤海公司的损失承担共同侵权的连带责任。

华港公司非本案所确定的侵权主体,其与特发公司、海岛公司之间的权利义务关系,应由特发公司和海岛公司依法另行解决。

二审法院认为:本案是涉港民事侵权损害赔偿纠纷,侵权行为地在我国境内,依照《中华人民共和国民法通则》第8章的规定,应当适用侵权行为地法律,即适用中华人民共和国法律处理。法院判决:特发公司赔偿粤海公司99.27万美元及利息损失;海岛公司赔偿粤海公司69.49万美元及利息损失。仓码公司和外代公司分别对特发公司和海岛公司向粤海公司的赔偿负连带清偿责任。

终审判决生效后,仓码公司、特发公司、外代公司不服,分别向最高人民法院提出申诉。

仓码公司的申诉理由是:此批货物的买方华港公司委托特发公司报关并实际参与了第一批货物的提货和处理,在这种情况下判决由仓码公司及其代理人对特发公司向粤海公司的赔偿负连带责任,缺乏法律依据。货主粤海公司为了逃避海关监管,非法买卖许可证,故对其所遭受的损失,只能依海关的估价而非货物装船时的价格计算。第二批货物并没有被我正本提单的人提走,而是因长期压仓引起仓储费纠纷后被海关和法院拍卖。仓码公司及其代理人外代公司不应对第二批货物承担连带责任。

特发公司的申诉理由是:叶某出具的保函无特发公司的公章,而且报关也不涉及货物的所有权,故特发公司并非提货人;粤海公司持正本提单长时间不提货,却协助华港公司提货,说明其已经放弃了对该批货物的所有权;粤海公司明知货物被提而不及时通知承运人,应承担由此而产生的扩大部分的损失;粤海公司主张权利已超过《海牙规则》规定的一年的诉讼时效。

外代公司的申诉理由是:粤海公司非该案提单的合法持有人;外代公司向集装箱公司提供的并非提货单,海岛公司亦未使用过该提货单;判决仓码公司与外代公司对特发公司的侵权行为负连带责任缺乏法律依据;货物的价格应以侵权结果发生时的市场价为准;判决外代公司对第一批货物与仓码公司承担连带责任缺乏法律依据。

粤海公司答辩称:提单是物权凭证,粤海公司并未同意放货;粤海公司与华港公司的关系与本案无关;粤海公司可以通过国内的姐妹公司办理报送提货手续;一审法院将无单放货和无单提货两个不同的法律关系混在一起不当;《海牙规则》规定的一年的诉讼时效仅包括货物发生损害和灭失,不包括无单放货。

海岛公司答辩称:其将第二批货物报关的行为,仅是受华港公司的委托,并无侵权故意。

[审判]

最高人民法院认为:本案系粤海公司凭正本提单诉讼仓码公司海上货物运输无单放货,仓码公司诉特发公司、海岛公司、华港公司、外代公司提货、代理放货纠纷案。

粤海公司为海上货物运输提单项下的记名收货人,记名提单不得转让,粤海公司持有全套正本提单,享有提单项下货物的所有权,是唯一合法提货人。但其系境外企业,依照《中华人民共和国海关法》第18条和第21条的规定,其所持提单项下的货物在没有取得进口货物许可证时不能进口,只能退运或被海关拍卖,故对其提单项下货物的权利仅应保护到退运状态。

仓码公司作为海上货物运输的承运人,自签发了以粤海公司为收货人的记名提单后,就与粤海公司之间形成了运输合同关系。根据提单背面条款的规定并参照《中华人民共和国海商法》第4章的规定,承运人履行运输义务应包括将货物交付给合法的提单持有人。记名提单应将货物交付给记名的收货人。对粤海公司持正本提单不能提货所造成的损失,仓码公司负有违约赔偿责任。

外代公司作为承运人的代理人,超越代理权限凭保函放货,应对仓码公司的损失负赔偿责任。

特发公司非买卖合同的当事人,但其以自己的名义报送、提货,其行为已构成对叶某办理提货手续的追认。应对仓码公司的损失负赔偿责任。

华港公司系境外企业,违反海关法的规定进口货物,并实际提取了第一批5 000套货物,其民事责任不能免除,应与特发公司、外代公司共同承担赔偿责任。

粤海公司未及时提取应当退运的第二批5 000套货物,责任自负。

根据提单背面条款的规定,有关本提单的一切纠纷依中国法律在中华人民共和国法院解决;有关承运人的责任、权利义务、免责等,应适用1924年《海牙规则》。粤海公司在货物到港后未凭正本提单向承运人提出请求,而是在1990年7月9日才向法院提起诉讼,已经超过《海牙规则》规定的诉讼时效。粤海公司称《海牙规则》不适用本案依据不足,故其对仓码公司的诉讼请求不应受到保护。仓码公司起诉特发公司、海岛公司、华港公司、外代公司无单提货、放货纠纷,因仓码公司对粤海公司的民事赔偿责任已被免除,故其诉讼请求应予驳回。原审判决认定事实有误,定性不当,适用法律错误,应予纠正。再审申请人申诉理由正当,应予支持。据此,最高人民法院依照《中华人民共和国民事诉讼法》第184条第1款、第153条第1款第3项的规定,于1996年8月27日判决:

一、撤销一审和二审法院的民事判决书。

二、驳回粤海公司对仓码公司的诉讼请求。

三、驳回仓码公司对特发公司、海岛公司、华港公司和外代公司的诉讼请求。

深度探讨

1. 关于 Himalaya Clause

讨论引导：

James N Kirby Pty Ltd and anr v Norfolk Southern Railway Co-US Court of Appeals (11th Circuit) (Edmonson Chief Judge, Carnes and Siler Ct JJ)-8 August 2002

James N Kirby Pty Ltd ("Kirby"), an Australian company, sold 10 containers of machinery to General Motors in Huntsville, Alabama. Kirby entered into a contract of carriage with International Cargo Control Pty Ltd ("ICC"), another Australian company. ICC was a freight forwarder. ICC issued a bill of lading to Kirby ("the ICC bill of lading") for the containers. ICC then hired Hamburg Sud, a German ocean shipping company, to transport the containers from Sydney to Huntsville. Hamburg Sud issued its own bill of lading ("the Hamburg Sud bill of lading") to ICC. It listed ICC as the shipper and Hamburg Sud as the carrier.

Both bills of lading contained a clause paramount incorporating the US Carriage of Goods by Sea Act ("COGSA"). They also contained Himalaya clauses extending the carrier's defences and limitations of liability under the bills to the carrier's agents and subcontractors.

A Hamburg Sud ship carried the containers from Sydney to Savannah. Once in Savannah, inland transport to Huntsville was taken on by Norfolk Southern Railway Co, which had been hired by Hamburg Sud. Norfolk Southern did not issue its own bill of lading, but instead acted under the Hamburg Sud bill of lading. The train carrying the containers derailed while en route from Savannah to Huntsville, and the machinery was badly damaged.

Kirby sued Norfolk Southern in negligence and breach of contract. Norfolk Southern denied liability, but also filed a motion for partial summary judgment arguing that by reason of the Himalaya clause in the Hamburg Sud bill of lading, its liability, if any, was limited to MYM 500 per container pursuant to section 1304(5) of COGSA.

The district court granted the motion, holding that the Himalaya clause in the Hamburg Sud bill of lading bound Kirby, and that Norfolk Southern was a beneficiary of that clause entitled to invoke the package limitation.

Kirby appealed to the US Court of Appeals.

Held, that the Himalaya clause in the Hamburg Sud bill of lading could limit Norfolk Southern's liability to Kirby only if Kirby was bound by the terms of that bill. Yet ICC, not Kirby, hired Hamburg Sud, and ICC, not Kirby, was named on the bill as the shipper of the goods, which meant that Kirby did not itself agree to the terms of the bill. If, however, ICC had been acting as Kirby's agent when it entered the shipping contract with Hamburg Sud, then ICC had authority to and did bind Kirby to the terms of the bill. Accordingly, Norfolk

Southern could limit its liability to Kirby only if ICC was acting as Kirby's agent when it received the Hamburg Sud bill of lading.

Was ICC acting as Kirby's agent when it received the Hamburg Sud bill of lading? The answer was no. ICC was acting as a carrier—a principal—and not as Kirby's agent. That was evidenced, first, from the structure of the transaction. There were two bills of lading. If ICC had been acting as Kirby's agent, there would have been only one bill of lading, issued by Hamburg Sud to Kirby and listing Kirby as the shipper. Also, the ICC bill expressly stated that ICC was undertaking "to perform... the entire transport" or "in [its] own name to procure the performance of the entire transport". That plain language showed that ICC and Kirby clearly intended that ICC would act as a principal in any subsequent contracts it entered into for the transport of the containers. The form of the ICC bill also showed that ICC was a principal. It was a standard form bill known in the industry as an FBL, short for "FIATA Multimodal Transport Bill of Lading".

The Hamburg Sud bill of lading reinforced the conclusion that ICC was acting as principal, and not as Kirby's agent, when it engaged Hamburg Sud. That bill listed ICC, not Kirby, as the party with whom Hamburg Sud was contracting. If ICC had merely been acting as Kirby's agent, arranging a contract between Kirby and an ocean carrier, one would expect the contract with the ocean carrier to reflect as much by indicating that Kirby was a party to the transaction. Yet Kirby's name did not appear on the Hamburg Sud bill of lading.

Accordingly, Kirby was not bound by the Himalaya clause in the Hamburg Sud bill of lading, and the district court erred in holding that Norfolk Southern could limit its liability to Kirby based on that bill.

Turning to the ICC bill of lading, that bill had been issued by ICC to Kirby. Because Kirby was a party to the ICC bill of lading it was clearly bound by its terms, including its Himalaya clause. Thus any beneficiary of that Himalaya clause would be entitled to use it to limit its liability to Kirby. However, Norfolk Southern was not a beneficiary of the Himalaya clause in the ICC bill of lading because the language of the clause did not specifically identify Norfolk Southern as a member of a well-defined class of its beneficiaries, as was required by the case law (see Robert C Herd & Co v Krawill Mach Corp 359 US 297, 79 S Ct 766 (1958) and Hale Container Line Inc v Houston Sea Packing Co 137 F3d 1455 (11th Ci 1998)).

The Himalaya clause in the ICC bill extended ICC's limitations on liability to "any servant, agent, or other person including any independent contractors whose services have been used in order to perform the contract". "Other person", as a category, was too vague to define a clearly identifiable class of persons, and so it failed to satisfy the clarity of language requirement. That then left a Himalaya clause that extended to "any servant, agent, or ... any independent contractors". When a bill referred to a class of persons such as agents and independent contractors, it was clear that the contract included all those persons engaged by the carrier to perform the functions and duties of the carrier within the scope of the carriage contract (Certain Underwriters at Lloyd's v Barber Blue Sea Line 675 F2d 266 (11th Cir)). Thus, it was not necessary to enumerate specific categories of agents or independent contractors, such as "stevedore", "terminal operator" etc.

However, as to the ICC bill of lading, Norfolk Southern was not "engaged by the carrier", ICC. Instead, Norfolk Southern was engaged by Hamburg Sud, who in turn had been engaged by ICC, the carrier. Norfolk Southern was a sub-sub-contractor, rather than a party directly "engaged by the carrier", and so it was not clear that the contract included Norfolk Southern in the Himalaya clause. Privity of contract was required between the carrier and the party seeking shelter in the Himalaya clause.

Accordingly, the language of the Himalaya clause in the ICC bill of lading did not clearly identify Norfolk Southern (as a sub-sub-contractor of the carrier and an inland carrier), as a member of the well-defined class of readily identifiable persons entitled to claim the benefits of the clause.

The result was that Norfolk Southern was not entitled to limit its liability to Kirby on the basis of either of the two bills of lading, and the district court's decision would be reversed.

2. 关于海盗的法律问题

自人类开始航海活动以来,海盗一直是困扰海运安全的首要问题之一。尽管人类社会已经步入了 21 世纪,但是海盗问题并没有得到根除,特别是近年来,在索马里海域航行的船舶频繁遭到海盗袭击或劫持,索马里海盗已成为一大国际公害,对国际航运和海上安全构成了严重威胁。据国际海事组织统计,2008 年以来,索马里附近海域已经发生 120 多起海上抢劫行为,超过 40 艘船只遭劫,600 多名船员遭绑架。海盗的出现对国际航运的秩序提出了严重的挑战,目前,涉及打击海盗的有关法律制度主要体现在 1958 年的《公海公约》及 1982 年的《联合国海洋法公约》中,是目前国际上打击海盗的最为权威的法律依据,两个公约对海盗行为做了明确规定并赋予了各国相应的义务。

🖰讨论引导:

(1)什么是"海盗行为"? (提示:《联合国海洋法公约》第 101 条。)

(2)支付海盗赎金是否合法?

(3)当前保险体系能否涵盖海盗风险? (提示:船东互保协会和 PICC 的船舶险条款、ICC 和 PICC 的货物险条款。)

(4)海盗赎金的定性:是共同海损? 是救助费用还是其他?

(5)租船合同中的海盗条款一般如何订立? (提示:BIMCO 2009 年推出的租船合同海盗条款。)

(6)遭遇海盗能否停付租金? (提示:英国高等法院裁决的"The SALDANHA"—[2010] EWHC 1340 Comm 一案。)

第三章　国际公路货物运输

　　公路运输(road transportation)是现代运输主要方式之一,同时,也是构成陆上运输的两个基本运输方式之一。

　　我国的国际公路货物联运主要是与周边国家通过缔结双边协议进行(蒙古、哈萨克斯坦、俄罗斯、吉尔吉斯斯坦、尼泊尔、越南等),采用许可证制度,运输量相当少。所以,我国的公路货物运输以国内运输为主,通常作为海运、空运、铁路运输服务的延伸,或作为国际多式联运的一段。随着物流服务的发展,公路货物运输必将发挥着愈来愈重要的作用。

　　基于上述原因,本章将侧重介绍国内公路运输的相关知识。

第一节　公路货物运输基础知识

一、载货汽车

　　载货汽车也叫载重汽车。从车头型式来看,有平头式和长头式;就车厢结构而言,有厢式、平板式和箱型;就整体结构而言,有单车(整体式)、拖挂车和汽车列车(铰接式)之分。

　　1. **小型厢式载货汽车**

　　一般用于运距较短、货物批量小、对运达时间要求较高的货物运输。封闭式的车厢可使货物免受风吹、日晒、雨淋,而且小型厢式载货汽车一般兼有滑动式侧门和后开车门,因此货物装卸作业非常方便。由于其小巧灵便,无论大街小巷均可长驱直入,真正实现"门到门"运输(指从发货人直接运达收货人)。因此,这种载货汽车相当广泛地应用于商业和邮件运输等各种服务行业。

　　小型厢式货车的车厢内有些还设有几个可翻转折叠的活动座席,平时可以载人,必要时可折叠收起以便腾出更大的载货空间。

　　2. **平板式载货汽车**

　　由小型/轻型送货车和大中型平板式货车组成。

　　轻型送货车又称"皮卡"(是英文 pick up 的音译),主要用于运送小批量的货物。"pick up"本身的含义是"集收",而实际上,不足整车的小批量零担货物的分类和集收是同时进行的。轻型送货车一般有单厢(驾驶室只有一排座位)和双厢(驾驶室有两排座位)轻型送货车两种。轻型送货车被广泛应用于各种野外作业。

　　3. **箱型载货汽车**

　　最典型的就是"集卡",是近年来国际货车市场上的一支主力军。其特点是载货容积大,货厢密封性能好,尤其是近年来轻质合金及增强合成材料的使用,为减轻车厢自重、提高有效载重量创造了良好的条件。

　　4. **拖挂车**

　　实际上由拖车(又称"牵引车")和挂车两部分组成,通过连接机构把二者相连。拖挂运输是提高运输生产率的有效手段。大多的"集卡"都是拖挂车。

挂车有全挂车和半挂车之分。全挂车相当于一个完全独立的车厢,所负荷载全部作用于挂车本身的轮轴,只不过是由牵引车拖着行驶而已。而半挂车所负荷载只有一部分作用于挂车的轮轴,其余则是通过连接装置作用于牵引车的轮轴上。

知识链接

集装箱半挂车的类型与特点

(1)平板式集装箱半挂车

这种半挂车有两条承重的主梁,还有若干横向支梁,支梁上全部铺有钢板或木板。承载量较大。既能装运国际标准集装箱,也能载运一般货物。

(2)骨架式集装箱半挂车

它的车体仅由底盘骨架构成。此车自身质量较轻,结构简单,维修方便,在专业集装箱运输企业中普遍采用。

(3)鹅颈式集装箱半挂车

这是一种专门运载 40 ft 集装箱的骨架式半挂车。其车架前端拱起的部分称为鹅颈。当半挂车装载 40 ft 集装箱后,车架的鹅颈部分可以插入集装箱底部的鹅颈槽内。

(4)带浮动轮的摇臂悬架式集装箱半挂车

它在第一轴后面增加了附加机构,可使车辆在空驶时,将浮动轮升起离开地面,以减小道路阻力;满载时浮动轮着地,可以增加车辆载重。

(5)可伸缩式半挂车

它是一种柔性半挂车。采用鹅颈式骨架结构,其主要特点是车架长度不固定,可根据所运输的集装箱规格而调整车架长度。

(6)集装箱自装自卸车

又可分为两类:一类是后面吊装型,是从车辆后面通过特制的轨道框架和液压电动机的循环链条将集装箱拽拉到车辆上完成吊装作业,卸下时则相反;另一类是侧面吊装型,是从车辆的侧面通过可在车上作横向移动的变幅式吊具将集装箱吊上吊下。

二、公路货物运输的经营方式

在市场经济条件下,公路运输的组织形式一般有以下几种类别。

1. 公共运输业(common carrier)

这种企业专经营汽车货物运输业务,并以整个社会为服务对象,其经营方式有:

(1)定期定线。不论货载多少,在固定路线上按时间表行驶。

(2)定线不定期。在固定路线上视货载情况,派车行驶。

(3)定区不定期。在固定的区域内根据货载需要,派车行驶。

2. 契约运输业(contract carrier)

按照承托双方签订的运输契约运送货物。与之签订契约的一般都是一些大的工矿企业,常年运量较大而又较稳定。契约期限一般都比较长,短的有半年、一年,长的可达数年。按契约规定,托运人保证提供一定的货运量,承运人保证提供所需的运力。

3. 自用运输业(private operator)

工厂、企业、机关自置汽车,专为运送自己的物资和产品,一般不对外营业。

4. 汽车货运代理(freight forwarder)

本身既不掌握货源也不掌握运输工具,他们以中间人身份一面向货主揽货,一面向运输公司托运,借此收取手续费用和佣金。有的汽车货运代理专门从事向货主揽取零星货载,加以归纳集中成为整车货物,然后以托运人名义向运输公司托运,赚取零担和整车货物运费之间的差额。

三、运输类别

按照我国 1999 年颁布、2000 年 1 月 1 日生效的《汽车货物运输规则》规定,汽车货物运输种类主要包括:

(1)零担货物运输:托运人一次托运货物计费重量 3 t 及以下的。

(2)整批货物运输:托运人一次托运货物计费重量 3 t 以上,或不足 3 t,但其性质、体积、形状需要一辆汽车运输的。

(3)大型特型笨重物件运输:因货物的体积、重量的要求,需要大型或专用汽车运输的。

(4)集装箱汽车运输:采用集装箱为容器,使用汽车运输的。

(5)快件货物运输:在规定的距离和时间内将货物运达目的地的货物运输。

(6)特快件货物运输:应托运人要求,采取即托即运的货物运输。

(7)危险货物运输:承运《危险货物品名表》列名的易燃、易爆、有毒、有腐蚀性、有放射性等危险货物,和虽未列入《危险货物品名表》,但具有危险货物性质的新产品的货物运输。

(8)出租汽车货运:采用装有出租营业标志的小型货运汽车,供货主临时雇用,并按时间、里程和规定费率收取运输费用的货物运输。

(9)搬家货物运输:为个人或单位搬迁提供运输和搬运装卸服务,并按规定收取费用的货物运输。

四、我国对外贸易公路运输及口岸的分布

1. 对蒙古、俄罗斯、哈萨克斯坦、吉尔吉斯斯坦、塔吉克斯坦公路运输口岸

(1)新疆

吐尔尕特,霍·卡拉苏,尔果斯,巴克图,吉木乃,塔克什肯、都拉塔、阿拉山口、老爷庙、伊尔克什坦、红山嘴、乌拉斯台等。

(2)东北地区

黑龙江的绥芬河、东宁、漠河、同江、呼玛等口岸;内蒙古自治区的满洲里、黑山头等口岸;吉林的珲春口岸,又称长岭子口岸等。此外,内蒙古自治区的室韦口岸原是水路口岸,2001 年 10 月 1 日,在中俄双方的共同努力下,室韦—奥洛契额尔右纳河界河桥正式投入使用后,公路运输也随之发展起来。

2. 对朝鲜公路运输口岸

中朝贸易超过 70％的份额经由丹东出入。此外还有珲春、图们、三合、沙坨子、圈河、开山屯、古城里和南坪等口岸。

3. 对巴基斯坦公路运输口岸

新疆的霍尔果斯、红其拉甫和喀什市。

4.对印度、尼泊尔、不丹的公路运输口岸

主要有西藏南部的樟木、普兰和吉隆口岸。

5.对越南地方贸易的主要公路口岸

主要有云南省红河哈尼族、彝族自治区的河口和金水河口岸等。1993 年 6 月,云南省又正式恢复开通了天保公路口岸。此外,广西还开设了凭祥、东兴、水口、龙邦等公路口岸。

6.对缅甸公路运输口岸

云南省德宏傣族景颇自治区的瑞丽和畹町两个口岸,是我国对缅甸贸易的主要出口陆运口岸,还可通过该口岸和缅甸公路,转运部分与印度的进出口贸易货物。2000 年 4 月,云南省的猴桥被国务院批准为一类公路口岸。

7.对老挝公路运输口岸

1993 年 12 月正式开放的云南省磨憨口岸,是中老两国公路运输的唯一口岸。

五、公路货物运输涉及的国际公约和法规一览

1.国际公路货物联运的主要公约

(1)国际公路货物运输合同公约(Convention de merchandises par route:CMR 公约)

该公约是世界上关于国际公路运输最为著名和适用范围最广的一个公约。为了统一公路运输所使用的单证和承运人责任,联合国所属欧洲经济委员会草拟了《国际公路货物运输合同公约》,简称 CMR 公约,并于 1956 年 5 月 19 日在日内瓦由欧洲 17 个国家参加的会议上签订。该公约主要内容包括公约适用范围、承运人责任、合同的签订与履行、索赔与诉讼,以及连续承运人履行合同等。目前该公约有 21 个缔约国,我国未参加该公约。

(2)国际集装箱关务公约(Customs Convention on Containers:CCC 公约)

为简化集装箱本身在国家间的报关手续,由欧洲经济委员会于 1956 年制定,1972 年修订。我国政府于 1986 年 1 月 22 日交存加入书,同年 7 月 22 日生效。

(3)关于在国际公路运输手册担保下开展国际公路货物运输的报关公约(Customs Convention on the International Transport of Goods Under TIR Carnets:TIR 公约)

该公约是欧洲经济委员会于 1959 年制定的,主要针对使用集装箱进行货物运输的报关公约。1975 年进行了修订。

(4)国际货物运输报关公约(Customs Convention on the International Transport of Goods:ITI 公约)

是由海关互助理事会在 TIR 公约修改的同时单独制定的,并于 1971 年通过。主要用于国际货物运输报关,与 TIR 公约内容基本相同,但适用范围更广泛一些,条款内容较细。

(5)国际集装箱安全公约(International Convention for Safe Containers:CSC 公约)

该公约于 1972 年 12 月 2 日在日内瓦召开的"联合国政府间海事协商组织联席的国际集装箱运输会议"上通过,1983 年和 1991 年进行了修订。我国 1980 年 9 月 23 日加入。该公约注意到简化国际集装箱运输的必要性,并以确保集装箱装卸和运输时的人命安全为目的,对集装箱的结构条件、试验、维修检查的义务做了规定。但飞机专用的集装箱不适用该公约。

2.我国公路货物运输涉及的主要法规

(1)《公路货物运输合同》及其实施细则(1987 年 3 月 1 日施行);

(2)《集装箱汽车运输规则》(1996 年 2 月 1 日施行);

(3)《汽车运价规则》(1998 年 10 月 1 日实施);

(4)《汽车货物运输规则》(2000年1月1日实施);

(5)《道路运输条例》(2004年7月1日施行);

(6)《国际道路运输管理规定》(2005年6月1日实施)。

第二节 公路货物运输合同及公路货运单

一、一般公路货物运输合同的订立、变更和解除

1.合同的订立

汽车货物运输合同采用书面形式、口头形式和其他形式。书面形式合同种类分为定期运输合同、一次性运输合同、道路货物运单(以下简称运单)。定期运输合同适用于承运人、托运人、货运代办人之间商定的时期内的批量货物运输。一次性运输合同适用于每次货物运输。承运人、托运人和货运代办人签订定期运输合同、一次性运输合同时,运单视为货物运输合同成立的凭证。在每车次或短途每日多次货物运输中,运单视为合同。

汽车货物运输合同由承运人或托运人本着平等、自愿、公平、诚实、信用的原则签订。

2.汽车货物运输合同的主要内容

(1)定期汽车货物运输合同应包含的基本内容

①托运人、收货人和承运人的名称(姓名)、地址(住所)、电话、邮政编码;

②货物的种类、名称、性质;

③货物重量、数量或月、季、年度货物批量;

④起运地、到达地;

⑤运输质量;

⑥合同期限;

⑦装卸责任;

⑧货物价值,是否保价、保险;

⑨运输费用的结算方式;

⑩违约责任;

⑪解决争议的方法。

(2)一次性运输合同、运单应包含的基本内容

①托运人、收货人和承运人的名称(姓名)、地址(住所)、电话、邮政编码;

②货物名称、性质、重量、数量、体积;

③装货地点、卸货地点、运距;

④货物的包装方式;

⑤承运日期和运到期限;

⑥运输质量;

⑦装卸责任;

⑧货物价值,是否保价、保险;

⑨运输费用的结算方式;

⑩违约责任;

⑪解决争议的方法。

3.汽车货物运输合同的变更和解除

(1)在承运人未将货物交付收货人之前,托运人可以要求承运人中止运输、返还货物、变更到达地或者将货物交付给其他收货人,但应当赔偿承运人因此受到的损失。

(2)凡发生下列情况之一者,允许任何一方变更和解除合同:

①由于不可抗力使运输合同无法履行;

②由于合同当事人一方的原因,在合同约定的期限内确实无法履行运输合同;

③合同当事人违约,使合同的履行成为不可能或不必要;

④经合同当事人双方协商同意解除或变更,但承运人提出解除运输合同的,应退还已收的运费。

(3)货物运输过程中,因不可抗力造成道路阻塞导致运输阻滞,承运人应及时与托运人联系,协商处理,发生货物装卸、接运和保管费用按以下规定处理:

①接运时,货物装卸、接运费用由托运人负担,承运人收取已完成运输里程的运费,退回未完成运输里程的运费;

②回运时,收取已完成运输里程的运费,回程运费免收;

③托运人要求绕道行驶或改变到达地点时,收取实际运输里程的运费;

④货物在受阻处存放,保管费用由托运人负担。

二、公路集装箱货物运输中承运人的责任

公路集装箱货物运输正日益蓬勃发展,在国际货物运输中发挥了重要作用。所以,在此重点介绍一下公路集装箱货物运输承运人的责任。

1.承运人的责任期间

公路集装箱货物运输的承运人对货物的责任期间为接收货物时起至交付货物时止。

2.承运人的免责事项

我国法规对公路货物运输承运人采用严格责任制。《集装箱汽车运输规则》对承运人的免责划分为以下两种情况。

(1)FCL

对箱体完好、封志完整,箱内货物损害灭失不负责。但,承运人负责装拆箱的除外。

(2)LCL

下列情形之一予以免责:

①不可抗力;

②货物包装完整无损而内装货物短损、变质;

③货物的自然损耗和性质变化;

④托运人违反国家有关法令,货物被有关部门查扣、弃置或作其他处理;

⑤其他非承运人责任所造成的损失。

3.承运人对集装箱和箱内货物的责任

(1)承运人对集装箱的目测检查

承运人在接收集装箱时,应对集装箱进行目测检查,检查的主要内容包括:

①外部:损伤、变形、破口等异样;

②内部:六面是否有漏水、漏光、水迹、油迹、残留物、锈蚀;

③箱门:180°开起。

（2）集装箱货物交接责任的划分

承运人对货物的责任以交接划分，货物接前由交方负责，接后由接方负责。但如果在交接后 180 天内，接方能举证货物的损坏或灭失是交方原因造成的，则由交方负责。

（3）货损索赔

①一般原则：公路货物运输造成的货物损坏和灭失，货主应在 180 天内索赔，自收到集装箱货运事故记录次日起算。承运人的赔偿原则是实损实赔。在保价运输下，按申报价赔偿。但是，如果实际损失小于申报价，按实际损失赔偿。

②货物的价值以起运地承运当日价为准：有国家定价，按国家定价；无国家定价，按指导价格或市场调节价格。无前述价格，按限额为 5 元/千克赔偿。

③对于集装箱的损坏赔偿，按箱净值，能修复按修复赔偿。

三、道路货物运单

1.道路货物运单的定义

道路货物运单（road waybill），或称承运凭证（consignment note），行业内亦有称为承运单、托运单。CMR 公约规定："运单是运输合同，是承运人收到货物的初步证据和交货凭证。"

我国《道路货物运单使用和管理办法》规定："道路货物运单是道路货物运输及运输代理的合同凭证，是运输经营者接收货物并在运输期间负责保管和据以交付的凭据，也是记录车辆运行和行业统计的原始凭证。"

2.道路货物运单的组成及作用

我国的道路货物运单分为甲、乙、丙三种：甲种运单，适用于普通货物运输、大件货物运输、危险货物运输等货物运输和运输代理业务；乙种运单，适用于集装箱汽车运输；丙种运单，适用于零担货物运输。

甲、乙种道路货物运单由四联组成：

第一联——存根，作为领购新运单和行业统计的凭据；

第二联——托运人存查联，交托运人存查并作为运输合同当事人一方保存；

第三联——承运人存查联，交承运人存查并作为运输合同当事人另一方保存；

第四联——随货同行联，作为载货通行和核算运杂费的凭证，货物运达，经收货人签收后，作为交付货物的依据。

丙种道路货物运单由五联组成：

第一联——存根，作为领购新运单和行业统计的凭据；

第二联——托运人存查联，交托运人存查并作为运输合同当事人一方保存；

第三联——提货联，由托运人邮寄给收货人，凭此联提货，也可由托运人委托运输代理人通知收货人或直接送货上门，收货人在提货联收货人签章处签字盖章，收、提货后由到达站收回；

第四联——运输代理人存查联，交运输代理人存查并作为运输合同当事人另一方保存；

第五联——随货同行联，作为载货通行和核算运杂费的凭证，货物运达，经货运站签收后，作为交付货物的依据。

运单的主要内容及格式如表 3-2-1、表 3-2-2 表和 3-2-3。

表 3-2-1 辽宁省道路货物运单（甲种）

辽 宁 省 道 路 货 物 运 单

（甲 种）

本运单经承运双方签章后具有合同效力，承运人与托运人、收货人之间的权利义务和责任界限适用于《汽车货物运输规则》及《汽车运输规则》等规定

辽B NO 0027618

运 输 专 用 代 理 章

起运日期： 年 月 日

承运人			地址 邮编		电话 传真		车牌号		运输证号		车型		挂车牌号
托运人			地址 邮编		电话 传真		装货地点						
收货人			地址 邮编		电话 传真		卸货地点						
货物名称及规格	包装形式	体 积 长×宽×高（厘米）	件数	实际重量（吨）	计费重量（吨）	计费里程（公里）	货运周转量（吨公里）	货物等级	运价率	运费金额	其他杂费		保价、保险费
											费用金额	装卸费	
												过路费	
												过桥费	
	合 计						运杂费合计				万 千 百 拾 元 角 分		
货物运单签订地		结算方式		付款币种	计价单位		承运人签章				收货人签章		
				托运人签章或运输合同编号：			年 月 日				年 月 日		
特约事项													

表 3-2-2　山东省道路货物运单（乙种）

山　东　省　道　路　货　物　运　单

（乙种：适用集装箱汽车运输）

第一联　存　根

编号：鲁L № 0133076

本运单经承托运双方签章后具有合同效力，承运人义务和权利义务和责任界限适用于《集装箱汽车运输规则》及《集装箱汽车运价规则》等规定

起运日期：　年　月　日

承运人	地址 邮编		电话 传真		运输证号		车型		箱货交接方式	
托运人	地址 邮编		电话 传真		车牌号		挂车牌号			
收货人	地址 邮编		电话 传真							

| 集装箱箱型及数量 | 箱号 | 封志号 | 接货地点 | | | 提空箱地 | 还空箱地 | 保价、保险金额 | 保险费 |
| | | | 卸箱货地点 | | | | | | |

箱内货物名称及规格

| 包装形式 | 体积 长×宽×高（厘米） | 件数 | 船名 | 航次 | 场站货位 | 卸船或进港日期 | 其他杂费 | | |
| | | | 实际重量（吨） | 计费重量（吨） | 计费里程（公里） | 箱运周转量（箱公里） | 货物等级 | 运价率 | 运费金额 | 装卸费 过路费 过桥费 |

合　计

付款币种	结算方式	计价单位	运杂费合计	万 千 百 拾 元 角 分
货物运单签订地		托运人签章或运输合同编号：	承运人签章	收货人签章
特约事项		年 月 日	年 月 日	年 月 日

表 3-2-3　×××省道路货物运单(丙种:适用汽车零担货物运输)

托运日期:　　年　月　日　　编号:

起运站		到达站		经由		全程		公里				
托运人		地址			电话			邮编				
收货人		地址			电话			邮编				
货物名称及规格	包装形式	体积长×宽×高(厘米)	件数	实际重量(吨)	计费重量(吨)	计费里程(公里)	运价率(千克公里)	运费(元)	站务费	装车费	中转费	仓理费	路桥费	保险、保价费	货位
保险、保价价格:元	合计														
货物运单签订地			起运日期:　年　月　日			运杂费合计		万　千　百　拾　元　角　分							
特约事项			承运人签章　　年　月　日			托运人签章　　年　月　日			货运站收货人签章　　年　月　日						

第三节　公路危险货物运输和超限超载货物运输

一、公路危险货物运输

1.公路危险货物的分类

按 GB 6944—86 的规定,公路危险货物共分 8 类,暂不设第 9 类(铁路设有第 9 类:杂类)。

第 1 类:爆炸品

第 2 类:压缩气体和液化气体

第 3 类:易燃液体

第 4 类:易燃固体、自燃物品和遇湿易燃物品

第 5 类:氧化剂和有机过氧化物

第 6 类:毒害品和感染性物品

第 7 类:放射性物品

第 8 类:腐蚀品

2.公路危险货物运输应具备的条件

(1)凡从事道路危险货物运输的单位,必须拥有能保证安全运输危险货物的相应设施设备。

(2)从事营业性道路危险货物运输的单位,必须具有 10 辆以上专用车辆的经营规模,5 年

以上从事运输经营的管理经验,配有相应的专业技术管理人员,并已建立健全安全操作规程、岗位责任制、车辆设备保养维修和安全质量教育等规章制度。

(3)直接从事道路危险货物运输、装卸、维修作业和业务管理的人员,必须掌握危险货物运输的有关知识,经当地地(市)级以上道路运政管理机关考核合格,发给《道路危险货物运输操作证》,方可上岗作业。

(4)运输危险货物的车辆、容器、装卸机械及其属具,必须符合交通运输部 JT 3130《汽车危险货物运输规则》规定的条件,经道路运政管理机关审验合格。

(5)危险货物运输车辆驾驶员须有两年以上安全驾驶经历或安全行车里程达到 5 万千米以上。

(6)停车库场要保证车辆出入顺畅,并有有关部门批准允许停放危险货物运输车辆的证明。有危险货物专用车辆的,应设置相应数量的封闭型车库。

3.公路危险货物运输的管理

(1)危险货物托运人的义务与责任

①必须向已取得道路危险货物运输经营资格的运输单位办理托运。

②必须在托运单上填写危险货物品名、规格、件重、件数、包装方法、起运日期、收发货人详细地址及运输过程中的注意事项。

③货物性质或灭火方法相抵触的危险货物,必须分别托运。

④对有特殊要求或凭证运输的危险货物,必须附有相关单证,并在托运单备注栏内注明。

⑤托运未列入《汽车运输危险货物品名表》的危险货物新品种,必须提交《危险货物鉴定表》。

凡未按以上规定办理危险货物运输托运,由此发生运输事故,由托运人承担全部责任。

(2)危险货物承运人的义务与责任

①根据托运人填写的托运单和提供的有关资料,予以查对核实,必要时应组织承托双方到货物现场和运输线路进行实地勘察,其费用由托运人负担。

②承运爆炸品、剧毒品、放射性物品及需控温的有机过氧化物、使用受压容器罐(槽)运输烈性危险品,以及危险货物月运量超过 100 t,均应于起运前 10 天,向当地道路运政管理机关报送危险货物运输计划,包括货物品名、数量、运输线路、运输日期等。

③在装运危险货物时,要按《汽车危险货物运输规则》规定的包装要求,进行严格检查。凡不符合规定要求,不得装运。危险货物性质或灭火方法相抵触的货物严禁混装。

④运输危险货物的车辆严禁搭乘无关人员,运行中司乘人员严禁吸烟,停车时不准靠近明火和高温场所。

⑤运输结束后,必须清扫车辆,消除污染,其费用由货主负担。

凡未按以上规定受理托运和承运,由此发生运输事故,由承运人承担全部责任。

(3)凡装运危险货物的车辆,必须按国家标准 GB 1339—2005《道路运输危险货物车辆标志》悬挂规定的标志和标志灯。

(4)全挂汽车列车、拖拉机、三轮机动车、非机动车(含畜力车)和摩托车不准装运爆炸品、一级氧化剂、有机过氧化物;拖拉机还不准装运压缩气体和液化气体、一级易燃物品;自卸车辆不准装运除二级固体危险货物(指散装硫磺、萘饼、粗蒽、煤焦沥青等)之外的危险货物。未经道路运政管理机关检验合格的常压容器,不得装运危险货物。

　　(5)营业性危险货物运输必须使用交通运输部统一规定的运输单证和票据,并加盖"危险货物运输专用章"。

二、公路超限超载货物运输

1.车辆超限超载的标准

　　(1)根据《超限车辆行驶公路管理规定》(交通部 2000 年 2 号令),有下列情形之一的运输车辆即为超限运输车辆:

　　①车货总高度从地面算起 4 m 以上(集装箱车货总高度从地面算起 4.2 m 以上)。

　　②车货总长 18 m 以上。

　　③车货总宽度 2.5 m 以上。

　　④单车、半挂列车、全挂列车车货总质量 40 000 kg 以上;集装箱半挂列车车货总质量 46 000 kg 以上。

　　⑤车辆轴载质量在下列规定值以上:

　　单轴(每侧单轮胎)载质量 6 000 kg;

　　单轴(每侧双轮胎)载质量 10 000 kg;

　　双联轴(每侧单轮胎)载质量 10 000 kg;

　　双联轴(每侧各一单轮胎、双轮胎)载质量 14 000 kg;

　　双联轴(每侧双轮胎)载质量 18 000 kg;

　　三联轴(每侧单轮胎)载质量 12 000 kg;

　　三联轴(每侧双轮胎)载质量 22 000 kg。

　　(2)全国统一治理超限超载阶段,统一认定车辆超限超载的标准为:

　　在集中治理超限超载期间,所有车辆在装载时,既不能超过下列第①至第⑤种情形规定的超限标准,又不能超过下列第⑥种情形规定的超载标准:

　　①二轴车辆,其车货总重超过 20 t 的;

　　②三轴车辆,其车货总重超过 30 t 的(双联轴按照两个轴计算,三联轴按照三个轴计算,下同);

　　③四轴车辆,其车货总重超过 40 t 的;

　　④五轴车辆,其车货总重超过 50 t 的;

　　⑤六轴及六轴以上车辆,其车货总重超过 55 t 的;

　　⑥虽未超过上述五种标准,但车辆装载质量超过行驶证核定载质量的。

　　交通运输部门主要负责第①至第⑤种情形,公安部门主要负责第⑥种情形。

　　2004 年 8 月 20 日,我国八部委联合召开了治理车辆超限超载运输电视电话会议,对上述标准进行了修改:删除由公安部门负责的第⑥种情形,同时对挂车总重和减少轮胎后的车重作出限制,如图 3-3-1 所示。

轴数	车辆形式及相关要求	车货总重量(t)
2	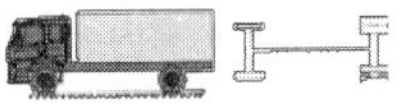	20
3	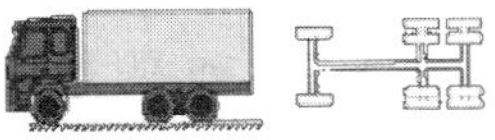	30
4	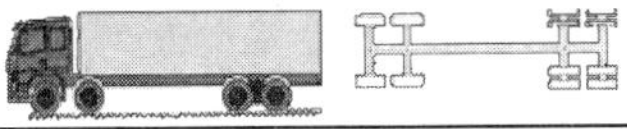	40
5	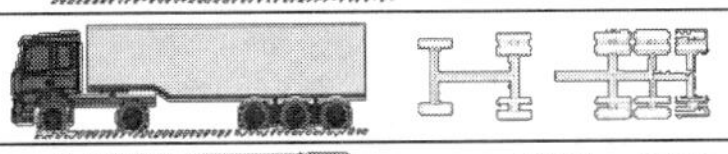	50
≥6	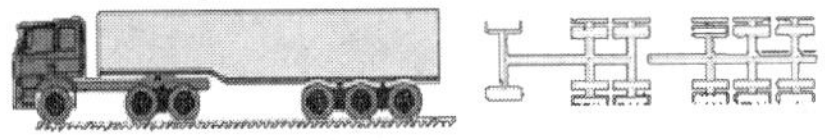	55

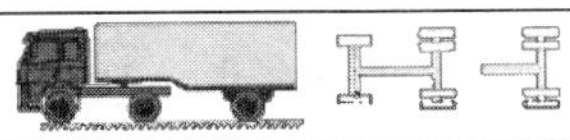

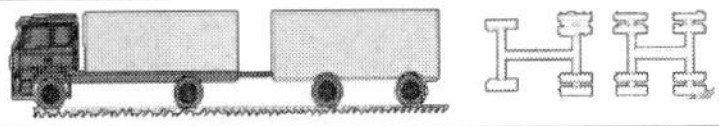

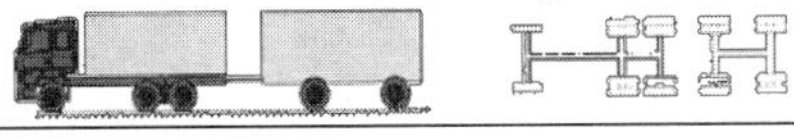

图 3-3-1 车辆超限超载认定标准

注:1.由汽车和全挂车组合的汽车列车1,被牵引的全挂列车的总重不得超过主车的总重。

2.除驱动轴外,上述图示中的并装双轴、并装三轴以及半挂车和全挂车,每减少两轮胎,其总重限值减少4 t。

知识链接

2011年10月13日,交通运输部部长李盛霖在交通运输部、公安部等联合整治车辆超限超载会议中强调:"对于违法超限超载车辆造成重大人员伤亡或者桥梁压垮等重大安全事故的,除按规定追究当事人责任外,还要实行责任倒查,一并追究相关运输业主、企业以及为违法行为提供配载的货主、货运站场经营者的相关责任。"

(3)车辆超限与超载的区别和联系

①车辆超载与超限的区别

车辆超载是指车辆运载的货物重量超过行驶证的核定载质量,而车辆超限是指车辆的轴载质量、车货总质量或装载总尺寸超过国家规定的限值。

②车辆超载与超限的联系

车辆超载但不一定超限。例如,解放牌CA 1091型载货车,其核定载质量5 t,若载货到6 t,这时它的前轴载为2.569 t(单轴每侧单轮胎,限制轴载6 t),后轴载为7.876 t(单轴每侧双轮胎,限制轴载10 t)。它是超载车,但它的轴载质量和车货总质量均未超限。

车辆超限但不一定超载。大力SH 3603自卸车,自重27.8 t,额定载重31.8 t,总重59.6 t

(限制车货总质量为 40 t)。当它满载时,前轴载 20.3 t(单轴每侧单轮胎,限制轴载 6 t),后轴载 39.3 t(双轴每侧双轮胎,限制轴载 18 t)。它虽未超载,但轴载和总质量都远远超限。

2.车辆超限超载的危险性

(1)超限运输严重损害公路和桥梁

大量超过公路、桥梁限载标准的运输车辆在公路上行驶,致使公路严重损坏,大大地缩短了其使用年限。根据《公路工程技术标准》的规定,我国公路路面的设计荷载为单轴双轮荷载 10 kN。公路若按这个荷载承载,在理论上,公路的使用寿命接近设计年限。但若车辆作用于路面的实际荷载超过路面的设计荷载,那么公路的使用寿命将大大缩短。根据《公路沥青路面设计规范》和《公路水泥路面设计规范》进行理论计算,将车辆实际轴载换算为标准轴载,当车辆轴载质量超过标准轴载质量一倍时,车辆行驶沥青路面一次相当于标准车辆行驶 256 次;车辆行驶水泥路面一次相当于标准车辆行驶 65 536 次,可见,超限运输车辆对路面的损坏是成几何级数增加的。研究结果和实践也表明,轴重的超限会使水泥路面的使用年限缩短 40% 左右,沥青路面缩短 20%~30%。一条使用年限为 15 年的高速公路,如经常进行超限运输,则一般只能使用 8 年左右。超限车辆是造成公路使用寿命折减的头号杀手。超限运输还给国家造成了巨大的经济损失。据不完全统计,109 国道北京境内 47 公里路段系 1996 年投资 3 760 万元建成,由于运煤车辆超载,改造后仅一年时间,公路路面全部损坏,桥梁涵洞也不同程度损毁,直接经济损失达 3 000 多万元。山东省枣庄至木石一级汽车专用公路于 1995 年建成通车,设计使用年限 20 年,由于超限运输,仅使用 3 年 4 个月,水泥混凝土路面破损 15 万多平方米,破损率达 23%。其中,南半幅路面因超限车辆行驶较多,破损率达 44%;北半幅路面因超限车辆少,破损率只有 1.3%,二者差异极为明显。

超限运输对桥梁的安全也构成了重大威胁。车辆严重超限,即使设计标准较高的水泥混凝土桥梁也会产生桥梁挠度增大,水泥混凝土过早开裂,逐步引起钢筋锈蚀,缩短桥梁寿命。在桥梁的薄弱环节,如伸缩缝接口的钢材焊口开焊破坏,桥头填土下沉产生桥头跳车,甚至还可能由于车辆荷载超过桥梁设计极限使桥梁损毁崩塌。桥梁设计荷载在 20 世纪 70 年代大体为汽车－15 级,以后提高到汽车－20 级。目前,干道上少数桥梁的荷载标准为汽车一超 20 级。正常的黄河 150 型车,总重 15 t,后轴重 100 kN,合乎汽车－15 级标准。如果超载 60%,后轴为 133 kN,即大于汽车－20 级标准(后轴荷载 130 kN);如果超载 100%,后轴重 155 kN,将大于汽车一超 20 级的重车标准(后轴荷载 140 kN)。天津彩虹大桥是 1998 年建成的,造价 3.8 亿元人民币,通行一年半,因大型超限车辆过多,引桥桥面的半刚性基层破坏,已经重修。江阴大桥路面质量与世界 6 座著名桥梁等同,其中,土耳其博斯普鲁斯海峡大桥日交通量为 10 万辆,通车 12 年桥面完好,可是,江阴大桥日交通量 2.75 万辆,其中超限车辆约占 50% 以上,而超限 30% 以上的车辆又占超限车总量的 70% 以上,其中不乏超限百分之百的车辆。因超限车辆过多,通车仅两年,重车道就开始有局部损坏。京沪高速公路全线通车后一年时间桥面被压得支离破碎,大桥不堪重负,桥梁局部钢结构出现变形;平坦的路面出现大面积龟裂,桥面沥青层原为 5 cm,由于超限车的无情辗压,凹凸不平的桥面,有的面层厚度达 8 cm,有的仅 1 cm,路面龟裂严重处竟能插进两指。其中,由北向南的车道"伤情"尤为严重。

(2)超限运输车辆严重影响交通安全

近年来我国发生的一系列群伤群死重大交通事故,许多与车辆的超限超载有关。车辆严重超限,使车辆的技术状况大大降低,车辆的行驶稳定性、刹车性能、悬挂承荷能力、转向可靠度趋差,轮胎爆胎可能性增大,极易引发交通安全事故。另一方面,汽车长时间超负荷工作,磨损加剧,车辆使用寿命大大缩短。据了解,京沪高速公路江苏沂淮段在一年时间内因车辆超限所造成的交通事故共46起,死亡61人,伤123人。广东京珠高速公路粤境北段开通半年就已经死了80多人,经交警交通部门的专家分析,与车辆严重超载超限有直接关系。

(3)超限运输严重扰乱运输市场秩序,引起恶性竞争

超限者,利益为目的。由于运输市场运力供大于求,竞争激烈。承运者为争揽货源,竞相降低运输价格,以低运价吸引货主。压价的结果使社会必要运输价格低于正常运价水平。为了弥补降价造成的经济损失,车主采用多装和逃避交通规费的办法获得补偿,使运力过剩的矛盾更加突出:拉不到货的车主则以更低的运价争揽货源,又以更多的超载来减少亏损。于是陷入一个“超载—运力过剩—压价—再超载”的循环往复、愈演愈烈的怪圈。因为竞相超限运输,部分汽车制造厂家被利益驱动,迎合市场,非法生产“大吨小标”汽车和非法进行汽车改装,使超限运输呈规模化,进一步加剧超限运输。同时,由于国家对运输市场的调控力度不足,法规滞后,不能从根本上对车辆超限现象及时予以整治,放任了对超限车辆的管理,在一定程度上又增加了运输市场的无序竞争。

(4)超限运输扰乱了国家养路费和路桥收费政策,制造新的不公平

由于所有公路收费都是按车辆核定的吨位收费,超限车辆装载量超过核定的装载量,使平均每吨位实际交费额减少,降低了单位运输成本。这样,在同样运价水平时,超载运输者就可获得比守法经营者更多的利润。对于国家来讲,漏征了大量规费,对于遵纪守法的人来说,无疑是不公平的。运输者为了提高其利润水平,降低运输成本,少交费,是降低成本增加收入的手段之一。

(5)超限运输降低了公路的使用效率,污染环境

严重超限车辆一般车速都很低,有的不足40 km/t,由于走不快,且由于超限车的车体大,影响后车通行,常常造成交通阻塞,使公路的使用效率大大降低。特别是高速公路,高速公路对货车的设计时速一般在70 km以上,而严重超限车辆一般只能行驶三四十千米,有的更低,造成高速公路低速行驶的尴尬局面。另外,超限车辆由于荷载大,在起步、爬坡时大冒黑烟,造成路面和环境的污染。

3. 车辆超限超载的管理及法律责任

(1)车辆超限超载的管理

原则上不允许车辆超限超载。特殊情况下,要经公路管理机构的批准,取得《超限运输车辆通行证》。车辆除持有该证外,还要悬挂明显标志,按公路管理机构核定的时间、路线和时速行驶。超限运输车辆通过桥梁时,时速不得超过5 km,且应匀速居中行驶,严禁在桥上制动或变速。

(2)车辆超限超载的法律责任

在公路上擅自超限超载运输的,县级以上交通运输部门或其授权委托的公路管理机构,应当责令承运人停止违法行为,接受调查、处理,并可处3万元以下的罚款。对公路造成损害的,还应按公路赔(补)偿标准给予赔(补)偿。

知识链接

承运公路超限货物的申请期限

序号	货物种类	申请期限
1	车货总质量在 40 000 kg 以下,但其车货总高度、长度及宽度超过《超限运输车辆行驶公路管理规定》第三条第(一)、(二)、(三)项规定的超限运输	承运人应在起运前 15 日提出书面申请
2	车货总质量在 40 000 kg 以上(不含 40 000 kg)、集装箱车货总质量在 46 000 kg(含 46 000 kg)与 100 000 kg 之间的超限运输	承运人应在起运前 1 个月提出书面申请
3	对于车货总重在 100 000 kg(不含 100 000 kg)以上的超限运输	承运人应在起运前 3 个月提出书面申请

第四节　公路货物运费的计收

一、普通货物运费的计收方法

(1)以吨公里计收

计费重量×计费里程×(运价率+加乘率或减乘率)

(2)以吨计收

计费重量×(运价率+加乘率或减乘率)

二、集装箱汽车运费计收方法

(1)计程运价:元/箱公里

计费里程×箱数×(运价率+加乘率或减乘率)

(2)包箱运价:元/箱

箱数×(运价率+加乘率或减乘率)

(3)计时运价:元/吨位小时

计费吨位×时间×(运价率+加乘率或减乘率)

计时运价主要用于以下几种情形:车辆无法计算里程,或因货物性质、体积限制不能按常速行驶;装卸次数频繁,时间过长;托运人须自行确定车辆开停时间。

(4)包车运价:元/车小时或元/车

三、汽车货物运输的其他费用

(1)调车费:应托运人要求,车辆调出所在地而产生的车辆往返空驶,计收调车费。

(2)延滞费:车辆按约定时间到达约定的装货或卸货地点,因托运人或收货人责任造成车辆和装卸延滞,计收延滞费。

(3)装货落空损失费:因托运人要求,车辆行至约定地点而装货落空造成的车辆往返空驶,计收装货落空损失费。

（4）排障费：运输大型特型笨重物件时，须对运输路线的桥涵、道路及其他设施进行必要的加固或改造所发生的费用，由托运人负担。

（5）车辆处置费：因托运人的特殊要求，对车辆改装、拆卸、还原、清洗时，计收车辆处置费。

（6）在运输过程中，国家有关检疫部门对车辆的检验费以及因检验造成的车辆停运损失，由托运人负担。

（7）装卸费：货物装卸费由托运人负担。

（8）通行费：货物运输须支付的过渡、过路、过桥、过隧道等通行费由托运人负担，承运人代收代付。

（9）保管费：货物运达后，明确由收货人自取的，从承运人向收货人发出提货通知书的次日（以邮戳或电话记录为准）起计，第 4 日开始核收货物保管费；应托运人的要求或托运人的责任造成的需要保管的货物，计收货物保管费，货物保管费由托运人负担。

实训项目

项目任务：公路货物运输合同的订立

北京 AA 公司有一批日用品要运往天津，收货人是 BB 商场。货物重 24 t，体积 50 m³。假如你是 AA 公司的业务员，经理让你尽快找一家运输公司，在保证货物运输质量前提下，尽量节省开支。你经过筛选，最后选定了 CC 物流公司。以下是 CC 物流公司的报价情况：

整车运输：12.5 m 半挂车，1 900 元/车，载货重量 35 t。

零担运输：0.4 元/吨·公里。

公路运输卡车的货箱尺寸有以下几种主力型号：

货箱长	车厢内宽	实际载货能力
7.2 m	2.2～2.3 m	11 t 以下
8.6 m	2.3 m	10～15 t
9.6 m	2.3 m	15～25 t
12.5 m	2.3～2.4 m	15～100 t

（1）请你设计最佳的运输方案。

📖 提示：好运物流网 www.haoyun56.com

（2）计算该票货的运费。

📖 提示：体积和重量的折算公式是：每 4 dm³ 折合 1 kg。

（3）填写相应的道路货物运单。

法律思考

司机把货拉跑了怎么办?

苏某在 A 市经营一家运输信息服务中介公司,为个体司机提供货运信息。2001 年 6 月 14 日,B 市机床厂销售经理秦某打来电话,告诉苏某该厂有一批机床 6 月 20 日要去四川,希望苏某为其找一辆载重 20 t 的货车,同时,秦某也将此消息告诉了另外几个类似的 A 市中介。6 月 17 日,个体司机杨某向苏某寻找待运货运信息,苏某便将秦某的消息告诉了杨某,并开具一张介绍信给杨某。

介绍信声明:"托运人应验证该司机的证件是否真实,本中介公司不承担担保责任。"杨某持介绍信见秦某,将身份证、驾驶执照、车牌证明等证件及其复印件交予秦某检查,并与秦某口头约定运费,从 B 市机床厂将一批价值约 60 万元的机床装车拉走,机床厂没有派人押车。

杨某连车带货潜逃。后查,所有证件均是伪造的。机床厂遂起诉苏某,认为苏某接受秦某寻找司机的委托,未尽审查义务,应承担赔偿责任。

试析本案。

分析本案的关键是:苏某与机床厂(或秦某)的法律关系是否是委托关系。

深度探讨

我国货运车辆挂靠问题

所谓机动车辆挂靠经营,是指个人(以下简称挂靠者)出资购买车辆而以客货运输企业(以下简称挂靠单位)为车主登记入户,并以其名义进行客货运输经营,由挂靠单位提供适于营运的法律条件,如客车经营线路、货车各种营运手续等,并收取相应的管理费或有偿服务费的经营方式。

讨论引导:

(1)为什么会出现货运车辆挂靠?

(2)货运车辆挂靠存在哪些问题?

(3)货运车辆发生交通事故,责任如何承担?(提示:视车辆挂靠的紧密关系。)

(4)我国货运车辆挂靠将何去何从?

第四章   国际铁路货物运输

本章将系统介绍国际铁路货物运输的基础知识、国际铁路货物联运的业务操作和运单的填制及国际铁路货物联运的运费计算方法。

第一节   国际铁路货物运输的基础知识

一、铁路轨距(rail gauge)

欧亚大陆铁路轨距按其大小不同,可分为宽轨、标准轨和窄轨三种:标准轨的轨距是1 435 mm;大于标准轨的宽轨,其轨距多为1 524 mm和1 520 mm;小于标准轨的为窄轨,其轨距多为1 067 mm和1 000 mm(1 000 mm轨距又称"米轨")。我国铁路基本采用标准轨距,台湾省和海南省铁路轨距为1 067 mm。

知识链接

我国周边国际铁路联运国家铁路轨距

独联体国家:宽轨1 520 mm;

蒙古:宽轨1 524 mm;

朝鲜:标准轨距1 435 mm;

越南:米轨1 000 mm,但凭祥一段为准轨和米轨的混合轨。

二、车辆及其标记

1.**车辆**(freight cars)

铁路车辆可分为客车和货车两大类。铁路货车的种类很多,下文将从各种不同的角度对其进行介绍。

(1)按照车型/用途划分

可分为通用货车和专用货车两大类。

①通用货车

又可分为棚车、敞车和平车三类。

i.棚车(covered cars)。棚车车体由端墙、侧墙、棚顶、地板、门窗等部分组成,用于运送比较贵重和怕潮湿的货物。

ii.敞车(open cars)。敞车仅有端、侧墙和地板,主要装运不怕湿损的散装或包装货物。必要时也可以加盖篷布装运怕潮湿的货物。所以,敞车是一种通用性较大的货车,灵活性较大。

iii.平车(flat cars)。大部分平车车体只有一平底板,部分平车装有很低的侧墙和端墙,并且能够翻倒,适合于装载重量、体积或长度较大的货物。也有将车体做成下弯的凹底平车或一部分不装地板的落下孔车,供装运特殊长大重型货物,因而也称做长大货物车。

知识链接

我国铁路通用货车技术参数表

车种	车型	自重(t)	载重(t)	车内容积(m³)	车内尺寸(m)			计费重量(t)	特点
					长	宽	高		
平车	N 17	20	60		13	2.9		60	装运大件货
敞车	C 62	20.6	60	68.8	12.5	2.8	2	60	装运散装货
棚车	P 62	24	60	120	15.5	2.8	2.7	60	装运贵重货

②专用货车

是专供装运某些指定种类货物的车辆,它包括:

i.集装箱货运专用车。我国集装箱专用车发展较晚,主要有 X6A 型、X6B 型、XN17 型、X2K 型、X4K 型等,其中 X6A 型目前使用最多,X2K 型是双层集装箱平车。

知识链接

我国铁路集装箱专用车技术参数表

	X6A 型	X4K 型	X2K 型
标记载重(吨/辆)	60	72	78
装箱个数(标箱/辆)	2	1~3	4

ii.保温车。车体与棚车相似,但其墙板由两层壁板构成,壁板间用绝缘材料填充,以减少外界气温的影响。保温车主要用于运送新鲜蔬菜、鱼、肉等易腐货物。

iii.罐车。车体为圆筒形,罐体上没有装卸口。为保证液体货物运送时的安全,还设有空气包和安全阀等设备。罐车主要用来运送液化石油气、汽油、盐酸、酒精、散装水泥等液体货物。

iv.家畜车。主要运送活家禽、家畜等的专用车。车内有给水、饲料的储存设施,还有押运人乘坐的设施。

此外,专用车还有煤车、矿石车、矿砂车等。

(2)按载重量分

我国的货车可分为 20 t 以下、25~40 t、50 t、60 t、65 t、75~90 t 等各种不同的车辆。为适应我国货物运量大的客观需要,有利于多装快运和降低货运成本,现以制造 60 t 车为主。

(3)按轴数分

车辆可分为四轴车、六轴车和多轴车等。我国铁路以四轴车为主。

(4)按制作材料分

钢骨车,车底架及梁柱等主要受力部分用钢材,其他部分用木材制成,因而自重轻、成本低。

全钢车,坚固耐用、检修费用低,适合于高速运行。

低合金耐候钢材车,更能满足重载、高速的要求。

此外,还有用铝合金、玻璃钢等材料制作的货车。

2.车辆标记(mark of car)

为了表示车辆的类型及其特征,便于使用和运行管理,在每一铁路车辆车体外侧都应具备规定的标记。一般常见的标记主要有:

(1)路徽:凡中国铁道部所属车辆均有人民铁道的路徽。

(2)车号:是识别车辆的最基本的标记。车号包括型号及号码。型号又有基本型号和辅助型号两种。

基本型号代表车辆种类,用汉语拼音字母表示。我国货车的种类及基本型号如表 4-1-1 所示。

表 4-1-1　部分货车基本型号表

车种	基本型号	车种	基本型号
棚车	P	保温车	B
敞车	C	集装箱专用车	X
平车	N	家畜车	J
砂石车	A	罐车	G
煤车	M	水泥车	U
矿石车	K	长大货物车	D

辅助型号代表车辆的构造型式,用阿拉伯数字和汉语拼音组合表示:如 P64A,表示该棚车 64A 型的结构。

号码编在车辆的基本型号和辅助型号之后。车辆号码是根据车种和载重按顺序分别编号,如:P82,3319324。

(3)配属标记:对固定配属的车辆,应标上所属铁路局和车辆段的简称,如"京局京段"。

(4)载重:即车辆允许的最大装载重量,以吨为单位。

(5)自重:即车辆本身的重量,以吨为单位。

(6)容积:为货车(平车除外)可供装载货物的容量,以立方米为单位。

(7)车辆全长及换长:车辆全长指车辆两端钩舌内侧的距离,以米为单位。在实际业务中,习惯上将车辆的长度换算成车辆的辆数,即全长除以 11 m 所得的商表示车辆的换算长度,简称换长。

(8)特殊标记:根据货车的构造及设备情况,在车辆上还涂打各种特殊标记,例如:

MC——表示可以用于国际联运;

人——表示具有床托可以输送人员的棚车;

古——表示具有栓马环或其他拴马装置的货车。

三、国际铁路货物联运

1.国际铁路货物联运的概念

国际铁路货物联运,简称国际联运,是指在两个或两个以上国家铁路运送中,使用一份运送票据,无须发、收货人参加,而由铁路负责办理全程货物运输的一种运输方式。

2. 国际铁路货物运输的两大公约——《国际铁路货物运输公约》和《国际铁路货物联运协定》

(1)《国际铁路货物运输公约》

《国际铁路货物运输公约》(Convention Concerning International Carriage of Goods by Rail;CIM 公约,以下简称《国际货物公约》),又称《伯尔尼公约》。国际铁路货物联运始于 19 世纪后半期,欧洲国家于 1886 年建立了国际铁路常设机构——"国际铁路协会"。1890 年,欧洲各国外交代表在瑞士首都伯尔尼举行会议,通过了《国际铁路货物运输规则》,后更名为《国际铁路货物运输公约》,1893 年 1 月 1 日实行,后经多次修改,至今仍在使用。目前,缔约国遍及欧亚北非共 33 个国家。我国没有参加该公约。

(2)《国际铁路货物联运协定》

1951 年 11 月,阿尔巴尼亚、保加利亚、匈牙利、德意志民主共和国、波兰、罗马尼亚、苏联、捷克斯洛伐克共和国等 8 个国家签订了《国际铁路货物联运协定》,简称《国际货协》。1954 年 1 月 1 日,中国、朝鲜、蒙古加入;1956 年 6 月,越南加入。后经 7 次修改,如今使用的是 1974 年文本。1990 年,德国统一,德意志民主共和国终止参加。1991 年,匈牙利、捷克共和国等也终止参加。《国际货协》是我国进行国际铁路货物联运最主要的法律依据。

3. 国际铁路货物联运办理种别

根据发货人托运的货物数量、性质、体积和状态等条件进行办理:

(1)整车货物(full car load;FCL)

凡按一张运单办理的一批货物,须单独车辆运送的,作为整车货物。

(2)零担货物(less than car load;LCL)

凡按一张运单办理的一批货物,重量不超过 5 000 kg,并按其体积不需要单独车辆运送的,即为零担货。

(3)大吨位集装箱货物

按一份运单托运的用大吨位集装箱运输的货物或空的集装箱。

知识链接

铁路集装箱技术参数表

集装箱类型	内部尺寸 mm	自重 kg	总重 kg	容积 m³
1 t 箱	830×1 264×1 150	175	1 000	1.21
5 t 箱	18 522×2 352×2 335	940	5 000	10.02
10 t 箱	2 921×2 402×2 396	1 618	10 000	16.81
20 ft 箱	5 879×2 352×2 378	2 250	24 000	33.2
40 ft 箱	12 012×2 352×2 378	4 100	30 480	76.3

4. 国际铁路货物联运的运输限制

(1)在国际铁路直通货物联运中,下列货物不准运送

①参加运送铁路的任一国家禁止运送的物品;

②属于参加运送铁路的任一国家邮政专运物品;

③炸弹、弹药和军火,但狩猎和体育用的除外;

④爆炸品、压缩气体、液化气体或在压力下溶解的气体、自燃品和放射性物质;

⑤一件重量不足 10 kg ,体积不超过 0.1 m³ 的零担货物;

⑥在换装联运中使用不能揭盖的棚车运送一件重量超过 1.5 t 的货物。

(2)下列货物只限按整车办理,不得按零担运送

①需要冷藏、保温或加温运输的货物;

②限按整车办理的危险货物;

③易于污染其他货物的污秽品;

④蜜蜂;

⑤未装容器的活动物;

⑥不易计算件数的货物。

5.我国进行国际铁路联运的主要铁路线

我国进行国际铁路联运的主要铁路线分述如下。

(1)滨洲线

滨洲线自哈尔滨起,向西北至满洲里,通过我国的边境口岸满洲里,到俄罗斯的后贝加尔与西伯利亚铁路相连接。滨洲铁路是我国通往邻国的几条铁路干线中最重要的铁路。

(2)滨绥线

滨绥线自哈尔滨起,向东至绥芬河,该线通过俄罗斯的格罗迭科沃车站与俄罗斯远东地区的铁路相连。我国运往俄罗斯远东地区的货物,一般都经过滨绥线绥芬河车站。

(3)图珲线

图珲线从图们到珲春,和俄罗斯的卡梅绍娃亚国境站相连接。

以上三条是中俄铁路间的国际铁路联运线,俄罗斯铁路是宽轨(1 520 mm 轨距)。我国进口货物和车辆在我方国境站办理换装和交接,出口货物和车辆则在对方国境站办理换装和交接。

(4)集二线

集二线是京包线的集宁站向西北到二连浩特,在蒙古的扎门乌德国境站换装。它是我国通往蒙古的重要铁路干线,也是我国通往俄罗斯的另一条铁路干线。

蒙古铁路是宽轨(1 520 mm 轨距)。我国进口货物和车辆在我方国境站办理换装和交接,出口货物和车辆则在对方国境站办理换装和交接。

(5)北疆线

北疆线从乌鲁木齐到阿拉山口,在德鲁日巴与哈萨克斯坦的铁路接轨。该铁路线于 1992年 12 月正式营运(货运)。

哈萨克斯坦铁路是宽轨(1 520 mm 轨距)。我国进口货物和车辆在我方国境站办理换装和交接,出口货物和车辆则在对方国境站办理换装和交接。

(6)沈丹线

从沈阳到丹东,越过鸭绿江在新义州与朝鲜铁路相连。

(7)长图线

从长春到图们,横过图们江在南阳与朝鲜铁路相连。

（8）梅集线

梅集线自梅河口至集安，越过鸭绿江南通朝鲜满浦车站。

沈丹线、长图线和梅集线是中朝之间的国际铁路货物联运线。我国铁路主要采用标准轨距，朝鲜铁路也是准轨，中朝铁路联运货车可以相互过轨。我国进口货物和车辆在我方国境站办理交接，出口货物和车辆则在对方国境站办理交接。

（9）湘桂线

湘桂线从湖南衡阳起，经广西柳州、南宁到达终点站凭祥，与越南铁路在同登相接轨。

（10）昆河线

昆河线是从云南昆明到河口，与越南铁路在老街相接轨。

湘桂线和昆河线是中越之间的国际铁路货物联运线。越南铁路主要是米轨（1 000 mm 轨距），但连接我国铁路凭祥的一段铁路，为准轨和米轨的混合轨。我国铁路同越南铁路间经由凭祥的联运货车可以相互过轨，货物和车辆的交接暂在凭祥站办理。我国昆明铁路局的部分铁路是米轨，同越南铁路间经由山腰的联运货车也可以相互过轨，我国进口货物和车辆在山腰站办理交接，出口货物和车辆在新铺站办理交接。须经昆明铁路局准轨、米轨换装的联运货物，除有特定者外，暂不办理。

四、铁路保价货物运输

1. 保价运输的概念

保价运输是指运输企业与托运人共同确定的，以托运人申明货物价值为基础的一种特殊运输方式。保价就是托运人向承运人声明其托运货物的实际价值。凡按保价运输的货物，托运人除缴纳运输费用外，还要按照规定缴纳一定的保价费。保价运输是针对铁路实行限额赔偿而规定的，它是铁路运输合同的组成部分，是保证托运人、收货人能得到及时合理的赔偿的一种赔偿形式。在发生承运人的责任赔偿时，铁路要按照货物保价运输办法的规定给予赔偿。

2. 我国铁路实行保价运输的原因

开办保价运输是我国《铁路法》规定的，是铁路运输企业处理托运人提出赔偿要求的一种形式，是保证铁路与托运人（收货人）权益对等的一种手段，是针对限额赔偿作出的规定。在铁路运输中实行限额赔偿是国际上通行的做法。例如：我国《铁路货物运输规程》第 56 条规定，不保价运输的，不按件数只按重量承运的货物，每吨最高赔偿 100 元；按件数和数量承运的货物，每吨最高赔偿 2 000 元；个人托运的搬家货物，行李每 10 kg 最高赔偿额为 30 元。实际损失低于上述赔偿限额的，按货物实际损失的价格赔偿。为维护托运人的合法权益，从法律上给托运人一条出路，就是开办保价运输。这样托运人只要支付少量的保价费，在货物发生损失时，就可以得到全额赔偿。这对双方来说都是比较合理的。

3. 办理保价运输的程序

（1）国内铁路货物的保价运输程序

托运人办理保价运输时，无须过多手续，只需在货物运单"托运人记载事项"栏内注明"保价运输"字样，并在"货物价格"栏内填写托运物品的实际价格，此批物品的实际价格即为托运货物的保价金额。

货物的实际价格除货物自身的价格外，不包括铁路承运前已发生的税款、包装费用和运输费用。

按保价运输的货物，不得只保其中一部分。保价率不同的物品作为一批托运时，应分项填写品名及保价金额,保价费分别计算。保价率不同的物品合并填记时,适用于其中最高的保价率。保价费与运费分项计算,一次收清,不另起保单。保价运输的货物发生损失时,按照实际损失赔偿,最高不超过保价额,一部分损失,按损失部分所占比例乘以保价金额赔偿。

(2)我国国际铁路联运中办理保价运输的程序

①出口货物的保价运输,由发站办理至出口国境站;进口货物的保价运输,由进口国境站办理至到站。

②发货人或其代理人与收货人或其代理人,根据自愿的原则,可在发站办理出口货物的保价运输,或在国境站办理进口货物的保价运输。

③出口货物办理保价运输时,发货人或其代理人须在国际货协运单"发货人的特别声明"(第4栏)内注明"国内段保价运输"字样,并在"货物名称"(第11栏)内注明货物的保价金额。

进口货物办理保价运输时,收货人或其代理人须向国境站提交"进口货物保价运输申请书"(附格式)一式三份。一份交收货人或其代理人,一份交国境站,一份由国境站报主管分局收入检查室。

保价金额应按全批货物贸易合同的实际价格(均折合人民币计价)填写,不得只保其中的一部分。

④办理保价运输的国际联运货物,铁路须向发货人或收货人(均包括代理人)核收货物保价费。货物保价费率按国内货物保价费率表的规定计算。

⑤发货人或其代理人办理出口货物保价运输时,为核收货物保价费,发站应在运单和带号码的补充运行报单第54栏杂费处,记载"26′",并填写保价费款额;在第83和87、87′栏内,填写包括保价费在内的合计款额;在第91栏内注明"保价费××元"字样。

⑥收货人或其代理人办理进口货物保价运输时,国境站应单独编制带号码的补充运行报单一式三份,一份留站存查,一份交收货人或其代理人,一份报主管分局。在带号码的补充运行报单第11栏"货物名称"栏内记载货物名称和保价金额;在第54栏杂费处记载"26",并填写保价费款额;在第85和89、89′栏内,记载向收货人或其代理人核收的保价费金额;在第91栏内注明"保价费××元"字样;在第46栏内加盖国境站日期戳记;其余栏目按运单相应栏目的内容填写。在运单第93栏"铁路记载"内注明"第××号进口货物保价运输申请书"。

⑦保价货物在国内段发生灭失、短少、变质、污染、损坏时,凡由于铁路责任造成的,铁路负责赔偿。国内发货人或收货人(包括代理人)提出赔偿请求时,铁路按国内有关规定赔偿。

4.对保价货物损失的处理和赔偿

(1)及时向铁路承运人提出索赔

在铁路运输过程中,如果货物发生灭失、短少、变质、污染、损坏,须在车站提取货物时检查货物现状,核对铁路货运记录内容相符后,在货运记录"收货人"栏内签名,领取货运记录(货主页),并自领到货运记录的次日起180日内向到站或发站提出赔偿。如果货物超过运到期限,须向到站提出查询。经过30日(鲜活货物超过运到期限),仍不能在到站交付货物时,托运人或收货人可按货物灭失向到站或发站提出赔偿要求。

(2)铁路对保价货物损失的赔偿

所有货物损害、灭失的索赔不外乎以下三种赔偿方法:办理保价运输的赔偿、未办理保价运输的赔偿和办理保险运输的赔偿。铁路对保价货物的赔偿工作应遵守主动、迅速正确、合理平等的原则,属承运人责任造成的货物损失,要主动向托运人或收货人赔偿。办理赔偿的最长期限,自车站接受赔偿书的次日起到填发"保价货物赔偿通知书"时止,款额在 3 000 元以下的为 10 天,款额超过 3 000 元未满 50 000 元的为 20 天,5 万元以上的为 30 天。

(3)在办理索赔手续时,须向车站提供索赔的证明文件

①货物运单(原件)。

②货运记录(原件)。

③赔偿要求书。

④与该事故有关的其他证明文件:

货票报销联(原件或加盖财务专用章的复印件);

证明货物价值的有关材料;

物品清单(在发站没有填制的除外);

领货凭证(货物全批灭失时须提供);

事故货物鉴定书(无须签定的除外)。

(4)填写赔偿要求书的注意事项

①填写内容准确、清楚;发生涂改,须在涂改处加盖索赔人印章。

②"提赔单位名称或姓名""提赔单位(公章)、姓名(名章)"栏的内容必须与货物运单记载的收货人或托运人相符。委托他人代理时应有委托书或委托证明。

③结算的银行名称与账号必须填写完整,领款地点与通信地址一致,并注明邮政编码。

(5)下列原因造成的货物损失,铁路承运人不承担赔偿责任

①不可抗力。

②货物本身的自然属性或者合理损耗。

③托运人及其押运人的过错。

第二节　国际铁路货物联运业务流程

一、国际铁路联运出口货物运输实务流程

1.出口货物的托运

具有批准的出口运输计划是进行货物托运与承运的前提,托运与承运的过程实际就是铁路与发货人之间签订运输合同的过程。

(1)托运与承运

货物托运是发货人向铁路提出委托运输的行为。发货人向车站提出货物运单和运单副本,以此作为货物托运的书面申请。车站在运单上登记货物应进入车站的日期或装车日期,即表示受理托运。整车货物一般在装车完毕,发站在货物运单上加盖承运日期戳,即为承运。

零担货物的托运与整车货物不同,发货人在托运时,不要求编制月度要车计划,凭运单直接向车站申请托运。车站将发货人托运的货物,连同货物运单一同接收完毕,在货物运单上加盖承运日期戳记时,即表示货物业已承运。

国际铁路联运出口整车货物 FCL 运输流程图(图 4-2-1)如下:

托运、承运完毕,以运单为具体表现的运输合同即开始生效,铁路按《国际货协》的规定对货物保管、装车并运送到指定目的地负责任。

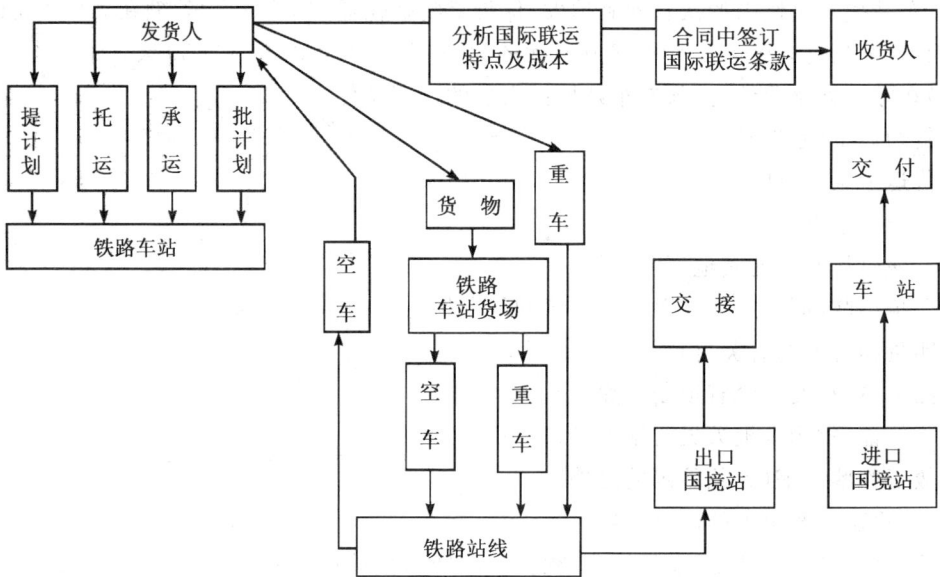

图 4-2-1　FCL 运输流程图

（2）对货物托运的有关要求

发货人向铁路托运货物时，应做以下工作：

①货物的品质、规格、数量须符合合同的规定。凡需要商品检验和检疫的商品，应及时做报验工作。

②托运时应认真过磅，细致查点件数，并将重量和件数正确记载在运单上，另外还应遵守下列规定：

i.用敞车类货车运送不盖篷布或苦盖篷布而不加封印的整车货物，在承运时，如总件数不超过 100 件，发货人在运单中应记载货物的件数和重量；如总件数超过 100 件，发货人在运单中只记载货物的重量，并在运单"件数"栏内记载"堆装"字样。

ii.整车运送小型无包装精制品时，只按重量承运，不计件数。发货人应在运单"件数"栏内注明"堆装"字样。

iii.发货人应尽可能按标记重量或标准重量托运货物，以减少货物过磅确定重量的手续。

③货物的包装应能充分保证防止货物在运送中灭失和损坏，防止毁坏其他货物和运输工具以及伤害人员。

④发货人应在货件上作字迹清晰、不易擦掉的标记，或栓挂货签。对整车货物（堆装货物除外），应在接近车门的货件上作标记，每车不少于 10 件。对零担货物，应在每件货物上作标记。

⑤货物的声明价格。按《国际货协》的规定，发货人在托运下列货物时应声明价格：金、银、白金及其制品；宝石、贵重毛皮及其制品；摄制的电影片、画、雕像、艺术制品、古董、家庭用品。

（3）托运所涉及的运输单证

主要有运单和运单的随附单证：出口货物报关单、出口货物明细单。根据货物性质的需要还可能有出口许可证、品质证明书、商品检验证书、植物检验证书或兽医证明书等。

（4）在托运与承运中产生的各方的权利和义务

①承运人的权利和义务

i.有权要求发货人按规定提供必要的运输证明文件,如发货人拒绝提供,则承运人有权拒绝承运。

ii.承运人对不符合安全运输条件规定的货物包装,有权要求发货人予以改善、整装。如改善后仍不符合规定,有权拒绝承运;或者经发货人同意,订立补充协议,以发货人的责任承运。

iii.承运人应在规定的期限内将货物运至到达站。超过运到期限的,承运人应当承担违约责任。

iv.承运人有权要求发收货人支付规定的运送费用,但必须依章收取,多收、误收费用的,应如数退还。

v.对于超过规定期限无人领取的货物,承运人经有关部门的批准可以按无主货物处理。

②发货人的权利和义务

i.有权要求承运人按合同规定准备和配备车辆,对于不适合安全运输的车辆,有权要求承运人调换并赔偿损失。

ii.发货人应保证货物有保证安全的运送包装。因包装不良而导致货损货差的,应承担责任。

iii.发货人托运货物时,应提供各种规定的单证并按规定支付各种运送费用。

③收货人的权利和义务

i.有权向到站提取货物。

ii.有义务缴清托运人在发站未交或少交以及运输途中发生的垫款等费用。

iii.有义务在规定的期限内提取货物。由收货人组织卸车的货物,收货人应清扫车厢,在规定期限内将货车交回铁路部门。

(5)发收货人对联运合同的变更

托运与承运完成后,托运人与承运人签订的运输合同对承运人、发货人和收货人都有约束力,但发收货人对已发生法律效力的运输合同可以提出变更。货物运输变更以发货人申请办理一次和收货人申请办理一次为限。申请人须递交"运输合同变更申请书"。

①发货人变更范围包括:在发站将货物领回;变更到站,此时在必要的情况下应注明变更运输合同后货物应通过的国境站;变更收货人;将货物返还发站。

②收货人变更范围包括:变更货物的到站;变更收货人。

收货人的变更申请只限于在到达国进口国境站,且在货物尚未从该国境站发出时办理,如通过到达国的进口国境站,则只能按到达路现行的国内规章办理。

2.发货人装车发运

(1)货物装车发运的一般程序

按我国铁路的规定,在车站公共装卸场所内的装卸工作,由铁路负责组织;其他场所如专用线装卸场,则由发货人或收货人负责组织。但某些性质特殊的货物,如易腐货物、未装容器的活动物等,即使在车站的货场内,也均由发货人组织装车或卸车。

货物装车发运的主要程序如下:

①货物进站

货物应按铁路规定的时间进站。进站时,发货人应组织专人在车站接货。由铁路装车的货物,应会同铁路货运员对货物的件数、包装、品名、唛头标记、运单及其随附单证逐件进行检查,如发现问题或相互不符,必须修复、更换或查明原因予以更正。经铁路货运员验收完毕,认为符合运送要求,发货人即同货运员办理货物交接手续,并在运单上签字确认。

零担货物经铁路货运员查验、过磅,发货人按运单记载交付运杂费后,货物在站内的保管和装车发运工作即由铁路负责。

在专用线装车时,发货人应在货车调送前一日将货物搬至货位,并做好装车前的一切准备。

②请车和拨车

由铁路负责装车的货物,有关请车和拨车均由铁路自行办理。由发货人负责装车时,不论是在车站的货场内装车还是在专用线装车,发货人应按铁路批准的日要车计划,根据货物的性质和交货数量,向车站请拨车辆。发货人要正确合理选择需要的车种和车辆吨位,尽量做到车种适合货种,车吨配合货吨,并在保证货物和车辆安全的前提下,充分利用车辆的载重吨和容积,以提高经济效益。铁路在货车调运到装货地点或车辆交接地点之前,应将送车时间通知发货人,发货人应根据铁路送车通知按时接车,同时组织装车力量,在铁路规定的时间内完成装货工作,按时交车,并将装车完毕时间通知车站。

③货物的装车、加固和施封

i. 装车

货物装车应具备三个基本条件:

第一,货物包装完整、清洁、牢固,货物标志、标记清晰完整;

第二,单证齐全、内容准确、完备;

第三,车辆的车体完整、清洁,技术状态良好,具备装车的必备条件。

由发货人装车的货物,发货人应在现场负责监装。铁路负责装车的货物,一般应由铁路监装,在必要时可要求发货人在货场检查货物装载情况。现场监装工作的内容有以下几个方面:

• 装车前,检查货位上的货物,复核点数,是否符合装车条件。

• 货车调到时,会同铁路货运员检查车辆是否符合装车要求。

• 合理装载,装车时对配载货物做到心中有数,计算准确,装载合理,保证货物全部装车。检查货物是否装载恰当,确保货物运输安全。

• 装车完毕,检查车辆是否封闭、加固、通风以及相应的安全措施。

• 记录车号,做好发运登记,并在出口货物明细单上填写车号、运单号和装车日期;如实际车数与原单记载有出入时,应及时做好修改和更正。

• 装车结束后,及时向车站交付运费,取回盖有发运站承运戳记的运单副本和运单副本抄件。

ii. 加固

对于敞车、平车及其他特种车辆装运超限货物、箱装和裸装的机械设备以及车辆等货物,应在装车时放置稳妥,捆绑牢固。货物出口加固工作,应由铁路负责(自装车和专用线装车由发货人负责),但发货人检查加固情况,如不合要求,应提醒铁路方面重新加固。

iii. 施封

它是保证货物运输安全的重要措施之一,以便分清铁路与发货人之间、铁路内之间的相互责任。

我国装运国际联运出口货物的篷车、冷藏车、罐车必须施封。货车施封后,应使用只在毁坏后才能启开的封印。铁路装车时由铁路施封,发货人装车由发货人施封或委托铁路施封,此时发货人在运单"铅封"栏内注明"委托铁路施封"字样。

（2）货车的配载

①篷车的使用和配载

篷车有顶盖和四壁,有门窗,能启闭,对货物运送比较安全。装篷车的货物每件不宜过长、过大、过重,一般不超过 250 kg 为宜,以利装卸。配载货物时,应充分利用车容和载重量,必要时应制订货物装载方案和绘制装载示意图。

②敞车的使用和配载

敞车主要装运不怕受潮的货物。装敞车的散装货物,凡能捆扎成件的(如钢材、钢管等),应尽量捆扎成大件,不超过 100 件。敞车货物的配载,也应充分利用货车的载重量和容积,在保证货物安全运送的前提下尽量做到满载,但装载不得超过车辆限界。

③平车的使用和配载

平车用于装运长大货物(敞车装卸困难的),如汽车、拖拉机及其他裸装机械等。用平车装运货物,其高度和宽度均不得超过车辆限界。

3.出口货物在国境站的交接

（1）出口货物交接的一般程序

①出口国境站货运调度根据国内前方站列车到达预报,通知交接所和海关做好接车准备工作。

②出口货物列车进站后,铁路会同海关接车,并将列车随带的运送票据送交接所处理,货物列车接受海关的监管和检查。

③交接所实行联合办公,由铁路、海关、外运等单位参加,并按照业务分工,流水作业,协同工作。

（2）有关出口货物交接中的几个问题

①出口货物单证资料的审核

审核出口货物单证是过境交接站的一项重要工作。国境站货运代理公司在订正、缮制单证时,只限于代办发货人缮制的单证。

②办理报关、报验等法定手续

铁路运输的出口货物的报关,一般由发货人委托铁路在国境站办理。在货物发运前,发货人应填制出口货物报关单,铁路车站在承运货物后,即在货物报关单上加盖站戳,并与运单一起随货同行,以便国境车站向海关办理申报。

须办理商检、卫检、动植物检的货物,要向当地有关部门办理检验手续,取得检验、检疫证书。上述检验和检疫证书,须在发站托运货物时,同运单、报关单一并随车同行,并在国境站由海关凭有关检验部门签发的证书执行监管,查证放行。

③凭铅封交接与按实物交接

货物的交接可分为凭铅封交接和按实物交接两种情况,按实物交接又可分为只按货物重量、只按货物件数和按货物现状交接三种方式。

货物的交接使用交付方编制的"货物交接单",没有编制交接单的货物,在国境站不得处理。

④出口货运事故的处理

联运出口货物在国境站换装交接时,如发现货物短少、残损、污染、湿损、被盗等事故,国境站外运公司或其他货运公司应会同铁路查明原因,分清责任,分别加以处理。属于铁路责任造成的,要提请铁路编制商务记录,并由铁路负责整修;属发货人责任造成的,在国境站条件允许的情况下,由国境站外运公司或其他货运公司组织加工整修,无法在国境站加工整修的货物,应由发货人到国境站指导或将货物返回发货人处理。

4. 到达取货

到站在货物到达后,应通知运单中所记载的收货人领取货物。在收货人付清运单中所载的一切应付运送费用后,铁路须将货物连同运单正本和货物到达通知单交付收货人。货物交付使用后,到站应在运单"货物交付收货人"栏内加盖本站日期戳,并注明交付时间,以确认货物交付收货人。

收货人只有在货物由于毁损、腐坏或其他原因而使质量发生变化,以致部分或全部货物不能按原用途使用时,方可拒绝领取货物。

二、国际铁路联运进口货物运输实务流程

联运进口货物运输与联运出口货物运输在货物与单据的流转程序上基本相同,只是在流转方向上正好相反。

以下就联运进口货物运输与联运出口货物运输的不同部分和需要特别说明的情况,进行阐述。

1. 联运进口货物发运前的准备工作

(1)运输标志的编制和使用

运输标志又称唛头(mark)。作为收货人唛头,订货单位须按照统一规定的收货人唛头对外签订合同。

收货人唛头由 7 部分组成,按下列顺序排列:

①订货年度代号;

②承办订货进出口贸易公司代号;

③订货部门(即收货人)代号;

④间隔号,外贸为"—",工贸为"/";

⑤商品类别代号;

⑥合同编号或卡片编号,即采用进口合同所编的顺序号码;

⑦供货国别地区代号。

例如,1992 年中国机械进出口总公司受邮电部委托,以第 1 号合同向法国订购电视设备,其收货人的唛头标志为:92MKF—4401CF。

国际联运进口货物使用标准的收货人唛头后,就可以在订货卡片、合同、运单的"收货人"栏内,用收货人唛头代替收货人实际名称,而不再用文字填写收货人全称及其通信地址。

(2)审核联运进口货物的运输条件

①收货人唛头是否按规定的方法编制,是否在合同的"收货人"栏内填写收货人唛头作为收货人;

②注意货物数量,一张运单的重量和件数应符合《国际货协》的规定;

③审核货物到达路局和车站的名称,货物数量和品种要符合到站的办理种别;

④合同中是否已明确注明经由国境站;

⑤包装条件须严格按《国际货协》和其他有关规定办理；

⑥合同中关于超限、超长、超重货物的特殊约定和向发送铁路提供必要的资料；

⑦运单中是否有错填经由口岸、到站、收货人情况，及合同中是否有类似规定。

(3)向国境站货运代理公司抄寄合同资料

各进口公司对外签订合同后，要及时将合同资料寄给货物进口口岸的货运代理公司一份。这些合同资料包括：合同的中文抄本及其附件、补充书、协议书、变更申请书和有关函电等。

2.进口货物在国境站的交接

(1)进口货物的交接

①进口货物的交接工作是在交付路和接收路之间进行的，交接的依据是国际铁路货物联运规章。

②口岸代理人，主要是办理接收路接过来的到我国的联运货物。

③代理人还要在口岸处理矛盾货物，严格审查过境国运费和联运货物的运到逾期。

(2)进口货物票据周转程序

①当进口物资列车抵达国境站后，首先由交付路和接收路双方交接人员根据国际铁路议定书规定，检查车辆，办理交接。棚车装运的货物，在换装时办理实物交接。敞车类货车装运的货物，按外部状态交接。发现异状时，编制双方商务记录。然后由交付路将票据按交接单移交给接收路；接收路由翻译人员填制"联运货物换装清单"一式两份，并将运单上的主要项目译成中文转交给交接员。

②交接员依据两国议定书，核对交接单所载运单批数、项目，无误后将票据交铁路入口，由铁路入口直接持票据向海关申报，海关根据铁路申报的票据全部输入电脑备查，根据海关法审查无误后，铁路将票据取回(有时海关也给送回铁路)交到铁路票据室，进行登记后，口头通知订、收货人和代理人签领自己代理的票据。

③口岸代理人和订、收货人，根据在铁路签领回的票据，并按票据记载的到站、收货人(唛头)、规格、合同号等主要项目核对合同资料。相符时，变更"联运货物换装清单"上的到站、收货人及专用线。若发现票据与合同资料所记载的项目不符时，联系有关方面解决。对没有问题的票据，预录入海关设置的电脑里。向海关审单中心申报，审单中心审查无误后把信息反馈录入电脑里。此时，代理人可以填制"进口货物明细单"和"中华人民共和国海关进口货物报关单"，审核无误后送检验检疫部门报检、报验，检验检疫部门审查无问题时，在运单的右上角盖章后，送海关报关。

④在海关审票放行前，口岸代理人到海关申领征税交款书直接到银行交税，然后将征税交款书返回海关征税部门盖章，口岸代理人签领一份。

⑤海关放行货物后，在运单右上方加盖放行章，代理人将票据取回交铁路票据室销签。

⑥铁路将货物换装后发往全国各地移交给收货人。

3.进口货物的核放工作

进口货物的核放工作依据是合同及合同资料。所以，进口货物的核放，关键是票据。

(1)当票据由铁路取回后，现场代理值班人员以运单核查交接单内所有的项目，相符无误后，将合同资料上的单价、扣价标注在内附单证上，以便制单人员计总价用。

(2)口岸代理电脑填制"进口货物明细单"和"进口货物报关单"的订、收货人的各个项目后,随运单交给制单人员。若遇商务记录时,则应注明商务记录号码及简要内容;若有矛盾情况时,也应在"进口货物明细单"上注明。

(3)口岸代理人在核放货物时,若有运输合同变更申请计划时可按变更计划卡片变更"联运货物换装清单"上的到站和"进口货物明细单"及"进口货物报关单"上的到站、收货人。同时按"货物运输变更要求书"格式填制一式两份并输入电脑。

(4)制单人员接到核放的票据后,依据运单及内附单证所记载的项目,正确无误地逐一填制"进口货物明细单"和"进口货物报关单",随运单交给审核人员审核。

(5)审核人员接到填制的"进口货物明细单"和"进口货物报关单",依据运单及内附单证逐项核对,正确无误后,将"进口货物明细单"一份贴附在第5号运单的内面,随货同行至到站通知收货人;"进口货物报关单"夹在运单内,待整个交接单内所载票据审核后,送交海关报关。

(6)最后,由本班的班长进行复核。在这一步流程中,涉及两张重要单证,即"进口货物明细单"和"进口货物报关单"。

①进口货物明细单

一般情况下填制四份(变更到站、收货人者填制5份)。以下按填制"进口货物明细单"顺序介绍其作用:第一份:口岸代理人留存。供补送货物查询、进口货物统计、资料积累、表报编制,订、收货部门和收货人函电查询的依据。第二、三份:寄送订、收货人财会和业务部门各一份,作为结算费用和注销合同的依据。第四份:贴附在第5号运单内面,随货同行至到站交收货人。

除以上情况外,若遇直拨货物、代押运货物和收货人委托要求增制"进口货物明细单"的货物,增制一份(或两份)供口岸代理人财会做直拨变更和三角托收货物结算费用的依据。

②进口货物报关单

"进口货物报关单"由口岸代理人填制。口岸代理人按进口货物的批次向海关填制"进口货物报关单"一式两份,每份"进口货物报关单"所填项目不能超过5项。审查无误后随货票向口岸海关报关:转关货物填制一份"进口货物报关单"报关;进口退运货物向口岸海关提供两份"出口货物报关单"报关(由发货人填制);进口退关货物向海关填制一份"进口货物报关单"退关。

4.进口货物的运到逾期

(1)运到期限

铁路承运货物后,应在最短期限内将货物运至最终到站,货物从发站至到站所允许的最大限度的运送时间,即为货物运到期限。

货物的运到期限由发送时间、运送期间以及特殊作业时间三部分组成。

①发送期间:不论慢运、快运,随旅客列车挂运的整车或由货物列车挂运的整车、零担一律为一天(昼夜),由发送路和到达站平分。

②运送期间:按每一参加运送铁路分别计算。

慢运:整车或大吨位集装箱每200运价公里为一天(昼夜);零担每150运价公里为一天(昼夜)。

快运:整车或大吨位集装箱每320运价公里为一天(昼夜);零担每200运价公里为一天(昼夜)。

挂旅客列车运送的整车或大吨位集装箱:每420运价公里为一天(昼夜)。

③特殊作业时间:在国境站每次换装或换船时,或用轮渡运送车辆,不论慢运、快运、整车、零担或大吨位集装箱以及随旅客列车挂运的整车或大吨位集装箱,一律延长两天(昼夜)。

运送超限货物时,运到期限按算出整天数延长百分之百。

注意:

以上货物运到期限,应从承运货物的次日零时起开始计算,不足一天按一天计算。如承运的货物在发送前需预先保管,则运到期限从货物指定装车的次日零时起开始计算。

在计算运到期限时,下列时间不计算在内:

· 为履行海关和其他规章所需要的滞留时间;

· 非因铁路过失而造成的暂时中断运输的时间;

· 因变更运送契约而发生的滞留时间;

· 因检查而发生的滞留时间(即检查货物同运单记载是否相符,或检查按特定条件运送的货物是否采取了预防措施,而在检查中确实发现不符时);

· 因牲畜饮水、溜放或兽医检查而造成的站内滞留时间;

· 由于发货人的过失而造成多出重量的卸车、货物或其容器或包装的修整以及倒装或整理货物的装载所需的滞留时间;

· 由于发货人或收货人的过失而发生的其他滞留时间。

(2)运到逾期

货物实际运到天数超过规定的运到期限天数,则该批货物运到逾期。如果货物运到逾期,则造成逾期的铁路应按该路收取的运费的一定比例向收货人支付逾期罚款。

逾期罚款的规定及计算方法如下:

逾期罚款＝运费×罚款率

逾期百分率＝(运输总天数－运到期限)/运到期限×100%

罚款率按《国际货协》规定为:逾期不超过总运到期限 1/10 时,为运费的 6%;逾期超过运到期限 1/10,但不超过 2/10 时,为运费的 12%;逾期超过运到期限 2/10,但不超过 3/10 时,为运费的 18%;逾期超过运到期限 3/10,但不超过 4/10 时,为运费的 24%;逾期超过运到期限 4/10 时,为运费的 30%。

5. 货运事故的处理

(1)铁路承运人的免责事项

①如承运的货物,由于下列原因,发生全部或部分灭失或毁损,则铁路不负责任:

· 由于铁路不能预防和不能消除的情况;

· 由于货物的特殊自然性质,以致引起自燃、损坏、生锈、内部腐坏或类似的后果;

· 由于发货人或收货人的过失或由于其要求,而不能归咎于铁路;

· 由于发货人或收货人装车或卸车的原因所造成;

· 由于发送路规章允许使用敞车类货车运送货物;

· 由于发货人或收货人的货物押运人未采取保证货物完整的必要措施;

· 由于容器或包装的缺陷,在承运货物时无法从其外表发现;

· 由于发货人用不正确、不确切或不完全的名称托运违禁品;

· 由于发货人在托运应按特定条件承运的货物时,使用不正确、不确切或不完全的名称,或未遵守《国际货协》的规定;

·由于《国际货协》规定的标准范围内的货物自然减量,以及由于运送中水分减少,或货物的其他自然性质,以致使货物减量超过规定标准。

②在下列情况下,对未履行货物运到期限,铁路不负责任:

·发生雪(沙)灾、水灾、崩塌或其他自然灾害,按有关铁路管理机关的指示,期限在15天以内;

·发生其他致使行车中断或限制的情况,按有关政府的指示。

(2)货物损害、灭失的处理

①按照《国际货协》规定,铁路对货物的全部或部分灭失,应根据货价赔偿,实行足额赔偿制,但是,发货人如有申报价,则按申报价;货物部分灭失,按剩余部分销售价或按比例赔偿;对未声明价值的家庭用品,按毛重每千克2.7卢布(4.05瑞士法郎)赔偿。

CIM公约规定赔偿责任限制是16.67 SDR/毛重千克。

②收货人和发货人均可就货损或灭失提出索赔。货物全损时,发货人凭运单副本,收货人凭运单副本或运单正本索赔;部分损失时,凭运单正本或副本、商务记录索赔。

(3)运到逾期的处理

①收货人不能拒收货物,除非货物丧失使用价值、毁损、腐烂、变质;

②收货人必须自铁路通知货物到达和可以将货物移交收货人处理时起一昼夜内领走,否则,丧失索赔权利;

③货物运到逾期的索赔请求书须在2个月内提出才有效;

④收货人持运单正本、货物到达通知单、运杂费收据索赔。

(4)诉讼时效

自货主提出赔偿请求之日起,铁路必须在180日内给予答复。根据运输合同向铁路提出赔偿请求,以及铁路对发货人或收货人关于支付运送费用、罚款和赔偿损失的要求,自货物交付之日起,可在9个月内提出。货物全部灭失时,自货物运到期限满后30天起算。

第三节　国际铁路货物联运运单

国际铁路货物联运运单由正面与背面事项组成。下面详细介绍《国际货协》规定的国际铁路联运运单的正面与背面事项的填写和注意问题。

一、国际铁路联运运单填写说明

运单由下列各张组成:

第1张——运单正本(随同货物至到站,并连同第5张和货物一起交给收货人);

第2张——运行报单(随同货物至到站,并留存到达路);

第3张——运单副本(运输合同签订后,交给发货人);

第4张——货物交付单(随同货物至到站,并留存到达路);

第5张——货物到达通知单(随同货物至到站,并连同第1张和货物一起交给收货人)。

第1张和第5张,以及第2张和第4张应在左边相互连接。允许第1至第5张在上边相连。

除上述五联外,国际铁路联运中还使用补充运行报单作为运行报单的补充。补充运行报单包括带号码的和不带号码的补充运行报单两种。带号码的补充运行报单必须由发站填制,一式三份,一份留站存查,一份报发局(分局),一份随同货物至出口国境站截留。不带号码的补充运行报单按每一国境路填制一份。

运单各张和补充运行报单,以及慢运和快运的票据,都不得相互代用。运单中记载的事项,应严格按照为其规定的各栏和各行范围填写。

中朝、中越铁路间运送的货物,可仅用本国文字填写,同其他国际货协参加路间运送时,则须附俄文译文。但我国经满洲里、绥芬河发到独联体国家的货物,可只用中文填写,不附俄文。

二、运单正面填写说明

下列记号表示:

"X"——应由发货人填写;

"Y"——应由铁路填写;

"XY"——由发货人或铁路填写。

X1 发货人,通信地址

填写发货人名称及其通信地址。填写名称一定要完整。由中国、朝鲜、越南发货时,准许填写这些国家规定的发货及其通信地址的代号。

X2 合同号码

发货人应在该栏内填写出口单位和进口单位签订的供货合同号码。如供货合同有两个号码,则发货人在该栏内填写出口单位合同号码,进口单位合同号码可填写在第 6 栏内。

X3 发站

填写运价规程中所载的发站全称。由朝鲜运送货物时,还应注明发站的数字代号。如系专用线或专用铁道装车,应在发站后以括号注明专用或专用铁道名称。向发货人返还货物或空容器时,应以原运单中的原到站为发站。

X4 发货人的特别声明

发货人可在本栏中填写自己的声明,例如:

①修改运单(不超过一栏或相关的两栏)时,注明所作的修改,并签字或加盖戳记证明。

②运送家庭用品而不声明价格时,记载"不声明价格"亲笔签字证明。

③在过境路上绕路运送超限货物时,注明这一绕行的经路。

④取得随旅客列车运送货物的同意后,注明"货物在……铁路(铁路简称)随旅客列车运送"。

⑤易腐货物的运送方法(加冷、通风、加温)、车种(指冷藏车、棚车)或使用大吨位集装箱(指 20 ft、30 ft、40 ft)装载,均由发货人确定并注明;如未注明,即认为没有必要加冷、通风、加温。

⑥运送不需要照料或照管或遵守保温制度(指加冷、通风、加温)的易腐货物时,记载"运送全程都不需要照料、照管或遵守保温制度"。如未注明,亦认为不需要照管或遵守保温制度。

⑦用棚车运送易腐货物而须通过车窗或车门连续通风时,注明这种运送方法。

⑧如在运单上未添附出口许可证(国家规定的特定商品),则应注明出口许可证的号码、签发日期、有效期等资料。

⑨记载对货物在运送和交付发生阻碍问题的处理意见。

⑩记载授权押运人的事项。

⑪从国际货协参加路向未参加路发货,由站长办理转发送时,记载最终到站的实际收货人

和他的通信地址。经独联体国家铁路朱耳法站往伊朗发货时,记载驻伊朗铁路朱耳法站的实际收货人和他的通信地址。

⑫从国际货协参加路通过其过境路港口发货时,记载"水路向……(注明到达国)运出"。从港口站发货时,收转人应记载"由水路从……(注明原发送国)运入。"

X5 收货人,通信地址

同发货人填写一样要求。

X6 对铁路无约束力的记载

发货人可以在本栏填写有关本批货物的记载,供收货参考,铁路对此不承担任何义务和责任。

发货人还可在本栏右上角处填写进口单位合同号码。

X7 通过的国境站

记载货物应通过的发送国和过境国的出口国境站。

X8 到达路和到站

在斜线之前,应注明到达路的简称;在斜线之后,应用印刷体字母(中文用正楷粗体字)注明运价规程中所载的到站全称。运往朝鲜的货物,还应注明到站的数字代号。

X9～X11 各栏的一般说明

在 X9～X11 各栏内填写事项时,可不受各栏间竖线的严格限制。但是,有关货物事项的填写顺序,应严格符合各项的排列顺序。填写全部事项时,如篇幅不足,应添附篇幅相当于运单的补充清单,并在有关栏内记载"记载事项见补充清单"。

X9 记号、标记、号码

填写每件货物上的记号、标记、号码。

X10 包装种类

注明货物的包装种类(如"木箱、纸箱、铁桶"等);使用集装箱运送货物时,注明"集装箱"字样,并在下面用括号注明装入集装箱内货物的包装种类。

如货物运送时不需要容器或包装,并在托运时未加容器和包装,则应记载"无包装"。

X11 货物名称

货物名称应符合《国际货协》第 7 条第 8 项的规定。危险货物须按国际货协附件第 2 号的规定;过境货物须按《统一货价》品名表的规定;其他货物或按运送该批货物适用的发送路、到达路或直通运价规程品名表的规定,或按贸易上通用的名称填写。

X12 件数

注明一批货物的数量。使用集装箱运送货物,注明集装箱数,并在下面用括号注明装入所有集装箱内的货批总件数。运送货捆货物时用分数形式注明:货捆数目为分子,装货捆中的货件总数为分母。

如用敞车类货车运送不盖篷布或盖有篷布而未加封的货物,当总件数超过 100 件时,则注明"堆装"字样,不注货物件数。

运送小型无包装制品时,亦注明"堆装"字样,不注件数。如使用运送用具办理运送,则在运送用具名称同一行上,根据运单第 11 栏的填写内容注明该运送用具的数量。

X13 发货人确定的重量(千克)

注明货物的总重。用集装箱和托盘或使用其他运送用具运送货物时,注明货物重量,集装箱、托盘或其他运送用具的自重和总重。对于大吨位集装箱,应分别记载每箱货物重量、集装箱自重和总重。运送空集装箱时,记载集装箱自重。

X14 共计件数(大写)

用大写填写第 12 栏(件数)中所记载的件数,即货物件数或记载"堆装"字样。发送集装箱货物时,注明第 12 栏括号中记载的装入集装箱内的货批总件数。

X15 共计重量(大写)

由发货人用大写填写 13 栏"发货人确定的重量(千克)"中所记载的总重量。

X16 发货人签字

发货人应签字证明列入运单中的所有事项正确无误。发货人的签字可用印刷的方法或加盖戳记。

X17 互换托盘

本栏内的记载事项,仅与互换托盘有关。注明托盘互换办法,并分别注明平式托盘和箱式托盘的数量。所有其他托盘均为运送用具,与这些托盘有关事项载入第 18、第 19 两栏。

X18 种类、类型

在发送集装箱货物时,应注明:

——集装箱种类(指小吨位、中吨位、大吨位);

——集装箱类型:小吨位和中吨位集装箱,以容积(立方米表示)划分类型,分别为 3 m³ 以下各型及 15 m³ 以下各型;大吨位集装箱,以长度(英尺表示)划分类型,包括有 20 ft、30 ft、40 ft。

X19 所属者及号码

运送集装箱时,应注明集装箱所属记号和号码。不属铁路的集装箱,应在号码之后注明大写字母"P"。

使用运送用具时,应注明运送用具可能有的所属记号和号码。不属铁路的运送用具,应注明字母"P"。填写事项时,如篇幅不足,应添附篇幅,相当于运单的补充清单,并注明"记载事项见补充清单"。

X20 发货人负担下列过境铁路的费用

注明根据《国际货协》第 15 条由发货人负担过境路费用的过境路简称。如发货人不负担任一过境路的费用,则发货人应记载"无"字样;如未记载"无"字样,也认为过境运送费已转由收货人支付。

X21 办理种别

办理种别分为整车、零担、大吨位集装箱。不需要者划消。

X22 由何方装车

可由发货人或铁路装车,不需要者划消;无划消记载时,即认为由发货人装车。

X23 发货人添附的文件

注明发货人在运单上添附的所有文件(如出口货物明细单、出口货物报关单、动植物检疫证书、出口许可证、品质证明书、商品检验证书、卫生检疫证书和其他货物出口所必需的文件)。

X24 货物的声明价格(瑞士法郎)

用大写注明以瑞士法郎表示的货物价格。

Y25 批号(检查标签)

在本栏上半部注明发送路和发站的数字编码。在本栏下半部按发送路现行的国内规章规定,填写批号。

在采用检查标签时,则必须在第 2 张(运行报单)和第 1 份补充运行报单(存根)的第 25 栏内,各贴附一份检查标签。检查标签应符合《国际货协》的规定。

中国铁路不采用检查标签,而将运送本批货物的带号码补充运行报单的号码填入运单,不带号码的补充运行报单填入本栏下半部,上半部不填。

26 海关记载

本栏供海关记载之用。

XY27～XY30 栏的一般说明

这些栏用于记载使用车辆的事项,只在运送整车货物时填写。

关于车辆的事项视由何方装车而确定由发货人或发站填写。当在国境站将整车货物换装到另一种轨距的车辆或在途中换装时,换装站应将原车辆记载事项划消,但原字迹须能辨认,并应在下面记载换装后每一车辆的事项。

多车换装为一车时,换装国境站应注明。

填写货物换装后车辆事项时,如篇幅不足,换装站应编制必要数量的补充清单(运单 1、2、3、4、5 各张以及每份补充运行报单各需一份),并将其添附在运单和各份补充运行报单上。XY27～XY30 各栏的最后一行应注明"续见补充清单"。

为押运人提供单独车辆时,还必须记载有关该车辆的相应事项,并在下面注明"押运人用的车辆"。

运送有押运人押运的成组车辆时,发站应在与该组车辆有关的每份运单内记载"由……辆车组成的车组有押运人押运"。

XY27 车辆

注明车种、车号和所属路简称。如车辆上无车种标记,则按发送路现行的国内规章填写车种。如车辆上有 12 位数码,则不填写上述事项,而应填写其全部数码。

XY28 标记载重

填写车辆上记载的载重量。

如使用标有"ABC"标记的车辆,则填写字母"C"及其下面所注的最大重量。

XY29 轴数

填写所使用的车辆的轴数。

XY30 自重

填写车辆上记载的自重。当用过磅的方法确定空车重量时,用分数形式注明:车辆上记载的自重为分子,过磅确定的自重为分母。

XY31 换装后的货物重量

货物换装运送时,应注明换装后铁路确定的重量。将货物从一辆车换装数辆车时,换装后每辆车的货物重量应分别记载。

Y32 铁路确定的重量(千克)

注明铁路确定的货物重量。

Y33～Y44 数字编码栏

各栏内供铁路记载事项之用。各国铁路只能在其留存的运单各张上或补充运行报单上记载数字编码(我国铁路暂不用)。

参加运送的铁路,可商定共同使用上述各栏的方法。

XY45 封印个数和记号

关于封印个数和记号,视由何方施封而确定由发站或发货人填写。发货人委托铁路代封时,发货人应注明"委托铁路施封"。

Y46 发站日期戳

在货物承运后,发站在运单的所有各张和补充运行报单上加盖发站日期戳,作为签订运输合同的凭证。如承运的货物在发送前须预先保管,则在发站日期戳下记载:"××年××月××员签字证明"。

X50 附件第 2 号

根据《国际货协》附件第 2 号托运危险货物时,必须在方框内划对角线 。

如果该栏中方框和"附件第 2 号"字样为黑色,则发货人在根据《国际货协》附件第 2 号托运至中华人民共和国、罗马尼亚、独联体国家及相反方向和过境这些国家的危险货物时,除在运单货物名称下划一横线外,同时还应在运单第一张货物名称下划一红线。

运单格式见表 4-3-1。

第四节　国际铁路货物联运运费的计收

国际铁路货物联运运送费用的计算必须遵循《国际货协》、《统一货价》和中华人民共和国铁道部《铁路货物运价规则》(简称《国内价规》)的规定。

联运货物运送费用包括货物运费、押运人乘车费、杂费和其他费用。

一、运送费用计收的规定

1.参加《国际货协》各铁路间运送费用计收的原则

(1)发送路的运送费用——在发站向发货人或根据发送路国内现行规定计收;

(2)到达路的运送费用——在到站向收货人或根据到达路国内现行规定计收;

(3)过境路的运送费用——按《统一货价》在发站向发货人或在到站向收货人计收。

2.《国际货协》参加路与非《国际货协》铁路间运送费用计收的规定

(1)发送路和到达路的运送费用与上述中的第 1、第 2 项相同。

(2)过境路的运送费用,则按下列规定计收。

参加《国际货协》并实行《统一货价》各过境路的运送费用,在发站向发货人(相反方向运送在到站向收货人)计收;但办理转发送国家铁路的运送费用,可以在发站向发货人或在到站向收货人计收。

过境非《国际货协》铁路的运送费用,在到站向收货人(相反方向运送在发站向发货人)计收。

表 4-3-1　国际铁路货物联运运单样本

运 单 副 本 — Дубликат накладной

（给发货人）— （для отправителя）

发送路简称（Сокращенное наименование дороги отправления） 中铁 КЖД **3**	批号 — Отправка № 运输号码 25 （检查标签 — контрольная этикетка） 2 合同号码 — Договор №

1 发货人，通信地址 — Отправитель，почтовый адрес

3 发 站 Станция отправления

4 发货人的特别声明 — Особые заявления отправителя

5 收货人，通信地址 — Получатель，почтовый адрес

26 海关记载 — Отметки таможни

6 对铁路无约束效力的记载 — Отметки，необязательные для железной дороги

7 通过的国境站 — Пограничные станции перехода

27 车辆 — Вагон/ 28 标记载重（吨）Подъемная сила（т）/29 轴数 — Оси
30 自重 — Масса тары/31 换装后的货物重量 — Масса груза после перегрузки

27	28	29	30	31

8 到达路和到站 — Дорога и станция назначения

国际货协 — 运单
СМГС — Накладная
慢运 малой скорости

9 记号、标记、号码 Знаки，марки，номера	10 包装种类 Род упаковки	11 货物名称 Наименование груза	50 附件第2号 прил. 2	12 件数 Число мест	13 发货人确定的重量（公斤）— Масса（в кг）определен отправителем	32 铁路确定的重量（公斤）— Масса（в кг）определен железной дорогой

14 共计件数（大写）— Итого мест прописью

15 共计重量（大写）— Итого Масса прописью

16 发货人签字 — Подпись отправителя

17 互换托盘 — Обменные поддоны
数量 — Количество

集装箱/运送用具 — Контейнер/Перевозочные средства
18 种类 — Вид 类型 — Категория

19 所属者及号码 Владелец и №

20 发货人负担下列过境铁路的费用 — Отправителем приняты платежи за следующие транзитные дороги

21 办理种别 — Род отправки
整车*）повагонная*）零担*）мелкая*）大吨位集装箱*）Крупнотоннажного Контейнера*）
*）不需要的划消 — Ненужное зачеркнуть

22 由何方装车 Погружено
发货人*）отправителем*）铁路*）железной дорогой*）

33
34

23 发货人添附的文件 — Документы，приложенные отправителем

24 货物的声明价格 Объявленная ценность груза
瑞士法郎 Шв. фр.

35
36

45 封印 Пломбы
个数 Количество 记号 — Знаки

37
38
39
40

46 发站日期戳 — Календарный штемпель станции отправления

47 到站日期戳 — Календарный штемпель станции назначения

48 确定重量方法 Способ определения Массы

49 过磅站戳记，签字 — Штемпель станции взвешивания，подпись

41
42
43
44

53 联运—Сообщение		60 类项号码 No позиции	61 等级 Класс	62 费率 Ставка	63 计费重量（公斤） Расчетная Масса (кг)	68 向发货人计算的费用 Расчеты с отправителем		69 向收货人计算的费用 Расчеты с получателем	
						70 款额 瑞士法郎 Сумма в Шв. фр.	71 款额单位 Сумма в	72 款额 瑞士法郎 Сумма в Шв. фр.	73 款额单位 Сумма в

54 运费 自 от — 至 до | Провозная плата
杂费 Дополнительные сборы

- 74 | 75 | 76
- 78 | 79 | 80

| 64 | 65 | 66 公里 КМ | 67 运价 Тариф | 共计 Итого | 82 | 83 | 84 | 85 |

55 60 | 61 | 62 | 63
运费 自 от — 至 до | Провозная плата
杂费 Дополнительные сборы
74 | 76
78 | 80
64 | 65 | 66 公里 КМ | 67 运价 Тариф | 共计 Итого | 82 | 83 | 84 | 85

56 60 | 61 | 62 | 63
运费 自 от — 至 до | Провозная плата
杂费 Дополнительные сборы
74 | 76
78 | 80
64 | 65 | 66 公里 КМ | 67 运价 Тариф | 共计 Итого | 82 | 83 | 84 | 85

57 60 | 61 | 62 | 63
运费 自 от — 至 до | Провозная плата
杂费 Дополнительные сборы
74 | 76
78 | 80
64 | 65 | 66 公里 КМ | 67 运价 Тариф | 共计 Итого | 82 | 83 | 84 | 85

58 60 | 61 | 62 | 63
运费 自 от — 至 до | Провозная плата
杂费 Дополнительные сборы
74 | 76
78 | 80
64 | 65 | 66 公里 КМ | 67 运价 Тариф | 共计 Итого | 82 | 83 | 84 | 85

59 60 | 61 | 62 | 63
运费 自 от — 至 до | Провозная плата
杂费 Дополнительные сборы
74 | 76 | 77
78 | 80 | 81
64 | 65 | 66 公里 КМ | 67 运价 Тариф | 共计 Итого | 82 | 83 | 84 | 85

90 兑换率—Курс пересчета
发送路—дороги отправления | 到达路—дороги назначения | 总计 Всего | 86 | 87 | 88 | 89

91 有关计费记载—Отметки о расчетах платежей

87 应向发货人核收的总额(大写)—Всего взыскать с отправителя (прописью) — 签 字—Подпись

89 应向收货人核收的总额(大写)—Всего взыскать с получателя (прописью) — 签 字—Подпись

92 应向发货人补收的费用—Дополнительно взыскать с.отправителя за

3.通过过境铁路港口站运送货物时,运送费用按下列规定计收

(1)从参加《国际货协》并实行《统一货价》的国家,通过另一个实行《统一货价》的过境铁路港口,向其他国家(不论这些国家是否参加《统一货价》)和相反方向运送货物时,用《国际货协》票据只能办理至过境港口站为止或从这个站起开始办理。

(2)从参加《国际货协》发站至港口站的运送费用,在发站向发货人计收;相反方向运送时,在到站向收货人计收。

(3)在港口站所发生的杂费和其他费用,在任何情况下,都在这些车站向收转人(发货人或收货人)计收。

二、国际铁路货物联运国内段运送费用的计算

根据《国际货协》的规定,我国通过国际铁路联运的进出口货物,其国内段运送费用的计收应按照我国《铁路货物运价规则》进行计算。运费计算的程序及公式如下。

1.计算程序

(1)根据货物运价里程表确定从发站至到站的运价里程;

(2)根据运单上填写的货物品名查找货物品类检查表,确定适用的运价号;

(3)根据运价里程和运价号在货物运价率表中查出相应的运价率;

(4)按《铁路货物运价规则》确定的计费重量与该批货物适用的运价率相乘,即算出该批货物的运费。

2.计算公式

(1)查找运价里程;

(2)查找货物运价号,确定货物运价率(见表 4-4-1,表 4-4-2);

(3)货物运价率×计费重量=运费;

(4)计得运费+附加费=总运费(见表 4-4-3,表 4-4-4,表 4-4-5)。

表 4-4-1   铁路货物运价率表

(2011 年 4 月 1 日执行)

办理类别	运价号	基价 1		基价 2	
		单位	标准	单位	标准
整车	1	元/t	6.4	元/t·km	0.037
	2	元/t	7	元/t·km	0.044 4
	3	元/t	8.7	元/t·km	0.049 8
	4	元/t	10.8	元/t·km	0.055 3
	5	元/t	11.7	元/t·km	0.063
	6	元/t	17.1	元/t·km	0.086 9
	7			元/轴·km	0.287 6
	机械冷藏车	元/	12.9	元/t·km	0.087 5
零担	21	元/10 kg	0.126	元/10 kg·km	0.000 62
	22	元/10 kg	0.176	元/10kg·km	0.000 9
集装箱	1 t 箱	元/箱	10.8	元/箱·km	0.0426
	20 ft 箱	元/箱	259	元/箱·km	1.208
	40 ft 箱	元/箱	438.6	元/箱·km	1.890 4

表 4-4-2　常用铁路运输货物整车运价号码

货物品名	运价号	货物品名	运价号	货物品名	运价号
煤	4	洗精煤	5	水泥	5
化肥	2	粮食	2	食用盐	1
钢材	5	渣油	7	汽柴油	7
原油	7	铝锭	5	硅铁	5
电石	7	石灰氮	7	木材	5
焦炭	4	机械设备	8	白糖	6
纸	6	卷烟	6	烟叶	4
苹果	6	土豆	2	石膏	2

3.运费计算办法

整车货物每吨运价＝基价1＋基价2×运价千米

零担货物每10千克运价＝基价1＋基价2×运价千米

集装箱货物每箱运价＝基价1＋基价2×运价千米

＊体积折合成重量的公式是:折合重量(kg)＝体积(m^3)×500(kg/m^3)

＊＊整车农用化肥基价1为4.40元/t,基价2为0.030 5元/t·km

表 4-4-3　电气化附加费费率表
(《铁路货物运价规则》附录一《铁路电气化附加费核收办法》)

种类＼项目		计算单位	费率
整车货物		元/t·km	0.012 00
零担货物		元/10 kg·km	0.000 12
自轮运转货物		元/轴·km	0.036 00
集装箱	1 t箱	元/箱·km	0.007 20
	10 t箱	元/箱·km	0.100 80
	20 ft箱	元/箱·km	0.192 00
	40 ft箱	元/箱·km	0.408 00
	空自备箱　1 t箱	元/箱·km	0.003 60
	空自备箱　10 t箱	元/箱·km	0.050 40
	空自备箱　20 ft箱	元/箱·km	0.096 00
	空自备箱　40 ft箱	元/箱·km	0.204 00

注:电气化附加费计算公式为:电气化附加费＝费率×计费重量(箱数或轴数)×电气化里程。

表 4-4-4　铁路建设基金费率表
(《铁路货物运价规则》附录三《铁路建设基金计算核收办法》)

种类 \ 项目	计费单位	农药	磷矿石 棉花	其他货物
整车货物	元/t·km	0.019	0.028	0.033
零担货物	元/10 kg·km	0.000 19	0.000 33	0.000 33
自轮运转货物	元/轴·km	0.099	0.099	
集装箱　1 t箱	元/箱·km	0.019 8		
5 t、6 t箱	元/箱·km	0.165		
10 t箱	元/箱·km	0.277 2		
20 ft箱	元/箱·km	0.528		
40 ft箱	元/箱·km	1.122		
空自备箱　1 t箱	元/箱·km	0.009 9		
5 t、6 t箱	元/箱·km	0.082 5		
10 t箱	元/箱·km	0.138 6		
20 ft箱	元/箱·km	0.264		
20 ft箱	元/箱·km	0.561		

注:整车化肥、黄磷免收铁路建设基金。从 2005 年 4 月 1 日起执行。

表 4-4-5　新路新加均摊运费费率表
(《铁路货物运价规则》附录二《新路新价均摊运费核收办法》)

种类 \ 项目	计算单位	费率
整车货物	元/t·km	0.011
零担货物	元/10 kg·km	0.000 011
自轮运转货物	元/轴·km	0.003 3
集装箱货物　1 t箱	元/箱·km	0.000 066
5 t、6 t箱	元/箱·km	0.005 5
10 t箱	元/箱·km	0.009 24
20 ft箱	元/箱·km	0.017 6
40 ft箱	元/箱·km	0.037 4
空自备箱　1 t箱	元/箱·km	0.000 33
5 t、6 t箱	元/箱·km	0.004 62
10 t箱	元/箱·km	0.050 4
20 ft箱	元/箱·km	0.088
40 ft箱	元/箱·km	0.018 7

注:整车货物中,化肥、磷矿石、棉花(籽棉、皮棉)的费率为 0.021 元/t·km。

计算公式:新路新加均摊运费 = 均摊运价率 × 计费重量(箱数或轴数)×运价里程

三、国际铁路货物联运过境运费的计算

国际铁路货物联运过境运费的计算是按照《统一货价》的规定计算。其运费计算的程序及公式如下。

1.计算程序

(1)根据运单记载的应通过的国境站,在《统一货价》过境里程表中,分别找出货物所通过的各个国家的过境里程。

(2)根据货物品名,查阅《统一货价》中的货物品名分等表,确定所运货物应适用的运价等级和计费重量标准。

(3)根据货物运价等级和各过境路的运送里程,在《统一货价》中找出符合该批货物的运价率。

(4)《统一货价》对过境货物运费的计算,是以慢运整车货物的运费额为基础的(即基本运费额),其他种别的货物运费,则在基本运费额上分别乘以不同的加成率。

2.过境运费的计算公式

$$\left.\begin{matrix}\text{过境里程}\\ \text{运价等级}\end{matrix}\right\}\rightarrow\left.\begin{matrix}\text{货物运价率}\\ \times \text{计费重量}\end{matrix}\right\}=\left.\begin{matrix}\text{基本运费额}\\ \times \text{加成率}\end{matrix}\right\}=\text{运费}$$

实训项目

项目任务 1:设计运输线路、选择托运类别

客户 CC 有限公司拟定出口一批热水壶给蒙古的 PP 公司,CIP 价格条件成交。这批货总重约 24 t,总体积约 100 m³,价值 120 万元人民币,要求从北京运到蒙古的乌兰巴托。现就出口事宜与 AA 国际物流公司接洽。假设你是该票货物操作员,请设计出该票货物的具体运输路线并选择办理托运的类别。国境站有 AA 公司的分支机构,其在蒙古国的合作伙伴是蒙古国际物流公司。

提示:查铁路线路示意图

项目任务 2:根据项目任务 1 中此单业务的相关内容填写国际货协运单

项目任务 3:铁路货物运费计算

(1)某托运人从大同托运原煤,重 45 t,使用 C62 车型火车一辆,快运至青岛,快运费加收 30%。基本运费是多少?

提示:

"运价里程表"可从《铁路货运运价里程表》(铁道部最新出版,2011 年版)查得;

www.china-mor.gov.cn 或 www.12306.com 网站中可查得"分类与代码表";

表 4-4-1 中可查得运价。

(2)某托运人从青岛发往大同一批零担货,其中收音机 30 个,电饭锅 60 个,总重 710 kg,总体积 1.2 m³,求基本运费?

提示:多种货物品名作为一批货运输,运价号取大者。

(3)如果(2)中货物改由集装箱运输,可以使用什么样的集装箱? 基本运费是多少?

法律思考

国际铁路联运货物货损和灭失的索赔典型案例

[案情]

原告:广西机械公司

被告:中国铁路对外服务上海公司(以下简称中铁上海公司)

被告:华远船务有限公司(以下简称华远船务公司)

1992年9月17日,广西机械公司通过福州进出口公司上海办事处向中铁上海公司办理出口货运委托,要求将价值9万美元的750箱人造革皮夹克由上海铁路运往俄罗斯莫斯科的帕维列兹卡娅站。出口货运委托书注明:发货人广西机械公司;收货人M公司,运输方式为铁路运输;委托人要求出3份提单送到指定地点;运费预付,其中上海至满洲里人民币7 951.20元,满洲里到莫斯科2 250美元。同年10月9日,中铁上海公司接收了所托运的货物,并收取了委托书约定的全部运费后,向广西机械公司签发了华远船务公司为总经营人的俄罗斯大陆桥运输线(SVB)提单,提单发货人为广西机械公司,承运人为SVB公司,总经营人为华远船务公司;提单收货人填写内容与出口货运委托书相同,并另附有华远船务公司驻莫斯科联络人的详细地址;提单记明货物重量为5 344 kg。提单背面条款规定:货方须证明货值在2美元/千克以上者,SVB最多只赔偿2美元,若货方在提单上声明价格超过2美元/千克,并经SVB同意,可获得超过2美元/千克以上的赔偿。但提单未注明货物价格。

同年11月10日,中铁上海公司从上海铁路分局桃浦站发运了该批货物,桃浦站开具了发货人为华远船务公司,到站为莫斯科帕维列兹卡娅站的国际货物联运协定的运单。同年11月18日,该批货物由满洲里站过境。

1993年5月5日,广西机械公司经多次查询,未获到货消息,遂向承运人提出书面索赔。同年10月4日,广西机械公司获得俄方工作人员比留科娃证实货已到站出售的签字证明。华远船务公司经向俄方查询,也获知货物到站由俄方拍卖。双方为此发生争议,广西机械公司向上海铁路运输中级人民法院起诉。

原告广西机械公司起诉称:我公司委托被告中铁上海公司将价值9万美元的1万套人造革茄克,由上海运往莫斯科帕维列兹卡娅站。该被告开具了提单和运单副本。货物发出后,经多次向到站查询,并与被告中铁上海公司联系,均无货物消息。1993年5月5日,我公司致函被告中铁上海公司,提出索赔未果。同年10月4日,经莫斯科铁路局索赔部部长比留科娃证实,货物已于1992年12月20日被到站帕维列兹卡娅站擅自出售。请求判令被告中铁上海公司赔偿货物损失9万美元,退还运费2 250美元,人民币7 951.20元,赔偿保险费792美元,银行贷款超期罚款148.5美元,利息742.5美元,差旅费、通信费55 000元,律师费4万元。

被告中铁上海公司答辩称:本公司并非铁路承运人,而是受原告委托办理运输的代理人。运输的货物被俄方拍卖,原因未查清,不能认定为灭失。华远船务公司是全程运输经营人,有责任查明货物拍卖的原因,要求追加华远船务公司为共同被告。

追加被告华远船务公司答辩称:我公司与原告并无契约关系,并非本案适格的被告。原告货物灭失与我公司无关。货物由俄方到站出售,无论因收货人未及时提货或到站恶意不当行为引起,均非我公司所能控制。

[审判]

上海铁路运输中级法院经审理认为：本案系国际铁路货物联运合同纠纷。被告华远船务公司系全程经营人，应当就全程运输对原告广西机械公司负责。现货物未交付给收货人，被告华远船务公司又未提出被合法处理的足够依据，应按照提单背书条款中限额赔偿的规定承担责任。根据《中华人民共和国民法通则》第112条的规定，该院于1994年10月21日判决如下：

一、被告华远船务公司赔偿原告广西机械公司货物损失10 688美元，运输费用人民币7 951.20元和2 250美元。

二、驳回原告其他诉讼请求。

宣判后，广西机械公司不服，向上海市高级人民法院提起上诉，称：中铁上海公司代理华远船务公司与本公司签订的国际货物运输合同，因华远船务公司无权在境内从事国际货运业务，合同应属无效。中铁上海公司既接受我公司委托办理出口货运手续，又代理华远船务公司签发提单，这是无效的双重代理。华远船务公司擅自以自己的名义与铁路桃浦站签订国际货物联运合同，侵犯了我公司对该批货物的财产权。本案涉及的货物被俄方拍卖的原因不明，要求被上诉人中铁上海公司、华远船务公司赔偿货物的全部损失及利息。

被上诉人中铁上海公司答辩称：我公司是经国家外经贸部批准成立的国际货运代理企业，经营铁路运输、国际铁路货物运输代理业务。在经营本案运输业务中无任何过错，不应承担责任。

被上诉人华远船务公司答辩称：我公司在香港合法登记，根据公司章程从事国际海运、联运以及与铁路运输有关业务。中铁上海公司与我公司的协议约定，境内铁路运输由中铁上海公司负责，我公司仅提供信息与单证，不存在越权违法经营。因中铁上海公司签发我公司根据双方协议提供的提单，我公司与上诉人广西机械公司依法成立铁路联运合同。上诉人否认提单条款的合同效力理由不足。货物被拍卖是上诉人的疏忽导致，我公司理应免责。

上海市高级人民法院经审理查明：中铁上海公司系经国家主管部门批准成立的国际货运代理企业，其与华远船务公司订有协议，双方合作经营西伯利亚大陆桥的铁路集装箱运输和整车货运，华远船务公司提供全程运输提单，承担全程经营人的责任。中铁上海公司负责签发提单，办理中国段的运输。

1992年9月17日，广西机械公司通过福州进出口公司上海办事处向中铁上海公司填写一份出口货运委托书，委托书注明发货人广西机械公司，收货人一栏为收货人的姓名、护照号码、电话号码。运输方式为铁路列车。委托人要求出三份提单开送到指定地点。运费预付，上海至满洲里7 951.20元人民币，满洲里至莫斯科2 250美元。广西机械公司货物交付后，中铁上海公司在经营人为华远船务公司的苏联大陆桥运输提单上签章，并收取了全程运费，提单正面填写的内容与委托书基本相同，另有华远船务公司在莫斯科联系人的详细地址。

1992年11月10日，上海铁路桃浦站制作的国际货协运单上记明发货人为华远船务公司，收货人与委托书填写相同。根据《国际铁路货物联运协定》规定：国际货协运单关于地址的记载，不得没有收货人的名称及通信地址；货物发生交付阻碍时应由发货人在限期内提出处理意见，未收到发货人的任何可行的指示，则货物应按发生阻碍铁路的现行国内规章处理；如果货物已经变卖，卖得的款项扣除必要费用后交付发货人。

上海市高级人民法院认为：上诉人广西机械公司通过福州进出口公司上海办事处提出的

出口货运委托,因有被上诉人中铁上海公司代表全程经营人被上诉人华远船务公司签发提单而成立。华远船务公司是注册在香港的从事国际货运业务的企业,其通过境内代理人办理部分货运手续,与我国现行工商法规并不抵触。中铁上海公司是合法成立的国际货运代理企业,在本案中代表全程经营人缮制运输单证符合经营范围,且代理过程中并无错误,不应承担责任。上诉人关于华远船务公司违法经营,中铁上海公司双重代理的上诉理由不足,不予采信。上诉人交付货物后,从全程经营人手中获取正本提单,可据此主张权利。华远船务公司通过中铁上海公司向铁路承运企业办理国际联运手续,与其依据提单承担全程经营责任相符,上诉人据以认为华远船务公司向铁路企业办理托运侵犯其财产所有权的理由不足。华远船务公司出具提单后又以自己名义将货物交铁路企业承运,依据有关规定可以享受一定权利。华远船务公司未提供货物在到达站被处理的有效证据,应对提单持有人承担法律责任。本案系国际铁路联运纠纷,华远船务公司依据海运提单的背面条款,主张对上诉人(即发货人)承担限额赔偿责任,不符合公平的民事原则。一审法院依此适用法律失当,应予纠正。上诉人要求被上诉人(即承运人)赔偿其全部货物损失的上诉理由予以支持,但因其在办理委托运输手续时未详细写明收货人的通信地址,有一定的过错,有关货损利息的请求,不予支持。依照《中华人民共和国民法通则》第4条,《中华人民共和国民事诉讼法》第153条第1款第2项规定,于1996年4月30日判决如下:

一、撤销原审判决第一项。

二、华远船务公司在本判决生效后10日内赔偿广西机械公司货物损失9万美元,保险费损失792美元,运费损失2 250美元和7 951.20元人民币。

三、维持原审判决第二项。

宣判后,双方当事人服从判决。

深度探讨

我国铁路货物运输合同运到逾期的货损索赔,与《国际货协》的规定有什么不同?

讨论引导:

宏隆实业有限公司与上海铁路分局何家湾站等铁路货物运输合同逾期货损索赔纠纷再审案

[案情]

上海宏隆实业有限公司(以下简称宏隆公司)与原二审被上诉人、一审被告上海铁路分局何家湾站(现该站已并入上海铁路分局杨浦站,由杨浦站代行其权利、义务,以下简称何家湾站)、再审申请人长沙铁路总公司株州北站(以下简称株州北站)、南昌铁路局鹰潭站(以下简称鹰潭站)之间发生的铁路货物运输合同逾期货损索赔纠纷案,经上海市高级人民法院二审判决后,株州北站、鹰潭站不服,向最高人民法院申请再审。最高人民法院依照《中华人民共和国民事诉讼法》第177条第2款、第183条的规定决定提审本案,同时裁定中止原判决的执行。

最高人民法院经审理查明:

1995年4月19日,广东省物资储运公司受宏隆公司的委托,将宏隆公司被买方拒收的240件铁桶包装的TD甘油在广州东站办理了托运手续,自装自锁装入P632697号60 t的棚车,施封号码0276。托运人填写的货物运单记载:甘油240件,重量60 t,货物价值6万元,保价 6 万元,到站上海何家湾站,收货人上海宏隆实业有限公司。承运人缮制的货票记载,运到期限为 9 天。

P632697 号货车于 1995 年 4 月 20 日从广州东站开出,次日到达株洲北站,在列车编组作业中被两次开往白马垅站保留,直至 5 月 18 日解除保留,开回株洲北站,编入直通货物列车开出,同日到达鹰潭站。列检员在例行检查中发现 P632697 号车的走行部位一侧位旁承游间及枕簧被压死,不能继续运行,遂将该车送鹰潭南站倒装扣修。鹰潭南站于 6 月 8 日以两辆敞车加篷布苫盖倒装了 P632697 号车上的货物。倒装时货运记录记载:车底板上有油迹,经清点有空桶 17 件,另有 7 件桶中部有 0.8 cm×0.4 cm 的破口(新痕),内货剩余约半桶。倒装后,两辆敞车于 6 月 9 日挂运,6 月 14 日抵达何家湾站。

收货人宏隆公司自行卸车。卸车时货运记录记载:空桶 44 件,半桶 36 件。货物外包装上贴有英文标签,标有"SORBITOL NEOSORB"(即山梨糖醇、异构山梨醇),"NET 275 kg"(即净重 275 kg),"Gross 296 kg"(即毛重 296 kg)字样,桶上没有中文标识。宏隆公司将 10 个满桶货物抽样过秤,最重的达 273 kg,最轻的有 270 kg。涉案货物后经上海市产品质量监督检验所现场外观检查,结果是:TD 甘油共计 240 桶,其中空桶 61 件,满桶 179 件。在 179 桶中,有 167 桶为胖桶。随机抽查胖桶 4 件,内均有气体逸出,且内装物均有发酵味。抽样检验结论为该产品本次抽查检验不合格。

另查明,涉案的这批 TD 甘油是江苏省泰兴市甘油厂于 1994 年 11 月 5 日至 13 日生产的,该企业标准未标明 TD 甘油的成分,规定保质期为 6 个月。中国科学院化学研究所接受法院的委托,对从泰兴甘油厂抽取的 TD 甘油样品进行了检验,结果为 TD 甘油样品是一个多元醇的多聚糖混合物的水溶液。该混合物中,含量最多的是己六醇(亦称六碳醇糖,如山梨糖醇、甘露醇之类),其次成分是六碳单糖。

宏隆公司于 1994 年 11 月 13 日以 1 万元/吨的价格,购买了涉案的这批 TD 甘油并发往广东,以履行其与广州市润泽有限公司签订的甘油(丙三醇)买卖合同。1994 年 11 月 16 日广东石围塘站卸货时,货运记录记载:5 件有不同程度渗漏,完好件重 275 kg。买方副经理邓志强称:1994 年 12 月 26 日,宏隆公司总经理王日宏带技术员到广州抽查货物时,发现气味不对,用手试黏度,已不拉丝,有些货已发酵,有些桶鼓胀。因质量不符,买方要求退货,宏隆公司决定将此批货物返运回上海,此时该货物已在广州滞留 5 个月。宏隆公司以铁路运输企业野蛮装卸致使货物包装严重破损,逾期运到 47 天致使货物变质,承运人对货损有重大过失为由提起诉讼,请求判令到站何家湾站赔偿货损和其他损失共计 840 889 元。上海铁路运输中级法院追加株洲北站、鹰潭站为第三人,经审理认为:宏隆公司指控承运人有野蛮装卸和重大过失证据不足。株洲北站保留该车,致使货物逾期运到并超过保质期发生变质,对货损有一般过失,应在货物保价金额内承担赔偿责任;货物到达鹰潭站已过保质期,扣车和倒装系货物超载所致,故鹰潭站不承担赔偿责任。一审判决株洲北站按货物保价金额赔偿宏隆公司货损 6 万元,并支付逾期违约金 1 434 元。

宏隆公司和株洲北站不服一审判决,向上海市高级人民法院上诉。该院经审理认为:株洲北站上诉称由于醴陵限制口的车辆通过能力有限,因此该车被保留,属不可抗力,株洲北站不应为保留承担逾期运到的货损和违约责任。而事实是,宏隆公司于本案货物托运的次日又托运的另一车 TD 甘油,8 天后即运抵上海。即便是由于车辆通过能力受限需要采取保留措施,但后运的货物却能先到达,株洲北站以保留来拒绝承担责任的理由难以采信。TD 甘油有一定的保质期,鹰潭站对到站货车没有及时倒装,致使宏隆公司托运的 TD 甘油在该站滞留,造成逾期变质。承运人确实存在重大过失,应当承担全部赔偿的责任。宏隆公司上诉请求按实际损失赔偿,并无不当。据此,上海市高级人民法院按照铁道部关于"铁路货运损失由到达站赔偿"的规定,判决撤销一审判决,改判由何家湾站赔偿宏隆公司货物损失 60 万元。

株州北站申请再审的理由是:由于宏隆公司隐瞒了货物的真实品名、价值和在返运前就存在质量问题的真相,使承运人判定此车货物符合保留车条件。在车辆通过能力受限的情况下,根据调度命令将该车保留,株州北站无法改变,不应对此承担责任。

鹰潭站申请再审的理由是:(1)该批货物超过保质期 20 多天就能全部发酵变质,其产品质量可想而知。况且该批货物使用旧铁桶包装,桶上没有任何中文标识,且发运前就存在质量问题。这些情况托运人从未向承运人声明,致使承运人将该批"甘油"按普通货物运输,托运人对此负有不可推卸的责任。(2)宏隆公司超重装车致使货车损坏,我站为防止列车颠覆而决定将该车倒装扣修,不应对由此发生的货物滞留负责。

宏隆公司在庭审中辩称:(1)本案是运输合同,不是购销合同,铁路无须关心货物质量问题。按照《中华人民共和国铁路法》第 19 条的规定,铁路对承运货物的包装和重量应该查实,既然接收了就应视为同意。(2)铁路收了运费,就负有在运输合同约定的期限内将货物完好运到目的地的义务,不能以运能紧张对抗货主。本案货物逾期 47 天运到,承运人当然有重大过失。

杨浦站陈述称:我站完全同意株州北站和鹰潭站的申请再审理由。本案货物到站后,是由宏隆公司自行卸车,卸后堆放在凹凸不平的露天场地,数天后才转入室内仓库。货物变质发酵是本身质量问题造成的,承运人不应承担赔偿责任。宏隆公司称货物运到已超过保质期,因此变质的理由不能成立。

[审判]

最高人民法院认为:《中华人民共和国铁路法》第 19 条规定:"托运人应当如实填报托运单,铁路运输企业有权对填报的货物和包裹的品名、重量、数量进行检查。"第 20 条规定,托运人对托运货物应当按照国家的或者行业的包装标准包装,使货物在运输途中不因包装原因而受损坏。

由于运单内容决定着承运人采取何种运输措施以保证货物安全,所以法律将如实填报运单规定为托运人必须履行的义务。宏隆公司委托的托运人在货物运单中填写的品名是甘油,而实际托运的是 TD 甘油;运单上申报的货物价格 6 万元,而实际整批货物价值 60 万元,没有履行如实填报运单的义务。

甘油的化学名称是"丙三醇",其性质较稳定,对运输没有严格要求,如包装密闭不严或过期一两个月,只会因吸潮使甘油含量减少,但不至引起化学变化。而 TD 甘油的主要化学成分是己六醇,含羟基成分较多,化学性质比较活跃,属极易被氧化物质。如果外包装密闭不严,会加速氧化过程,导致变质。宏隆公司使用曾盛装过化学性质比己六醇更活跃的异构山梨醇的旧铁桶盛装返运的 TD 甘油,既不符合泰兴市甘油厂关于 TD 甘油须使用洗净干燥的涂塑或镀锌桶包装的企业标准,又不符合甘油应使用铝桶(带铁制加强框架)、涂锌或涂树脂铁制容器包装,并保证桶罐盖紧、封牢,不渗不漏、不吸潮的国家标准。该批货物从上海运至广州时,就已经存在渗漏、部分货物发酵、桶鼓胀等问题,说明返运过程中出现的包装破损渗漏和大部分桶顶鼓胀、货物发酵变质等现象,其根本原因是包装不当造成货物发生氧化反应,与逾期运到没有必然联系。

《铁路货物保价运输管理办法》第 8 条、第 10 条规定，保价金额 50 万元以上的整车货物，应及时挂运，中转停留一般不超过 24 小时。由于宏隆公司委托的托运人未如实申报货物价值，使承运人确认该批货物属对运输无特殊要求的低值普通货物，故在选择保留车时，根据先普通货物后特殊货物的原则决定将该车保留。该批货物使用棚车运输，由托运人自装自锁。按照中华人民共和国铁道部 1991 年公布的《铁路货物运输规程》第 47 条第 1 款的规定，承运人与托运人凭封印交接，内货状况和包装由托运人负责。《铁路法》第 19 条规定的铁路运输企业对货物进行检查是承运人的权利，并非义务。承运人按照运单填报内容，依据运输规章决定将该车保留，延长了运输时间，使货物的变质加剧，属货物本身的自然属性和托运人的过错造成的。依照《铁路法》第 18 条第 1 款第 2、第 3 项规定，承运人不承担赔偿责任。

按照列车运行图的规定，醴陵站每天可以正常通过近 700 辆重车，醴陵站虽是铁路运输中的限制口，但并非所有车辆的通过都要受到限制。在通过能力受到限制时，正因为对部分车辆采取了保留让路的办法，才能够保证线路畅通，使后面更多的车辆顺利通过。而需要保留的车数、时间以及挂车的次序，是由列车调度根据车流情况和编组作业原则掌握，不是按先来后到的顺序排队。二审判决以宏隆公司后返运的另一批甘油在 8 天内运到来说明逾期运到并非由于醴陵限制口车辆通过能力有限所致，从而推定承运人有重大过失不成立。

本案货物的运到期限为 9 天，逾期 47 天运到。《铁路法》第 16 条规定："铁路运输企业应当按照合同约定的期限或者国务院铁路主管部门规定的期限，将货物、包裹、行李运到目的站；逾期运到的，铁路运输企业应当支付违约金。"《铁路货物运输合同实施细则》第 18 条第 5 款规定，承运人"未按规定的运到期限，将货物运至到站，向收货人偿付该批货物所收运费 5% 至 20% 的违约金。"株州北站虽然是因运输能力的限制而对该车采取保留措施造成逾期，但仍属承运人的违约行为，与托运人或者收货人无关，株州北站应当依法给付该段逾期时间内的违约金。托运人使用的 P632697 号棚车限制吨位是 60 t，托运 240 件货物，每件平均毛重应当在 250 kg 以内。而本案货物的外包装上标明的毛重是 296 kg，满桶货物平均在 270 kg 以上，确实存在着超重装车现象。鹰潭站发现该车因超重被损坏，为了保证铁路运输安全而决定将该车倒装扣修，本不应当对因此造成的损失负责，但是鹰潭站没有根据具体情况及时安排倒装车辆，故亦应对在该站的逾期负责。考虑到车辆的损坏是托运人超重装车造成的，可以相应减轻鹰潭站逾期的违约责任。

综上，最高人民法院于 2000 年 9 月 12 日判决：

一、撤销上海市高级人民法院的二审民事判决和上海铁路运输中级法院的一审民事判决；

二、驳回宏隆公司要求赔偿货物损失的诉讼请求；

三、由到站上海铁路分局杨浦站代表承运人向宏隆公司支付逾期运到违约金 496.84 元。

一、二审案件受理费共 30 520 元，鉴定费 3 000 元，由对方当事人宏隆公司负担。

第五章 国际航空货物运输

本章将介绍国际航空货物运输的基础知识、业务流程、空运单的内容和填制、运费的计算和国际航空货物运输相关的国际公约。

第一节 航空货物运输的基础知识

一、国际航空货物运输组织

与航空货运相关的几个国际组织主要包括国际民用航空组织(ICAO)、国家航空管理局(NAA)、国际航空运输协会(IATA)、国际货运代理协会联合会(FIATA)、国际电讯协会(SITA)等。以下主要介绍 ICAO、NAA 和 IATA 三个国际航空货物运输组织。

1. **国际民用航空组织**(International Civil Aviation Organization:ICAO)

国际民用航空组织(www.icao.int)是协调世界各国政府间在民用航空领域内各种经济技术关系和法律事务的国际组织,简称国际民航组织。它成立于 1947 年 4 月 4 日,是政府间的国际航空运输机构,也是联合国所属专门机构之一。

1944 年 11 月 1 日至 12 月 7 日,52 个国家的代表在美国芝加哥举行国际民用航空会议,会上制定的《国际民用航空公约》即《芝加哥公约》,于 1947 年 4 月 4 日生效。根据公约规定,于公约生效的当日成立国际民用航空组织。国际民航组织现有 185 个成员国。中国是 1944 年《国际民用航空公约》的签字国和国际民航组织的成员国。

国际民航组织是负责国际航空运输的技术、航行及法规方面的机构。它所通过的文件具有法律效力,各成员国必须严格遵守。

2. **国家航空管理局**(National Aviation Authorities:NAA)

各国均有与航空运输有关的政府机构——航空管理局。如:Civil Aviation Authorities(CCA)加拿大民航局、Civil Aviation Administration Organization 中国民航总局、Federal Aviation Administration(FAA) 美国联邦航空局等。各国的民航总局在国际民用航空组织中代表各自国家。

国家民航总局主要负责航空器的注册,适航许可证,航线经营许可证,执行国内及国际规则及航空器的安全与保障。

3. **国际航空运输协会**(International Air Transport Association:IATA)

国际航空运输协会(www.iata.org)是世界各国航空运输企业间非政府性的协调、合作机构。它的前身是 1919 年在海牙成立的国际航空交通协会,1945 年改用现名。协会章程规定:凡国际民用航空组织成员国所属的任何经营定期航班的航空运输企业,都可以成为该组织的会员。其中经营国际航线航班的航空运输企业为正式会员(active members),而只经营国内航线航班的航空运输企业只能作为准会员(associate members),国际航空运输协会的总部设在加拿大的蒙特利尔。

国际航空运输协会的主要活动是:协商制定国际航空运输客货运价;统一国际航空运输的

规章制度,推进国际航空运输各项业务标准化,简化运输手续;结算会员企业间的联运业务账目。

目前,国际航空运输协会的成员包括全世界 100 多个国家的经营国际和国内定期航班的航空公司。我国内地共有 13 家航空公司加入该协会。

二、航空货运的方式

1.班机运输(scheduled flights)

班机运输是指定期开航、定航线、定始发站、定目的站、定途径站、定运价的航空运输。

2.包机/包舱包板运输(chartered carrier)

包机运输,或者称包舱包板运输,是指托运人根据所托运的货物,在一定时间内或一次性包用承运人在某条航线或某个航班的飞机部分或全部货舱、集装箱、集装板。

包舱包板运输,按照是否固定包用,可以分为固定包舱包板运输和非固定包舱包板运输。在固定包舱包板运输下,无论托运人是否向承运人交付货物,都必须支付协议中规定的运费;在非固定包舱包板运输下,托运人在航班起飞前 72 h 如果没有确定舱板,承运人则可以自由销售舱板。

包舱包板运输,按照包用对象的不同,可以分为包舱运输和包集装箱器(板、箱)运输。

3.集中托运(consolidation)

集中托运是指将若干票单独发运的、发往同一方向的小票货物集中起来,作为一票货,填写一份总运单运到同一到达站。

集中托运是航空货运代理的主要业务之一。由航空货运代理接受托运人的订舱,签发分运单,将货物集中起来后,作为一票货向航空公司订舱。

4.航空快递(air courier)

航空快递是指具有独立法人资格的企业,将进出境货物或物品从发件人(consignor)所在地,通过自身或代理的网络运达收件人(consignee)的一种快速运输方式。采用上述运输方式的进出境货物、物品叫快件。

快件可分为快件文件和快件包裹两类。快件文件以商务文件、资料等无商业价值的印刷品为主,也包括银行单证、合同等。快件包裹又叫小包裹服务,主要运输一些小型样品、零配件等货物和物品。

航空快递运输方式分为三种:国际快递、国内快递和同城快递。其中,国际快递主要分为三类:门到门、门到机场和专人派送。

交付凭证(proof of delivery:POD)是航空快递业务中最重要的单证,一般有发货人联、随货同行联、财务结算联、收货人签收联等,其上印有编号及条形码。POD 类似航空货运中的分运单,具有比分运单更广泛的作用:

- 商务合同作用;
- 分运单作用;
- 服务时效、服务水平记录作用;
- 配合电脑检测、分类、分拨作用;
- 结算作用。

国内许多航空货运公司都兼营快件业务,当然也有专门的快件公司从事国际航空快件业务。世界著名的快递公司有 DHL、FedEx、UPS、TNT、OCS 和 EMS 等。

三、航空地理

1. 航空区划

为保证国际航空运输的安全,必须统一各国运输企业的技术规范、航行程度和操作规则。同时,为了便于航空公司间的合作和业务联系,国际航空运输协会(IATA)把世界划分为三个"国际航协运输会议区"(IATA Traffic Conference Areas:TC),简称 TC1、TC2、TC3,各区域又分若干下属次(或小)区。

IATA 三个区域(如图 5-1-1 所示)如下:

TC1:IATA 1区,指南北美州大陆及其邻近的岛屿,格陵兰、百慕大、西印度群岛及加勒比海群岛,夏威夷群岛(包括中途岛和棕榈岛)。TC1 又分为四个次区:加勒比次区、墨西哥次区、远程次区、南美次区。

TC2:IATA 2区,指欧洲(包括俄罗斯联邦的欧洲部分)和邻近的岛屿,冰岛,亚速尔群岛,非洲及其邻近的岛屿,阿留申岛以及亚洲的一部分,即伊朗以西(包括伊朗)。TC2 又分为三个次区:欧洲次区、中东次区和非洲次区。

TC3:IATA 3区,指伊朗以东的亚洲部分及其邻近的岛屿,东印度群岛,澳大利亚,新西兰及其临近的岛屿,太平洋岛屿中除去属于 TC1 区的部分。TC3 又分为四个次区:南亚次大陆次区、东南亚次区、西太平洋次区、日本/朝鲜次区。我国位于 TC3 区域内的东南亚次区。

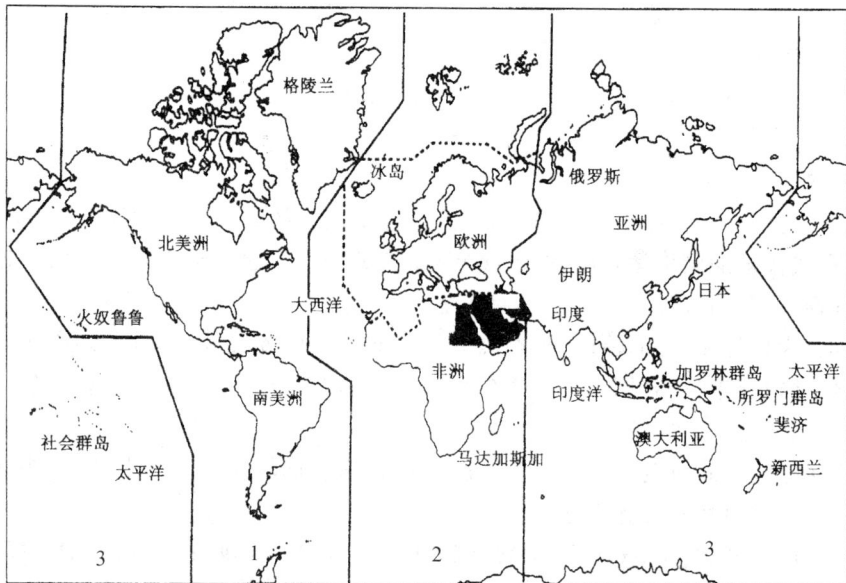

图 5-1-1　国际航协运输会议区

2. 主要国家、城市、机场及其代码

航空货物运输的业务操作中,一般都使用代码,所以牢记航空运输中涉及的主要代码是非常重要的。

(1)主要国家及代码

英文名称	中文名称	代码
CHINA	中国	CN
CANADA	加拿大	CA
UNITED STATES	美国	US
CUBA	古巴	CU
MEXICO	墨西哥	MX
ARGENTINA	阿根廷	AR
BRAZIL	巴西	BR
FRANCE	法国	FR
GERMANY	德国	DE
ITALY	意大利	IT
UNITED KINGDOM	英国	GB
JAPAN	日本	JP
KOREA	韩国	KR
SINGAPORE	新加坡	SG
AUSTRALIA	澳大利亚	AU

(2)主要城市及代码

英文名称	中文名称	代码
BEIJING	北京	BJS
GUANGZHOU	广州	CAN
SHANGHAI	上海	SHA
HONG KONG	香港	HKG
QINGDAO	青岛	TAO
TIANJIN	天津	TSN
CHONGQING	重庆	CKG
SHENZHEN	深圳	SZX
HANGZHOU	杭州	HGH
KUNMING	昆明	KMG
XIAMEN	厦门	XMN
DALIAN	大连	DLC
ATLANTA	亚特兰大	ATL
BOSTON	波士顿	BOS
CHICAGO	芝加哥	CHI
DETROIT	底特律	DTT
HOUSTON	休斯顿	HOU
LOS ANGELES	洛杉矶	LAX
MIAMI	迈阿密	MIA
NEW YORK	纽约	NYC
SAN FRANCISCO	圣弗朗西斯科	SFO
SEATTLE	西雅图	SEA

续表

英文名称	中文名称	代码
WASHINGTON	华盛顿	WAS
LONDON	伦敦	LON
NAGOYA	名古屋	NGO
TOKYO	东京	TYO
OSACA	大阪	OSA
SROUL	汉城	SEL
PARIS	巴黎	PAR

(3)主要机场及代码

机场英文全称	机场的中文全称	机场代码	所属国家(城市)
Capital International	首都国际机场	PEK	中国(北京)
Charles de gaulle	戴高乐机场	CDG	法国(巴黎)
Heathrow	希斯罗机场	LHR	英国(伦敦)
Dulles International	杜勒斯国际机场	IAD	美国(华盛顿)
O'Hare	奥黑尔机场	ORD	美国(芝加哥)
John F. Kennedy	肯尼迪机场	JFK	美国(纽约)
Narita	成田机场	NRT	日本(东京)
Kansai International	大阪关西机场	KIX	日本(大阪)

四、载货飞机

1. 飞机的分类

(1)按机身的宽窄分类

可分为窄体飞机和宽体飞机。

①窄体飞机(narrow-body aircraft):窄体飞机的机身宽约 3 m,旅客座位之间有一个走廊,这类飞机往往只在其下货舱装运散货。

常见的窄体飞机:

Airbus Industries	A318,A319,A320(※),A321
Boeing	B707, B717, B727, B737, B757
Fokker	F100
McDonnell Douglas	DC-8,DC-9,MD-80series,MD90
Antonov	AN-72/74

(※:A320 飞机有一种特制的集装器,高 117 cm,宽体飞机集装器一般高 163 cm。)

②宽体飞机(wide-body aircraft):宽体飞机的机身较宽,客舱内有两条走廊,三列座椅,机身宽一般在 4.72 m 以上。这类飞机可以装运集装货物和散货。

常见的宽体飞机:

Airbus Industries	A300-B,A310,A330,A340
Boeing	B747,B767,B777
Ilyushin	IL-86,IL-96

Lockheed	L1011 Tristar
McDonnell Douglas	DC-10,MD-11
Antonov	AN-124

（2）按飞机使用用途分类

可以分为全货机、全客机、客货混合机。

全货机：主舱和下舱全部载货。

全客机：只在下舱载货。

客货混合机：旅客在主舱前部,主舱后部和下舱载货。

2.飞机舱位结构

一般飞机主要分两种舱位：主舱（main deck）、下舱（lower deck）。但是,波音747分为三种舱位：上舱（upper deck）、主舱、下舱（见图5-1-2）。

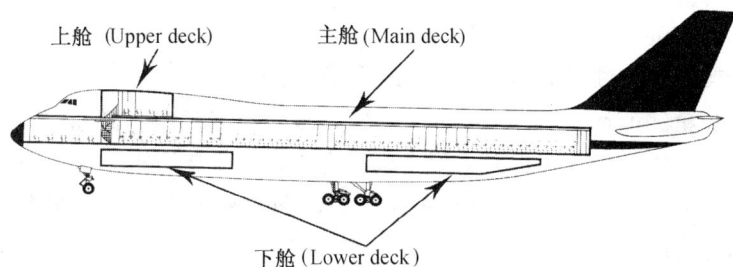

图 5-1-2　波音 747 舱位结构图

五、集装设备（unit load devices：ULD）

20 世纪 60 年代之前,所有的空运货物都采用散装形式运输。随着大型货机的引入,像 DC-8、B707,继续采用散装货物装卸飞机则需要花费大量时间。为了改进装卸方式,人们开始将小件货物集中在一个箱里或板上变成大件货,逐渐形成了标准化的且为飞机上活动部件的集装设备。当然,飞机的货舱地板上还要配备安装合适的滚棒输送设备和锁定系统。

集装设备（ULD）主要包括集装板、集装棚、集装箱三种。

1. 飞机集装板（aircraft pallets）和网套

飞机上使用的集装板就是一个具有平整底面的平台。

货物在地面上被预先按照飞机舱内尺寸标准堆放到集装板上,然后用一张网套或集装棚将货物固定。装入飞机后,用锁定系统将它固定在舱中的货位上,从而达到快装快卸的目的。

大多数集装板具有标准尺寸：

224 cm×318 cm	88 in×125 in
224 cm×274 cm	88 in×108 in
224 cm×606 cm	96 in×238.5 in
224 cm×318 cm	96 in×125 in

这些型号的集装板的厚度一般不大于 1 in,在板的四周有挂网用的网槽。网套可以是用绳子或带子编成的菱形或方形的网眼组成。

2. 集装棚（igloos）

集装棚分结构集装棚和非结构集装棚两种（见图5-1-3）。

非结构集装棚是由玻璃纤维、金属及其他适合的材料制成的坚硬外壳。棚的前部敞开、无底,其侧面与飞机的货舱轮廓一致,正好罩住整个集装板。这个外壳与飞机的集装板和网套一起使用。

结构集装棚是指带有固定在底板上的外壳的集装设备,它形成一个完整的箱,不需要网套固定。

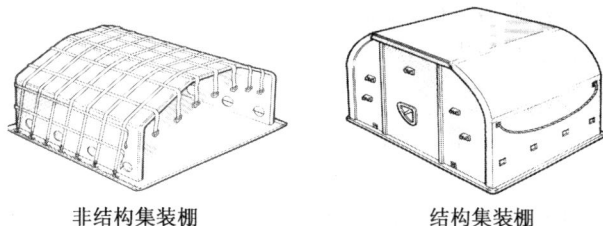

非结构集装棚　　　　　　结构集装棚

图 5-1-3　集装棚

3. 集装箱(container)

集装箱与结构性集装棚相似,它可分为以下几种类型:

多式联运集装箱(intermodal containers):20 ft 或 40 ft 集装箱,高和宽都是 8 ft。这种集装箱仅仅能被装在宽体货机或客货混载型飞机的主舱。它主要用于航空运输及多式联运。

主舱集装箱(main deck containers):主舱集装箱只能装在货机和客货混装飞机的主舱。这些集装箱的高等于或大于 163 cm。

下舱集装箱(lower deck containers):下舱集装箱只能装在宽体飞机的下舱。下舱集装箱的高度不得超过 163 cm。

4. 识别集装设备

每个集装设备都被 IATA 定义为 9 个数字或字母的代码,如:PAP5001CA。第 1 位字母表示集装设备的分类;第 2 位字母表示底板的尺寸;第 3 位字母表示集装器的外形或适配性;第 4、5、6、7 位数字表示序号;第 8、9 位字母为所有人/注册人。PAP5001CA 的意思表示:该集装器为"经认可注册的规范标准集装板,底板尺寸为 224 cm×318 cm,适用于 B747COMB 上舱及 B747、DC-10、L1011、A310 下舱,序号为 5001,加拿大航空公司所有。

每个集装设备的外面,除标有 IATA 识别代码之外,还标有最大允许装载的毛重和集装器本身的皮重,如"MGW　6804 KG　15000LB　TARE 240 KG　530LB"。

六、航空手册

1. 航空货运指南(OAG Air Cargo Guide)

每月出版一期,主要公布航班时刻表。

2. 航空货物运价手册

是计算国际货运运价的依据。1975 年以前,世界上有一些航空公司公布了自己的运价。尽管他们所公布的运价在表述的内容及形式上有很大的不同,但它们都包括相同的基本内容。为了便于国际货物的运输,并考虑到各国的经济状况,于是许多航空公司决定并于 1975 年共同出版了一套国际上通用的航空运价手册。目前,它已成为全世界各航空公司、货运代理和货主在航空货物运输中所遵循的依据。该手册(The Air Cargo Tariff)分为三册。

- 《TACT 规则》(TACT Rules)
- 《TACT 运价表世界范围分册》(TACT Rates Worldwide)

·《TACT 运价表北美分册》(TACT Rates North America)

其中,《TACT 规则》每半年出版一次,分别为 4 月和 10 月;《TACT 运价表》每两个月出版一次,分别为 2 月、4 月、6 月、8 月、10 月、12 月。生效日期分别为发行当月的 1 日起。

第二节　国际航空货物运输业务流程

一、国际航空货物出口业务流程

航空货物出口业务流程包含以下几个环节:揽货→接受委托运输→订舱→接单接货→填制货运单→出口报关→提板箱、装货→交接发运→费用结算→信息服务。

1.揽货

航空货物运输中,向货主推销航空公司舱位和航空货运公司的服务、争取货源的行为,就是揽货。通常,这项工作由航空货运代理进行。承揽货物处于整个航空货物出口业务程序的核心地位,这项工作是否有成效直接影响代理公司的发展,是航空货运代理的一项至关重要的工作。

航空货运代理与出口单位(发货人)就出口货物运输事宜达成意向后,可以向发货人提供所代理的有关航空公司的"国际货物托运书"。对于长期出口或出口货量大的单位,航空货运代理公司一般都与之签订长期的代理协议。

2.接受委托运输

当一票航空运输货物具体要出运前,发货人首先须填写"国际货物托运书",并加盖公章,作为货主委托代理承办航空货运出口货物的依据。航空货运代理公司接受货主的委托,根据委托书要求办理出口手续,并据以结算费用。因此,"国际货物托运书"是一份非常重要的法律文件。

托运书是缮制航空货运单的依据,应由托运人自己填写,而且托运人必须在上面签字或盖章。

托运书(shippers letter of instruction;SLI)是托运人用于委托承运人或其代理人填开航空货运单的一种表单,表单上列有填制货运单所需各项内容,并应印有授权承运人或其代理人代其在货运单上签字的文字说明。

托运书填写应注意:

(1)始发站机场(airport of departure)

填始发站机场的全称,可填城市名称。

(2)目的地机场(airport of destination)

填目的地机场(机场名称不明确时,可填城市名称),如果某一城市名称用于一个以上国家时,应加上国名。例如:London UK 伦敦,英国;London KY US 伦敦,肯塔基州,美国;London CA 伦敦,安大略省,加拿大。

另外,有些目的地城市没有机场,须进行中转。中转站要尽量选择距目的地城市最近的机场。上述信息可以在 TACT Rules 中 7.3 找到。如:运往瑞士贝林佐纳(Bellinzona)市的货物,因此地无机场,可选择在最近的苏黎世(Zurich)机场中转。

(3)供运输用的声明价值(declared value for carriage)

填列供运输用的声明价值金额,该价值即为承运人赔偿责任的限额。承运人按有关规定向托运人收取声明价值费。但如果所交运的货物毛重每千克不超过20美元(或等值货币),无须填写声明价值金额,可在本栏内填入"NVD"(No Value Declared)(未声明价值);如本栏空着未填写时,承运人或其代理人可视为货物未声明价值。

(4)供海关用的声明价值(declared value for customs)

必须向海关声明价值。如果不声明价值,且出口国海关同意,应填写"NCV—No Commercial Value"。

(5)件数和包装方式(number and kind of packages)

填列该批货物的总件数,并注明其包装方法。例如:包裹(package)、纸板盒(carton)、盒(case)、板条箱(crate)、袋(bag)、卷(roll)等。如货物没有包装时,就注明为散装(loose)。

(6)实际毛重(actual gross weight)和计费重量(千克)(chargeable weight)(kgs)

这两栏应由承运人或其代理人在称重后填入。如托运人已填上重量,承运人或其代理人必须进行复核。

(7)费率(rate/charge)

本栏可空着不填。

(8)货物的品名及数量(包括体积及尺寸)(nature and quantity of goods (incl. dimensions or volume))

若一票货物包括多种物品时,托运人应分别申报货物的品名,填写品名时不能使用"样品""部件"等这类比较笼统的名称。货物中的每一项均须分开填写,并尽量填写详细,如"9筒35 mm的曝光动画胶片""新闻短片(美国制)"等。本栏所填写内容应与出口报关单、发票、进出口许可证上列明的货物相符。

3. 订舱
货运代理接受货主的运输委托后,按托运单中的要求向航空公司订舱。

4. 接单接货
货运代理向航空公司订舱后,要求货主送交有关单证和货物。货运代理对单证要进行认真审核,对货物进行过磅、丈量、做标记和标签。

(1)托运人或其代理人送交的主要单证

①发票、装箱单:发票上一定要加盖公司公章(业务科室、部门章无效),标明价格术语和货价(包括无价样品的发票);

②托运书;

③报关单;

④外汇核销单;

⑤进出口许可证;

⑥商检证或商检放行单或盖有商检放行章的报关单;

⑦进料/来料加工核销本:注意本上的合同号是否与发票相符;

⑧索赔/返修协议:要求提供正本,合同双方盖章,外方没章时,可以签字;

⑨到付保函:凡到付运费的货物,发货人都应提供;

⑩特殊情形下还需要提供配额、产地证,货物木制包装须有熏蒸证明,进口机电产品须有机电产品审批证明等。

（2）接收货物

是指航空货运代理公司把即将发运的货物从发货人手中接过来并运送到自己的仓库。货运代理公司自己没有仓库的，可直接接货到机场。接货时对货物进行过磅、丈量、清点核对。这一步对航空货运代理而言非常重要。

①过磅和丈量

接收每批货物时，都要严格称重，因为这直接关系到运费的计算。货物测量尺寸时，要取最大的长、宽、高。

②检查货物的外包装是否符合运输的要求

· 坚固、完好、轻便，不损坏其他货物和设备，保证在正常操作情况下，货物完好地运达目的地；

· 不得用带有碎屑、草沫等的材料做包装，以防堵塞飞机空调系统；

· 包装内部不能有突出的棱角、钉、钩、刺等，包装外部须清洁、干燥、无异味和油腻；

· 每件货物上详细写明托运人、收货人、通知人名称、地址；

· 包装有破损，应在空运单的"handling information"标注；

· 包装材料良好。

③对包装材料的具体要求

· 液体类货物：容器内至少有 5％～10％空隙，封盖严密，容器不渗漏；陶瓷和玻璃容器盛装的液体，每一容器容量不得超过 500 ml，内衬物填牢并有吸湿性，贴"易碎物品"标贴。

· 易碎物品：每件重量不超过 25 kg；木箱包装；易碎标贴。

· 精密仪器和电子管：多层包装；内衬物有弹性；"易碎"和"不可倒置"标贴。

· 裸装货物：不怕碰压货（如轮胎），可不包装。

· 木制包装：熏蒸。

· 混运货物：可合或分包装，但性质不得抵触，且不含下列物品：贵重物品、动物、尸体、骨灰、外交信件、作为货物托运的行李。

④标记和标签

标记是指在货物外包装上由托运人书写的有关事项和记号。

标签按作用可分为识别标签（挂签和贴签）、特种货物标签（危险品、活动物、鲜活易腐物品）和操作标签；标签按类别可分为航空公司标签和分标签。部分标记、标签如图 5-2-1 所示。

5.填制货运单

填制航空货运单，包括总运单和分运单。填制航空货运单是空运出口业务中最重要的环节，货运单填写得准确与否直接关系到货物能否及时、准确地运达目的地。航空货运单是发货人收结汇的主要有效凭证。因此运单的填写必须详细、准确，严格符合单货一致、单单一致的要求。

填制航空货运单的主要依据是发货人提供的国际货物托运书。货运单一般用英文填写，目的地为香港地区的货物运单可以用中文填写，但货物的品名一定要用英文填写。托运书上的各项内容都应体现在航空货运单上。

航空货运单的主要内容及缮制，我们将在本章第三节详述。

6.出口报关

航空货物运输的出口报关同海运的货物出口报关基本相同，在此不作赘述。

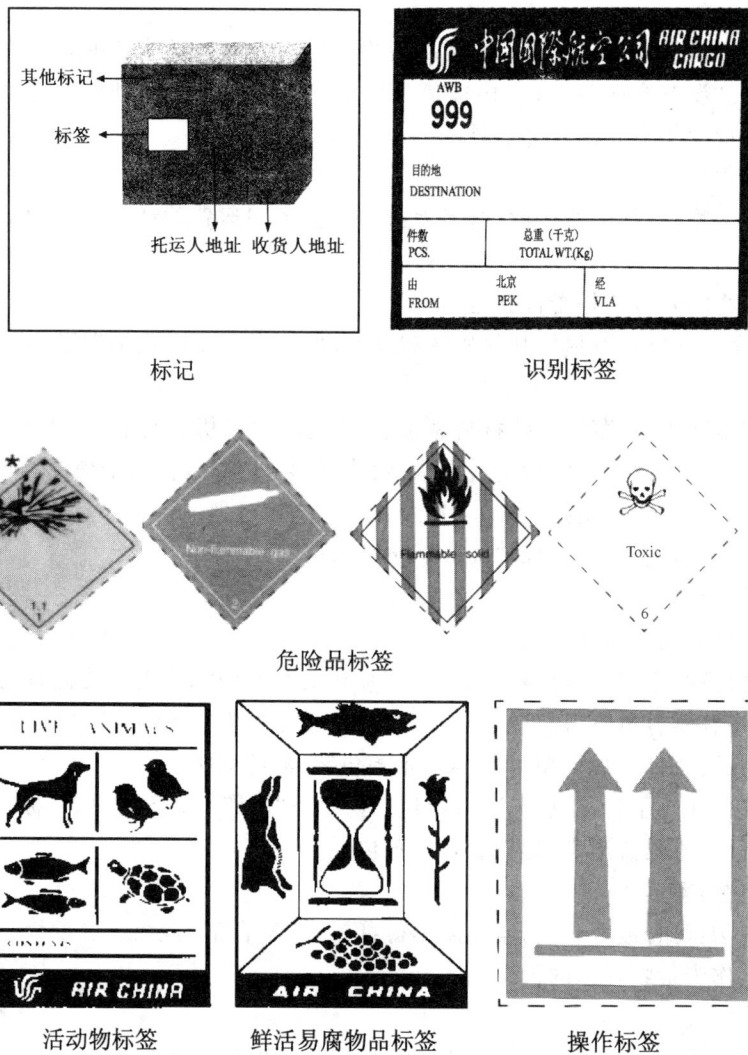

标记

识别标签

危险品标签

活动物标签　　鲜活易腐物品标签　　操作标签

图 5-2-1　航空公司标记、标签(部分)

7.提板箱、装货

航空货运代理根据订舱计划向航空公司申领板、箱,并办理相应的手续。除特殊情况外,航空货运均是以"集装箱""集装板"形式装运。提板、箱时,应领取相应的塑料薄膜和网。对所使用的板、箱要登记、销号。

8.交接发运

航空货运代理装妥货后,向航空公司交单交货。交单就是将随机单证和应由承运人留存的单据交给航空公司。

随机单据包括第二联航空运单正本、发票、装箱单、产地证明书、品质鉴定书等。

与航空公司交接货物时,航空公司进行称重、计件。交接完毕,航空公司将货入库,进行配载,制作货物舱单(cargo manifest),装机运输。

9.费用结算

费用结算主要涉及同发货人、承运人和国外代理人三方面的结算。

(1)与发货人结算费用,主要包括航空运费、地面运输费、各种服务费和手续费。

(2)与承运人结算费用,主要包括向承运人支付航空运费及代理费,同时收取代理佣金。

(3)与国外代理人结算到付运费和利润分成等。

10.**信息服务**

航空货运代理提供的最重要的服务之一就是信息服务。货运代理应是货主和承运人之间的信息桥梁,另外,在航空货运代理出具分运单的情况下,还要做好与自己在国外代理之间的信息沟通。

二、国际航空货物进口业务流程

航空货物进口业务流程包含以下几个环节:接单接货→分类编号→发到货通知或查询单→制单、报关→送货或转运。

1.**接单接货**

航空货物入境时,与货物相关的单据(运单、发票和装箱单等)也随机到达,运输工具及货物处于海关监管之下。卸机后,将货物存入航空公司或机场的海关监管库内,同时根据运单上的收货人及地址寄发取单提货通知。若运单上的第一收货人为航空货运代理公司,则把运输单据及与之相关的货物交给航空货运代理公司。

航空货运代理公司在与航空公司办理交接手续时,应根据运单和仓单核对实际货物。若存在有单无货或有货无单的现象,应告知航空公司,并在仓单上注明,以便其及时查找和通知入境地海关。若发现货物短少、破损或有其他异常情况,应向航空公司索要商务事故记录,作为实际收货人交涉索赔事宜的依据。

2.**分类编号**

航空货运代理公司在取得航空运单后即进行分类整理。分类的标准和方法很多,可根据进口货物的类别或贸易方式划分,也可根据发货人或发货代理的国别和地区划分,还可以按照收货人的企业性质或经营范围划分。究竟如何分类,各公司可根据自己的具体情况而定。但一般说来,集中托运货物和单票货物,运费预付货物和运费到付货物应区分开来。

为便于用户查询和统计货量,航空货运代理公司在分单后对每票货单都编上公司内部的编号。对运单编号后,将每票货的运单号及其相应的公司编号输入电脑,以便用户查询货物处理情况,也便于代理公司准确地掌握一年度及各阶段的到货量。

3.**发到货通知或查询单**

对货单编号后,根据运单或合同上的收货人名称及地址分别寄发到货通知或查询单。到货通知一般发给实际收货人,告知其货物已到空港,催促其速办报关、提货手续。通知单须填写的项目有运单号、合同号、公司编号、货物名称、到货日期、通知人及其电话等。查询单一般发给订货单位,其基本格式与通知单一样,只是还要根据货物的名称及贸易性质,列明须提供的各种批准文件或证明。

货物到达目的港后,货运代理应尽早、尽快地发出到货通知或查询单,以减少货主仓储费,避免海关滞报金。

4.**制单、报关**

制单就是缮制"进口货物报关单"。制单的依据是运单、发票及证明货物合法进口的有关批准文件。因此,制单一般在收到用户的回询并获得必备的批文和证明之后方可进行。

进口报关单的填写和进口报关程序同海运进口货物报关亦基本相同,在此不作赘述。

5.送货或转运

货物无论送到当地还是转运到入境地以外的地区,都得先将货物从海关监管仓库或场所提出来。提取货物的凭证是海关盖有放行章的正本运单。未经海关放行的货物处于海关监管之下,不能擅自提出监管场所。

货主或其委托人在提取货物时还须结清各种费用,如国际段到付运费、报关费、仓储费、装卸费及其他劳务费等。货物出库时,提货人应与仓库保管员仔细检查和核对货物外包装上的合同号、运单号、唛头及件数、重量等与运输单据所列是否完全一致。若出现单货不同或货物短少、残损或外包装异形,航空货运代理公司应将民航出具的商务事故记录交于货主,如属于航空货运代理公司的责任,由航空货运代理公司出具事故记录。

航空货运代理公司可以接受货主的委托,送货上门或办理转运。航空货运代理公司在将货物移交货主时与其办理交接手续,并向其收取货物进口过程中所发生的一切费用。转运外地的货物,原则上空来空转,无法空运的货物则采用其他运输方式转运。

第三节　航空货运单的主要内容及其缮制

一、航空货运单的定义

航空货运单(air waybill:AWB)是托运人与承运人之间运输货物所订立的运输合同的证明,同时也是货物运输的凭证。航空运单不可转让。

二、航空货运单的种类

航空货运单分为两种:由航空公司签发的 MAWB(master air waybill)和由航空货运公司签发的 HAWB(house air waybill)。MAWB 称总运单,HAWB 称分运单。

三、航空货运单的组成及作用

国际航空货运单,不管是 MAWB,还是 HAWB,都是一式 12 联:3 联正本(original)、6 联副本(copy)、3 联额外副本(extra copy)。

A 正本 3——给托运人,浅蓝色。

　　　　　①作为承运人收到货物的证明;

　　　　　②作为托运人和承运人签订运输契约的证明文件。

B 副本 9——给代理人,白色。

　　　　　供代理人存查使用。

C 正本 1——交出票航空公司(issuing carrier),浅绿色。

　　　　　①交财务部门使用;

　　　　　②作为托运人和承运人签订运输契约的证明文件。

D 正本 2——给收货人,粉红色。

　　　　　①收货人存留;

　　　　　②运输牵扯的三方当事人各执一份正本。

E 副本 4——提取货物收据(delivery receipt),浅黄色。

　　　　　在目的站,收货人在此联上签收,证明货物完好无损地被提取。

F 副本 5——给目的地机场(airport of destination),白色。

　　　　　　供目的站有关部门使用

　　G 副本 6——给第三承运人（third carrier），白色。

　　　　　　供航空公司结算用。

　　H 副本 7——给第二承运人，白色。

　　　　　　供航空公司结算用。

　　I 副本 8——给第一承运人，白色。

　　　　　　供航空公司结算用。

　　J 额外副本（extra copy）——供承运人使用，白色。

　　K 额外副本（extra copy）——供承运人使用，白色。

　　L 额外副本（extra copy）——供承运人使用，白色。

四、航空货运单各栏的填写及说明（参看图 5-3-2 空运单格式图）

　　①A 填写货运单航空公司的 IATA 票证代号，如：999（中国国际航空公司）、131（日航）、057（法航）。

　　① 始发站机场。填写 IATA 机场三字代码（如不知道，可填写 IATA 城市三字代码），本栏所填内容应与⑨ 中一致。

　　①B 货运单号码。由 8 位数字组成，第 8 位为检查位，用以识别货运单的真假，该位数字为前 7 位数字除以 7 的余数。如：

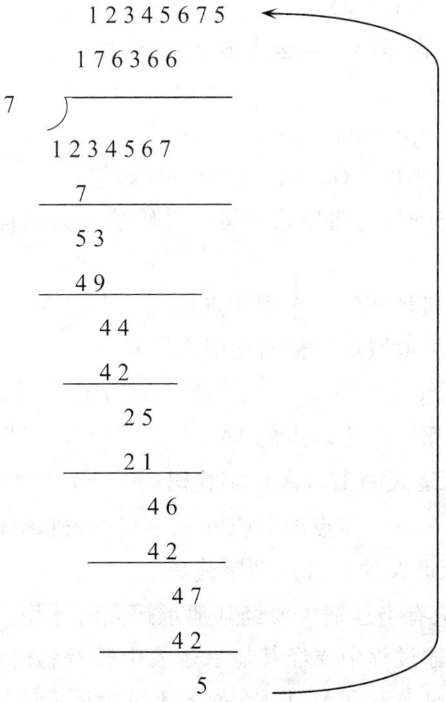

图 5-3-1　货运单号码检查位的计算

　　①C 货运单承运人名称及地址（issuing carrier's name and address）。填入货运单承运人的名称及总部所在地。

　　①D 本栏不填。

② 托运人姓名及地址(shipper's name and address)。填写托运人的姓名、地址、国家(或国家两字代码)以及电话号码、电传号或传真号。

③ 托运人账号(shippers' account number)。本栏一般不填,除非签发货运单承运人需要。

④ 收货人姓名及地址(consignee's name and address)。填写收货人姓名、地址和国家(或国家两字代码)以及电话号码、电传号或传真号。

对于澳大利亚、阿根廷、巴西、加拿大和美国必须填写所在州/省的两字代码,参看 TACT Rules 1.3.1 节。

⑤ 收货人账号(consignee's account number)。本栏一般不填,除非最后承运人需要。

⑥ 货运单承运人的代理人姓名及城市(issuing carrier's agent name and city)

• 填写承运人的收取佣金的国际航协代理人的名称和所在地(城市或机场);

• 根据货物代理机构管理规则,该佣金必须支付给目的地国家的一个国际航协代理人,则该国际航协代理人的名称和所在地(城市或机场)必须填入本栏,冠以"收取佣金代理人"(commissionable agent)字样。

⑦ 代理人国际航协代号(agent's IATA Code)。

⑧ 账号(account number)。本栏不填,除非承运人需要。

⑨ 始发站机场(第一承运人地址)和所需求的路线(Airport of Departure(Address of First Carrier)and Requested Routing)。

• 填写始发站机场(被认为是第一承运人地址)的全称;

• 填写所要求的任意路线。

⑩ 财务事项(accounting information)

• 填与适用的付款方式,如现金(cash)、支票(check)等;

• 货物由于无法交付退运时,应将原始货运单号码填入为退运货物所填的新货运单的此栏内。

⑪A 至(to)。填写目的站机场或第一个中转点机场的 IATA 三字代码(当该城市有一个以上机场,不知道机场名称时,可填城市名称的三字代码)。

⑪B 由第一承运人(by first carrier)。填第一承运人的名称(全称或 IATA 两字代码)。

⑪C 至(to)。填目的站或第二个中转点的 IATA 三字代码(机场或城市)。

⑪D 由(by)。填第二个承运人的 IATA 两字代码。

⑪E 至(to)。填目的站或第三中转点的 IATA 三字代码(机场或城市)。

⑪F 由(by)。填第三个承运人的 IATA 两字代码。

⑪C ~ ⑪F 为可选择的,只有当运输中要经其他承运人时才用。如果是在同一承运人之间中转则不必填写。如果在运输过程中要经其他承运人中转货物时,该承运人必须能够接受所填开的货运单。有关这个信息参看 TACT Rules 8.1 节承运人间协议部分。

例如:

一件货物从瑞典的斯德哥尔摩运至印度尼西亚的 DPS,必须经由泰国的曼谷和新加坡,STO—BKK—SIN—DPS。由航班表(ABC)及航空公司协议表可知,路线及承运人为:

STO—BKK 承运人为斯堪的那维亚航空公司 SK(Scandinavian Airlines System);

BKK—SIN 承运人为马来西亚航空公司 MH(Malaysian Airlines System)；

SIN—DPS 承运人为新加坡航空公司 SQ(Singapore Airlines)；

查看 TACT Rules 8.1"Interline Agreements Between Carriers"表可知：马来西亚航空公司 MH 和新加坡航空公司 SQ 均可接收斯堪的那维亚航空公司 SK 的货运单。故货运单的第 11 栏填写如下：

To	By first Carrier	Routing and destination	To	By	To	By
BKK	SK		SIN	MH	DPS	SQ

⑫ 货币(currency)

·填写适用于始发国的国际标准化组织(ISO)货币三字代号,除"在目的站国家收费栏"(33A～33D)外；

·货运单上所列明的金额均为始发国货币。

⑬ 费用代号(charge code)。本栏一般不填写。

⑭A 预付(PPD)。如果航空运费和声明价值附加费全部预付时,此栏填"×"。

⑭B 到付(COLL)。如果航空运费和声明价值附加费全部到付时,此栏填"×"。

⑮A 预付(PPD)。如果其他费用预付时此栏填"×"。

⑮B 到付(COLL)。如果其他费用到付时此栏填"×"。

⑯ 供运输用声明价值(declared value for carriage)

·填写托运人向承运人申报的供运输用声明价值；

·如果没有声明价值,应在本栏填写 NVD(no value declared)。

⑰ 供海关用声明价值。本栏填写托运人或其代理人所声明的供海关用的价值,也可填写 NCV,即无声明价值。

⑱ 到达站机场(airport of destination)

·填写到达站机场(当不知道机场时填写城市)的全称。

·如果在不同的国家有相同名称的城市时,要指出该城市所属国家。

·有时托运人所指的目的站并没有机场,此时应参看 TACT Rules 7.3.2 节中的 1.1 国内机场部分(customs airports),找目的站所在国中与该目的站最近的一个机场,将其填入本栏。

·当一个城市有两个或两个以上机场时,可填写具体应运至的机场,例如"Airport of Destination"：NEW YORK-JFK。

⑲A 与⑲B 航班/日期不填,除非参加运输各有关承运人需要。

⑳ 保险金额(amount of insurance)

·当本栏内无阴影,且该填写货运单承运人提供此项服务时,可将保险数额填入本栏；

·当本栏内无阴影,且该填写货运单承运人不提供此项服务,或托运人不要求保险时,应在本栏内填入"×××"符号。

参看 TACT Rules 8.3 节中的 4.3 有关保险部分,可知承运人是否提供该服务。

㉑ 处理事项(handling information)。本栏内只填写参与运输承运人所要求的处理事项。如果有危险品必须首先填写：

- 需要附危险品申报单的,栏内应填写"dangerous goods as per attached shipper's declaration"字样;
- 不需要附危险品申报单的,栏内应填写"shipper's declaration not required"字样。

㉒ 货物运价细目(consignment rating details)。一批货物中含两种或两种以上不同运价类别计算的货物应分别填写,每填一项另起一行,如有危险货物,则该货物应列在第一项。

㉒Ⓐ 货物件数。

㉒Ⓑ 毛重(gross weight)。

㉒Ⓒ 千克/磅(K 或 L)。

㉒Ⓓ 运价类别(rate class)。根据具体情况填入下列代号:

"M"代表最低运费;

"N"代表 45 kg 以下普通货物运价;

"Q"代表 45 kg 及以上普通货物运价;

"C"代表指定商品运价;

"S"代表附加运价;

"R"代表附减运价;

"B"代表基本运费;

"U"代表集装设备基准运费或运价;

"E"代表集装设备超基准运价;

"Y"代表集装设备折扣;

"X"代表集装设备附加项;

"K"代表每千克收取的运费。

㉒Ⓔ货物品名代号(commodity item No.)。本栏的填写,注意应与运价类别代号相对应。

㉒Ⓕ 计费重量(chargeable weight)。填写按运价规则计算出的所适用的计费重量。

㉒Ⓖ 运价/运费(rate/charge)

- 如果某一最低运费适用,该运费应填入在标有"M"代号同一行的本栏内;
- 填写适用各种运价情况下的相应运价的数值;
- 如果基本运费适用,则在标有"B"代号的同一行将基本运费填入;
- 对集装设备,可填入①基准运价;②超基准运价;③基准运费;④集装设备折扣运价等。

㉒Ⓗ 总计(total)。将每项货物所计得的运费填入本栏。

㉒Ⓘ 货物品名和数量(包括尺寸或体积)(nature and quantity of goods(incl. dimension or volume))

- 当上批货物中有危险货物和非危险货物时,必须分列,危险货物应列在第一项;
- 对于集中托运货物,本栏应填"consolidation as per attached list"(集中托运货物,按所附的每一票据办理);
- 如果体积重量为计费重量时,将其尺寸填入本栏;
- 本栏所填实际件数与㉒Ⓐ 不同时,应在实际件数后加"SLAC"字样(shipper's load and count);
- 可将货物的产地国填入本栏。

㉒Ⓐ 件数(No. of pieces)。如果㉒Ⓗ中所填件数超过一组时,应将总件数填入本栏。

㉒Ⓚ 毛重(cross weight)。当㉒Ⓗ中所填毛重超过一组时,应将总毛重填入本栏。

㉒Ⓛ 总计(total)。当㉒Ⓗ中所填费用超过一组时,应将费用总计填入本栏。

㉒Ⓜ 服务代号(service code)。本栏一般不填,除非货运单承运人需要。

　　B.公务货物　C.公司物资　D.门到门服务

　　J.优先服务　P.小件货服务　T.包机

㉓ 其他费用

· 填始发站发生的费用,全部预付或全部到付;

· 填中途发生的费用,全部预付或全部到付;

· 作为到付的其他费用,应视为"代垫付款"(disbursements),按代垫付款规定办理;

· 未列在本栏中在中途或目的站发生的其他费用只能到付,填入㉚栏。

· 填除税收外的其他费用种类和金额,其代号为:

AC:动物容器租费(animal container)

AS:集中货物服务费(assembly service fee)

AT:押运服务费(attendant)

AW:货运单费(air waybill fee)

BL:拆箱检查费(blacklist certificate)

BR:银行放行费(bank release)

CD:目的站报关费(clearance and handling—destination)

CH:始发站报关费(clearance and handling—origin)

DB:代垫付款手续费(disbursement fee)

DF:分发服务费(distribution service fee)

FC:运费到付手续费(charge collect fee)

GT:政府捐税(government tax)

HR:尸体、骨灰附加费(human remains)

IN:代保险服务费(insurance premium)

MA:代理人收取的杂项费用(如无其他代号可用)(miscellaneous charge-due agent)

MB:未确定由谁收取的杂项费用(miscellaneous charge-unassigned)

MC:承运人收取的杂项费用(如无其他代号可用)(misceullaneous charge-due carrier)

MD-MN:最后一个承运人收取的杂项费用(miscellaneous charge-due last carrier)

MO-MZ:货运单承运人收取的杂费(miscellaneous charge-due issuing carrier)

PK:包装服务费(packaging)

PU:取货费(pick up)

RA:危险品处理费(dangerous goods fee)

RC:分摊费(referral of charge)

RF:到付费用移交费(remit following collection fee)

SD:目的站的地面运输费(surface charge-destination)

SI:中途停运费(stop in transit)

SO:始发站保管费(storage-origin)

SP：分批发运费(separate early release)

SR：目的站保管费(storage-destination)

SS：代签字服务费(signature service)

ST：地区销售税(state sales tax)

SU：地面运输费(surface charge)

TR：中转费(transit)

TX：税(taxes)

TH：集装设备操作费(ULD handling)

承运人收取的其他费用用"C"表示；代理人收取的其他费用用"A"表示。

上述各项费用代号后加 A 或 C，分别表示应归属代理人或承运人，如 AWC，SUA 等等。

㉔ 航空运费——预付、到付(weight charge—prepaid/collect)。填写㉒H或㉒I中的数，按预付和到付分别填入㉔A或㉔B。

㉕ 声明价值附加费——预付、到付(valuation charge—prepaid/collect)。填写根据⑯栏计得的附加费用，按预付或到付分别填入㉕A或㉕B栏。

㉖ 税款——预付、到付(tax—prepaid/collect)。填入税款数额，按预付或到付分别填入㉖A或㉖B栏。

㉗ 代理人收取的其他费用总额——预付、到付(total other charges due agent—prepaid/collect)。填入由㉓栏算出的代理人收取的其他费用总额，按预付或到付分别填入㉗A 或㉗B栏。

㉘ 承运人收取的其他费用总额——预付、到付(total other charges due agent—prepaid、collect)。填入由㉓栏算出的承运人收取的其他费用总额，按预付或到付分别填入㉘A 和㉘B栏。

㉙未命名栏。

㉙A和㉙B不填。

㉚A预付总额(total prepaid)。填入从㉔A 至㉘A的总额。

㉚B到付总额(total collect)。填入从㉔B 至㉘B的总额。

㉛ 托运人证明栏(shipper's certification box)

托运人或其代理人在本栏的"signature of shipper or his agent"处签字(打印或盖章均可)，如根据托运人已经签了字的托运书填制货运单，承运人或其代理人可代表托运人签字。

㉜A填开日期(executed on date)

按日、月、年的顺序将货运单的填开日期填入本处，月份可缩写或全称。

㉜B填开地点(at place)。填入填开货运单的地点(机场或城市)。

㉜C填开货运单承运人或其代理人签字(signature of issuing carrier or its agent)。

㉝仅供承运人在目的站使用(for carrier's use only at destination)。本栏一般不填，而是用于在目的地付款的情况。

㉝A货币兑换比价(currency conversion rate)。填目的地货币代号及换算比价。

㉝B用目的地货币付费(CC charges in dest currency)。将㉚B中的金额，使用㉝A中的比价折合成的目的地货币金额数填入本栏。

(1A) (1) (1B) (99) (1A)(1B)

Shipper's Name and Address	(3) Shipper's Account Number	Not Negotiable (99) (1C)
(2)		**Air Waybill** Issued by (99)

Copies 1, 2 and 3 of this Air Waybill are originals and have the same validity. (1D)

Consignee's Name and Address	(5) Consignee's Account Number	It is agreed that the goods described herein are accepted in apparent good order and condition (except as noted) for carriage SUBJECT TO THE CONDITIONS OF CONTRACT ON THE REVERSE HEREOF. ALL GOODS MAY BE CARRIED BY ANY OTHER MEANS INCLUDING ROAD OR ANY OTHER CARRIER UNLESS SPECIFIC CONTRARY INSTRUCTIONS ARE GIVEN HEREON BY THE SHIPPER, AND SHIPPER AGREES THAT THE SHIPMENT MAY BE CARRIED VIA INTERMEDIATE STOPPING PLACES WHICH THE CARRIER DEEMS APPROPRIATE. THE SHIPPER'S ATTENTION IS DRAWN TO THE NOTICE CONCERNING CARRIER'S LIMITATION OF LIABILITY. Shipper may increase such limitation of liability by declaring a higher value for carriage and paying a supplemental charge if required.
(4)		

Issuing Carrier's Agent Name and City

(6)

Accounting Information (10)

(11D) (11F) (13) (14B) (15B)
(11C) (11E) (12) (14A) (15A)

Agent's IATA Code (7) Account No. (8)

Airport of Departure (Addr. of First Carrier) and Requested Routing (9)

To (11A)	By First Carrier (11B) Routing and Destination	to	by	to	by	Currency (12)	CHGS Code (19A)	WT/VAL PPD COLL	Other PPD COLL	Declared Value for Carriage (16)	Declared Value for Customs (17)

Airport of Destination (18)	Flight/Date For Carrier Use Only Flight/Date (19A) (19B)	Amount of Insurance (20)	INSURANCE – If carrier offers insurance, and such insurance is requested in accordance with the conditions thereof, indicate amount to be insured in figures in box marked "Amount of Insurance". (20A) (20B)

Handling Information (21)

(21A) SCI

No. of Pieces RCP	Gross Weight	kg lb	Rate Class Commodity Item No.	Chargeable Weight	Rate / Charge	Total	Nature and Quantity of Goods (incl. Dimensions or Volume)
(22A)	(22B)		(22E)	(22F)	(22G)	(22H)	(22I)
			(22D)				
(22C)							
			(22Z)				
(22J)	(22K)					(22L)	

Prepaid (24A)	Weight Charge	Collect (24B)	Other Charges (23)
(25A)	Valuation Charge	(25B)	
(26A)	Tax	(26B)	
(27A)	Total Other Charges Due Agent	(27B)	Shipper certifies that the particulars on the face hereof are correct and that insofar as any part of the consignment contains dangerous goods, such part is properly described by name and is in proper condition for carriage by air according to the applicable Dangerous Goods Regulations.
(28A)	Total Other Charges Due Carrier	(28B)	
(29A)		(29B)	(31)
			Signature of Shipper or his Agent
(30A) Total Prepaid	(30B) Total Collect		
(33A) Currency Conversion Rates	(33B) CC Charges in Dest. Currency	(32A)	(32B)	(32C)
For Carrier's Use only at Destination (33)	(33C) Charges at Destination	(33D) Total Collect Charges	Executed on (date) at (place) Signature of Issuing Carrier or its Agent (1A) (1B)

ORIGINAL 3 (FOR SHIPPER)

图 5-3-2 航空货运单格式

㉚在目的站的费用(charges at destination)。最后承运人将目的站发生的费用金额包括利息等(自然增长的)填入本栏。

㉛总的到付费用(total collect charges)填㉚和㉚费用的合计总数。

五、航空货运单背面主要条款

1.定义

本契约所指的"公约"系指1929年10月12日在华沙签订的《统一国际航空运输某些规则的公约》或1955年修改的《海牙议定书》,它们均适用在本契约中所指的运输。

"承运人"包括填开航空货运单的航空承运人,以及承运货物或提供为航空运输有关的任何其他服务的所有航空承运人。

为免除和限定在货运单正面上或在本契约中所列的责任条款,"承运人"包括代理人、受雇人或任一航空承运人的代表。由各承运人依次连续完成的运输应视为一个统一体。

2.华沙公约和总的运输条件

(1)本契约所指的运输须符合"公约"所规定的有关责任规则,除非此种运输不是"公约"中所指的"国际运输"。

(2)本契约所指的运输和每一承运人提供的其他服务还须遵守下列条款:

①现行有效法律(包括履行"公约"的国家法律)、政府规定、法令和要求;

②本契约以下各条;

③承运人的现行运价、规则、运输条件、规章和班期时刻表(并非指起飞、到达时间),上述为本契约的组成部分,并在承运人的任一营业处和经营正常航班的机场内均可查询。

(3)"公约"所指约定的经停点(必要时承运人可以改变),是除始发地和目的地外在正面上所填列的地点,或在承运人的班期时刻表内所列航路的经停地点。

(4)在运输符合"公约"的情况下,托运人认为在交运货物时有必要提出货物的特别声明价值,如货物每千克价值超过250金法郎(指含有900‰成色的65.5 mg黄金的法郎)或其等值货币,即可构成这种特别声明价值。

3.强制性法律

只要货运单所列的任一条文有与强制性法律、政府规定、法律和规章相抵触时,此条文将保持其有效性,但不能因此而不顾上述法律。任一条文的无效不应影响本契约的其他部分。

4.责任

除"公约"或其他有效法律外,还另有要求:

(1)在货物运输过程中,由于完全是天然原因而造成任何损坏、延误或遗失,承运人对托运人或其他人不负责任;除非此种损失得以证明确系承运人的疏忽和有意过失所致,因而托运人、收货人或其他索赔人对这种疏忽不分担责任。

(2)因为遵守法律、政府规定、法令和要求,或超出承运人管辖,而造成任何直接或间接的损失,承运人不负责任。

(3)声明价值附加费是按托运人对货物所声明的价值收取,因此,本契约约定任何责任将以托运人在正面上所声明的价值为限;如果托运人未声明价值,承运人对货物的毁灭、遗失、损坏或延误所负责任,以每千克250金法郎为限。所有赔偿应以价值证明为准。

(4)填开货运单的承运人,对于在其他承运人的航线上的运输而言,他仅作为销售代理人。

5. 运输的完成和托运人的保障

本契约约定完成运输的时间不作固定,承运人也无须通知就可另行变更承运人或飞机。承运人没有义务保证使用任何特定的飞机和飞经特定的航路或按照任何特定的时刻在任一地点予以衔接,即使上述内容可能在货运单正面上已列明,承运人有权自选或安排货物绕行。托运人保证支付一切费用和补付差额。

6. 变更运输

接收在正面上列明的货物或包装的物品,是指自始发地承运人的营业处或机场货运部门收运货物起,至目的地航空港间的运输。如经特许,在正面上列明的货物或包装的物品亦可办理退运至始发站或续运至目的站以外的其他地点。如这种退运或续运系由承运人实施运输,该运输将同样按照上述第4部分所列的责任条款办理。在任何情况下,填开货运单承运人和最后承运人在退运或续运货物时,仅作为货主的代理人,这时对这种附加运输所产生的损失亦可负责,亦可不负责,除非证明是由承运人自己疏忽或有意过失所致。货主为此有权让承运人自行处理退运或续运,但不能限制、选择退运或续运的方式及运输路线,且货物不填声明价值,尽管在原航空货运单上已填到声明价值。

7. 垫付款和费用

作为承运人不垫付关税、税收或代付款项。

8. 保险

航空公司不代办保险。

9. 交付和到达通知

货物交付只能交给在货运单正面上所填列的收货人,除在本契约上另有特别注明处,如收货人是参加运输的其中一个承运人,这时,货物应交给在货运单正面上指定的通知人。如无其他指示时,货物到达通知将按常规通知收货人或通知人;到达通知未收到或延迟收到,承运人对此均不负责任。

10. 提出赔偿的时限和地点

(1)交付货物时,遇有下列情况收货人有权以书面形式向承运人提出异议:

①货物损坏时,应在发现损坏后立即提出和最迟应在收到货物后14天内提出;

②货物遇有延误时,最迟应于货物交付收货人支配之日起21天内提出;

③货物毁灭或遗失时,自货运单填开之日起120天内提出。

(2)上述第(1)点所述如有异议,可书面向货运单所属空运企业、第一承运人或最后承运人以及在运输中发生遗失、损坏或延误的承运人提出。

(3)如在事故发生后两年内没有提出赔偿要求,即丧失对承运人提出赔偿损失的权利。

11. 遵守法律和规定

托运人应遵守一切有效法律和货物运输始发、到达、经停或飞越国家政府的规定,包括诸如有关货物的包装、运输、交付以及为了遵守上述法律和规定须提供的资料和货运单的附加文件。由于托运人不遵守本条规定所造成的损失和费用,承运人对托运人和其他任何人不负责任。

12. 代理人的权利

承运人的代理人、受雇人或代表无权变更、更改或取消本契约的任一条款。

六、航空货运单缮制注意事项

(1)托运人有责任缮制货运单。《华沙公约》规定:托运人应自行缮制航空货运单,也可以要求承运人或承运人的代理人代为缮制。托运人对货运单上所填各项内容的正确性、完备性负责。由于托运单所填内容不准确、不完全,致使承运人或其他人遭受损失,托运人负责。托运人在航空货运单上的签字,证明他接受了航空货运单正本背面的运输条件。

(2)航空货运单各项内容的填写要准确、清楚、齐全、不得涂改。运单因打字错误或其他原因需要修改时,应在更改处加盖本公司修改章。

(3)货运单已填内容在运输过程中需要修改时,在修改项目的近处注明修改货运单的空运企业名称、日期和地点,修改货运单应将所剩余的各联同时修改。

(4)每批货物必须全部收并后方可填开货运单,每一批货物或集合运输的货物应填写一份货运单。

(5)所托运货物,如果是直接发给国外收货人的单票托运货物,填开航空公司运单即可。如果货物属于以国外代理人为收货人的集中托运货物,必须先为每票货物填开航空货运代理公司的分运单,然后再填开航空公司的总单,以便国外代理人对总运单下的各票货物进行分拨。

第四节　国际航空货物运费的计算

运价(rate)又称费率,是指承运人对其承运的货物按规定的重量单位(或体积单位)或货物的价值,所收取的从始发站机场至目的站机场的运输费用。机场至机场间的运价不包括其他费用。

运费(charge)指每批货物根据适用的运价和货物的计费重量计得的运输费用,以及与运输有关的其他费用。

一、航空货物运价的分类

(1)根据运价制定的途径不同,分为 IATA 运价和协议运价。

(2)根据运价公布的形式不同,分为公布直达运价和非公布直达运价。

①公布直达运价:承运人在运价手册上对外公布的运价,包括普通货物运价(general cargo rate)、指定商品运价(specific commodity rate)、等级货物运价(class rate)、集装货物运价(unit load device rate)。

②非公布直达运价:指承运人未在运价手册上对外公布的运价,包括比例运价(construction rates(add-on amounts))、分段相加运价(combination of sector rates)。

二、运价的使用顺序

(1)如果是协议航线,存在双边协议运价,则优先使用此运价。

(2)没有双边协议运价时,使用 IATA 运价(多边协议运价)。具体为:

①优先使用公布直达运价。其中优先使用指定商品运价;其次使用等级货物运价;最后使用普通货物运价。

②当实际运输两点间无公布直达运价时,优先使用比例运价构成全程的直达运价;当比例运价时,采用分段相加的办法构成全程最低组合运价。

三、计费重量(chargeable weight)

计费重量是指用以计算航空货物运费的重量。货物的计费重量可能是货物的实际毛重,也可能是货物的体积重量,还可能是较高重量分界点的重量。

1. 实际毛重(actual gross weight)

货物的毛重是指货物连同外包装的总重量。

2. 体积重量(volume weight)

体积重量是指将货物的体积按一定的比例折合成的重量。换算公式为:6 000 cm³ = 1 kg,或366 in³=1 kg,或166 in³=1 lb。

货物体积等于货物最大长×最大宽×最大高,每一边的小数部分都按四舍五入取整。

3. 计费重量的确定

首先,采用货物的实际毛重与货物的体积重量相较的高者,计算出运费,然后,再与按较高重量分界点计算而得的运费相较,取其低者作为向货主收取的运费。据以计算运费的那个重量即为计费重量。(见例5-4-1)

在这里需要注意的是:

(1)计费重量的表示单位有两种:千克(kg)和磅(lb)。

(2)当毛重用千克表示时,大于0.5的小数部分应进为1,小于(或等于)0.5的小数部分应进为0.5;当毛重用磅表示时,所有的小数部分均进为1。

(3)如果一票货物中含两件或两件以上货物,且该票货物全部使用相同的运价计算航空运费时,则该票货物的计费重量为总的实际毛重或总的体积重量,两者择其高(见例5-4-2)。

例5-4-1:某票货,PEK—BOS(波士顿),运价如下:

$$320, N\ 18, 45\quad 14.81, 300\quad 13.54。$$

已知货物实际毛重为38 kg,体积重量为30 kg,计算该票货运费。

解:首先,采用货物的实际毛重与货物的体积重量相较的高者,计算出运费:

$$38 \times 18 = 684(元)$$

然后,按较高重量分界点计算而得的运费:

$$45 \times 14.81 = 666.45(元)$$

二者相较取低者作为应收运费:666.45元。

所以,该票货物的计费重量为45 kg,应收运费666.45元。

例5-4-2:一批货物由两件组成:

包装A:实际毛重30 kg,体积90 cm×70 cm×50 cm=315 000 cm³

包装B:实际毛重30 kg,体积70 cm×50 cm×40 cm=140 000 cm³

求计费差量。

解:总实际毛重:30+30=60 kg

　　总体积:315 000+140 000=455 000 cm³

　　总体积重量:455 000/6 000=75.83=76 kg

故:计费重量为76 kg。而分别计算A和B时,总计费重量为82.5 kg。

四、货币及付款规定(currency regulations)

1. 各国(地区)货币

目前,各国(地区)货币均由三位英文字母组成,这一货币代号系统是由ISO规定的,每个国家(地区)的货币代号由该国(地区)的国家(地区)代号与当地货币的第一个字母组成,如表5-4-1所示。

表 5-4-1　部分国家(地区)货币名称及 ISO 货币代号

国家(地区)名称	货币名称	ISO 货币代号
中国	Yuan(Renminbi)	CNY
日本	Yen	JPY
英国	Pound	GBP
美国	Dollar	USD
加拿大	Dollar	CAD
中国香港	Dollar	HKD
澳大利亚	Dollar	AUD
法国	France	FRF

2.货币的取舍规则

各国(地区)货币的取舍单位是不同的,详细规定可查看 TACT Rules 5.7.1.但不同国家(地区)货币的取舍都有这样的规则:需要进行取舍的货币数值应算至 TACT 表中取舍单位小数部分的后一位。取舍方法是:≥1/2 取舍单位的小数部分——进至取舍单位;<1/2 取舍单位的小数部分——舍去。

例如:

某国(地区)货币取舍单位为 0.05,需取舍的货币值为 125.481。

1/2 取舍单位为 0.025,

125.481＝125.450+0.031(>0.025 进至 0.05)

　　　　＝125.450+0.05＝125.50

我国货币(CNY)的进位规定是:最低航空运费进位单位是"5",除此之外的运价及航空运费等进位单位均为"0.01"。

五、最低运费(minimum charges)

最低运费是指两点间运输一批货物收取的最低运费金额,最低运费金额公布在运价表上。

六、普通货物运价(general cargo rates:GCR)

普通货物运价是指既不存在指定商品运价又不存在等级商品运价的货物的运价。普通货物运价分为一般运价和折扣运价两种:一般运价(normal general cargo rate,用"N"表示)是指45 kg(或 110 lb)以下运价,或当不存在 45 kg 以下运价时,一般运价指 100 kg 以下运价;折扣运价(quantity general cargo rate,用"Q"表示)是指除普通货物的一般运价外,其他重量分界点所对应的运价,如"Q 45"、"Q 100"、"Q 200"等。

计算举例:

例 5-4-3:Routing:Beijing(BJS)to London(LON)

　　　　　Commodity:Oil Painting

　　　　　Gross Weight:35 kg

　　　　　Dimensions:40 cm×40 cm×40 cm

计算其航空运费。

公布运价如下：

BEIJING	CN	BJS
Y. RENMINBI	CNY	KGS
LONDON　GB	M	320.00
	N	59.06
	45	42.26
	300	39.54
	500	31.26
	1 000	28.71

解：(1)按实际重量计算

Volume Weight：$40 \times 40 \times 40 / 6\ 000 = 10.66$ kg$= 11$ kg

Gross Weight：35 kg

Chargeable Weight：35 kg

Applicable Rate：GCR N 59.06 CNY

Weight Charge：$35 \times 59.06 = 2\ 067.1$ CNY

(2)采用较高重量分界点较低运价计算

Chargeable Weight：45 kg

Applicable Rate：GCR Q 42.26 CNY

Weight Charge：$45 \times 42.26 = 1\ 901.7$ CNY

(1)与(2)相较，取运费低者。

Weight Charge：CNY 1 901.7

航空货运单运费计算栏填制如下：

No. of Pieces RCP	Gross Weight	kg lb	Rate Class	Commodity Item No.	Chargeable Weight	Rate Charge	Total	Nature and Quantity of Goods(incl. Dimension or Volume)
1	35						1 901.7	OIL PAINTING
		K	Q		45	42.26		DIMS：40 cm×40 cm×
								40 cm

七、指定商品运价(specific commodity rate：SCR)

1. 指定商品运价的定义

指定商品运价可由 IATA 成员制定。该运价的产生主要是由于两方面的原因：有些货主经常在一些航线上运输某些特定的货物，他们要求航空公司为其提供优惠的运价；由于对市场调查研究的结果表明在某两个地区间有开展商业交流的需求。

指定商品运价的主要目的是提供给货主最具有竞争性的运价以使其感到利用航空运输是最适合且经济的。

指定商品运价通常低于普通货物运价，且是为特定的两点间的指定品名的货物运输而公布的，他们均有一个最低重量限制。通常指定商品的运价所对应的最低重量限制为 100 kg，但也有些例外的情况，即最低重量限制低于 100 kg 或高于 100 kg。

2. 指定商品的分类

IATA 公布指定商品运价时,根据货物的性质、属性以及特点等对货物进行分类,共分为十大组,每一组又分为十个小组。同时,对其分组形式用四位阿拉伯数字进行编号,该编号即为指定商品货物的品名编号。十大组分别是:

0001~0999　edible animal and vegetable products 可食用的动植物产品

1000~1999　live animals and inedible animal and vegetable products 活动物及非食用的动植物产品

2000~2999　textiles；fibres and manufactures 纺织品、纤维及其制品

3000~3999　metals and manufactures，excluding machinery，vehicles and electrical equipment 金属及其制品,不包括机器、汽车和电气设备

4000~4999　machinery，vehicles and electrical equipment 机器、汽车和电气设备

5000~5999　non-metallic minerals and manufactures 非金属材料及其制品

6000~6999　chemicals and related products 化工材料及其相关产品

7000~7999　paper，reed，rubber and wood manufactures 纸张、芦苇、橡胶和木材制品

8000~8999　scientific，professional and precision instrument，apparatus and supplies 科学仪器、专业仪器、精密仪器、器械及配件

9000~9999　miscellaneous　其他

3. 从中国始发的常用指定商品及其代码

0007　fruit，vegetables 水果,蔬菜

0008　fruit，vegetables－fresh 新鲜的水果,蔬菜

0300　fish(edible)，seafood 鱼(可食用的),海鲜、海产品

1093　worms 沙蚕

2195　A：yarn，thread，fibres，cloth—not further processed or manufactured：exclusively in bales，bolts，pieces 成包、成卷、成块未进一步加工或制造的纱、线、纤维、布

　　　　B：wearing apparel，textile manufactures 服装、纺织品

2199　A：yarn，thread，fibres，textiles 纱、线、纤维、纺织原料

　　　　B：textile manufactures 纺织品

　　　　C：wearing apparel 服装(包括鞋、袜)

2211　yarn，thread，fibres—not further processed or manufactured：exclusively in bales，bolts，pieces—wearing apparel，textile manufactures 成包、成卷、成块未进一步加工或制造的纱、线、纤维,服装、纺织品

7481　rubber tyres，rubber tubes 橡胶轮胎、橡胶管

4. 指定商品运价的使用规则

(1)在使用指定商品运价时,只要所运输的货物满足下述三个条件,则运输始发地和运输目的地就可以直接使用指定商品运价(见例5-4-4):

①运输始发地至目的地之间有公布的指定商品运价;

②托运人所交运的货物,其品名与有关指定商品运价的货物品名相吻合;

③货物的计费重量满足指定商品运价使用时的最低重量要求。

(2)如果货物的计费重量没有达到指定商品运价的最低重量,则需要比较计算。即:按货

物普通运价计算所得运费,与按指定商品运价的最低重量计算所得运价相较,取其低者(见例5-4-5)。

(3)如果一种货物可同时按确指品名运价和泛指品名运价计算运费时,如果货物重量满足确指品名运价,则优先使用确指品名运价;如果货物重量没有满足确指品名运价,则先用较低重量点的泛指品名运价,再与较高重量点的确指品名运价比较,取其低者(见例5-4-6)。

(4)使用指定商品运价计算航空运费,其航空货运单的"rate class"栏,用字母"C"表示。

5.运费计算举例

例5-4-4:Routing:Dubai(DXB)to Glasgow(GLA)

Commodity:fish

Gross Weight:510 kg

Dimensions:220 cm×204 cm×25 cm

计算航空运费。

公布运价如下:

DUBAI	AE	DXB
U. A. E. DICH	AED	KGS
GLASGOW　　GB	M	190.00
	N	31.35
	45	23.65
	100	14.30
	500	10.35
0300	500	9.05
2199	250	10.45
2199	500	8.95
2865	500	9.90

解:Volume Weight:220×204×25/6 000=187 kg

Gross Weight:510 kg

Chargeable Weight:510 kg

Applicable Rate:SCR 0300/Q500 9.05 AED

Weight Charge:510×9.05=4 615.50 AED

航空货运单运费计算栏填制如下:

No. of Pieces RCP	Gross Weight	kg lb	Rate Class	Commodity Item No.	Chargeable Weight	Rate Charge	Total	Nature and Quantity of Goods(incl. Dimension or Volume)
1	510	K	C	0300	510	9.05	4 615.50	FISH DIMS: 220 cm × 204 cm×25 cm

例5-4-5:Routing:Dubai(DXB)to Glasgow(GLA)

Commodity:fish

Gross Weight:200 kg

Dimensions:220 cm×204 cm×25 cm

计算航空运费。

公布运价如例 5-4-4。

解:Volume Weight:220×204×25/6 000＝187 kg

Gross Weight: 200 kg

Chargeable Weight:200 kg,不足 SCR 0300/Q 500,

(1)按普通货物运价计算

Applicable Rate：GCR /Q 100 14.30 AED

Weight Charge:200 × 14.30 ＝2 860.00 AED

(2)按指定商品运价计算

Applicable Rate：SCR 0300/Q 500 9.05 AED

Weight Charge：500 × 9.05＝4 525.00 AED

(1)、(2)相较取其低者,本票货物航空运费为 2 860.00 AED。

航空货运单运费计算栏填制如下:

No. of Pieces RCP	Gross Weight	kg lb	Rate Class	Commodity Item No.	Chargeable Weight	Rate Charge	Total	Nature and Quantity of Goods (incl. Dimension or Volume)
1	200	K	Q		200	14.30	2 860.00	FISH DIMS: 220 cm × 204 cm×25 cm

例 5-4-6:Routing:Dubai(DXB)to Glasgow(GLA)

Commodity:carpets

Gross Weight:510 kg

Dimensions:220 cm×204 cm×25 cm

计算航空运费。

公布运价如例 5-4-4 中。

解:Volume Weight：220×204×25/6 000＝187 kg

Gross Weight: 510 kg

Chargeable Weight:510 kg

但是,查 TACT Rates 得知:carpets 这种货物同时满足确指品名运价编号(2865)和泛指品名运价编号(2199)。因货物重量满足确指品名运价,则优先使用确指品名运价。

Applicable Rate：SCR 2865/Q 500 9.90 AED

Weight Charge：510×9.90＝5 049.00 AED

航空货运单运费计算栏填制如下:

No. of Pieces RCP	Gross Weight	kg lb	Rate Class	Commodity Item No.	Chargeable Weight	Rate Charge	Total	Nature and Quantity of Goods(incl. Dimension or Volume)
1	510	K	C	2865	510	9.90	5 049.00	CARPETS DIMS: 220 cm× 204 cm×25 cm

6.指定商品运价的中间点规则

（1）基本规则

尽管国际指定商品运价是在特定的点与点之间公布的,但同样适合（至或从）一个中间点或两个中间点之间。

指定商品运价的这一中间点规则亦称为非公布的指定商品运价。当货物运输的始发地至目的地之间无指定商品运价时,将其中一点或两点作为中间点,采用其他符合条件的两点间公布的指定商品运价,计算出至或从一个中间点或两个中间点间的航空运费。

（2）适用条件

该规则仅适用于 IATA 的业务一区与三区之间（至或从西南太平洋和南亚次大陆始发除外）及美国大陆和夏威夷之间。同时还须满足下列三个条件:

①中间点必须和指定商品运价的公布地点在同一个国家内;

②自实际始发地和实际目的地的标准普通货物运价（normal GCR）不高于指定商品运价公布地点间的 N 运价;

③中间点无指定商品运价。

我国能使用中间点规则的范围仅限于我国与 IATA 1 区之间。

八、等级货物运价（class rates or commodity classification rates:CCR）

1.定义

等级运价或称货物的分类运价,是指适用于某一区域内或两个区域之间运输某些特殊货物的运价,等级运价在运价手册上并没有直接公布,而是在普通货物运价的基础上附加或附减一定的百分比。

2.等级运价的分类

等级运价适用于下列几种货物:活体动物,贵重货物,报刊、图书目录及盲人读物,作为货物运输的行李,尸体、骨灰,机动车辆,角膜和脱水角膜等。

3.活体动物（live animals）的等级运价

参见 TACT Rules 3.7.2。

（1）运价

动物运价只适用于活体动物的运输,其运价由下表 5-4-2 确定。

表 5-4-2　动物运价表

	1				2 Except 11)	3	1—2			2—3	3—1			
A. LIVE ANIMALS except:	to/from Canada	to U.S.A.	from U.S.A.	other sectors			to/from Canada	to/from U.S.A.	other sectors		to/from Canada	to U.S.A.	from U.S.A.	other sectors
A. LIVE ANIMALS except: a. Baby Poultry leas than 72 hours old b. Mookeys and Primates c. Cold blooded animals *)	150% of applic GCR	150% of applic GCR	110% of applic GCR	Normal GCR	150% of Normal GCR Except :2),5)	Normal GCR Except :3),4)	150% of appl. GCR Except :9)	110% of appl. GCR Except :9)	Normal GCR Except :9)	Normal GCR Except :3),4),14)	150% of applic GCR Except :3),4),13)	110% of appl. GCR Except :3),4)	150% of appl. GCR	Normal GCR Except :3),4)
B. BABY POULTRY LESS THAN 72 HOURS OLD	150% of applic GCR	150% of applic GCR	110% of applic GCR	applic GCR	Normal GCR Except :6)	Normal GCR or over 45 kg Except :12)	150% of appl. GCR Except :12)	110% of appl. GCR Except :1)	Normal GCR or over 45 kg Except :7)	Normal GCR or over 45 kg Except :4),10)	150% of applic GCR Except :4)	110% of appl. GCR Except 4),13)	150% of appl. GCR	Normal GCR or over 45 kg Except :4)
C. MONKEYS AND PRIMATES	150% of applic GCR	150% of applic GCR	110% of applic GCR	applic GCR	150% of Normal GCR Except :2)	150% of Normal GCR Except :2)	150% of appl. GCR	110% of appl. GCR Except :1)	appl. GCR	Normal GCR Except :4)	150% of applic GCR Except :4)	110% OF appl. GCR Except :4),13)	150% of appl. GCR	Normal GCR Except :4)
D. COLD BLOODED ANIMALS *)	125% of applic GCR	applic GCR	applic GCR	Normal GCR	150% of Normal GCR Except :2)	Normal GCR Except :3),4)	125% of applic GCR	appl. GCR Except :8)	Normal GCR	Normal GCR Except :3),4)	125% of applic GCR Except :3),4)	appl. GCR	appl. GCR	Normal GCR Except :3),4)

①当表中出现"the normal GCR"时,则表示使用 45 kg 以下普通货物运价,当不存在45 kg 以下普通货物运价时,则使用 100 kg 以下普通货物运价,即运价表中的 N 运价,而不考虑货物的重量。

②当表中出现"the normal GCR 的一个百分比 $x\%$ 时"(如 150% of the normal GCR),表示使用 $x\%$N 运价(如 150%N),而不考虑货物的重量。

③当表中出现"appl GCR"时,则表示使用相应的(即所适用的)普通货物运价 Q;而当表中出现"appl GCR 的百分比 $x\%$ 时"(如 110% of appl GCR),则表示使用该百分比去乘以相应的普通货物运价,即 $x\%$Q。注意此时,要考虑货物重量。

④当表中出现"the normal GCR or over 45kg"时,则表示使用 N 或 Q 45,而不能使用其他的 GCR。

动物的容器和食物等应包含在计费重量中。

表中的冷血动物(cold blooded animals)之后的星号表示冷血动物只指鱼(fish)、蛙(frog)、鬣蜥(iguana)、昆虫(insect)、爬行动物(reptile)、海龟(turtle)、虫(worm)等不需要外部通风且放入容器中运输的动物。

(2)最低运费

①IATA 3 区内、IATA 2 区和 IATA 3 区之间、IATA 1 区和 3 区之间(除到/从美国、加拿大以外):相应 M 的 200%;

②从 IATA 3 区到美国:相应 M 的 110%;

③IATA 3 区与加拿大之间、从美国到 IATA 3 区:按相应 M 的 150%收取。

(3)运费计算举例

例 5-4-7:运输一只猴子,毛重 30 kg,尺寸是:90 cm×60 cm×80 cm。运价表中记载:M,100 000;N,8 820;45,7 000;100,5 890;300,4 600;500,4 080,求航空运费。

假设一:运价适用"the normal GCR"时,

解:Volume Weight:$90 \times 60 \times 80/6\,000 = 72$ kg

　　Gross Weight:30 kg

　　Chargeable Weight:72 kg

　　Applicable Rate:$N = 8\,820$

　　Weight Charge:$72 \times 8\,820 = 635\,040$

假设二:运价适用"the normal GCR 的一个百分比 $x\%$ 时",如150%N

解:Volume Weight:$90 \times 60 \times 80/6\,000 = 72$ kg

　　Gross Weight:30 kg

　　Chargeable Weight:72 kg

　　Applicable Rate:$150\%N = 150\% \times 8\,820 = 13\,230$

　　Weight Charge:$72 \times 13\,230 = 952\,560$

假设三:运价适用"appl GCR 的百分比 $x\%$ 时",如110% of appl GCR

解:Volume Weight:$90 \times 60 \times 80/6\,000 = 72$ kg

　　Gross Weight:30 kg

　　Chargeable Weight:72 kg

　　Applicable Rate:$110\% \cdot Q\,45 = 110\% \times 7\,000 = 7\,700$

　　Weight Charge:$72 \times 7\,700 = 554\,400$

假设四:运价适用"the normal GCR or over 45 kg"时,

解:Volume Weight:$90 \times 60 \times 80/6\,000 = 72$ kg

　　Gross Weight:30 kg

　　Chargeable Weight:72 kg

　　Applicable Rate:$GCR \cdot Q\,45 = 7\,000$

　　Weight Charge:$72 \times 7\,000 = 504\,000$

　　使用 N 运价下:$N = 8\,820$

　　Weight Charge:$72 \times 8\,820 = 635\,040$

　　因此,最终收取航空运费为 504 000。

4. 贵重货物(valuable cargo)的等级货物运价

参看 TACT Rules 3.7.6。

贵重货物,其运价均为运价的200%,即200%N。

贵重货物的最低运费按公布最低运费的200%收取(即200%M),但不得少于50 USD 或其等值货币。

5. 报刊、杂志、图书目录及盲人读物的等级货物运价

报刊、杂志、图书目录及盲人读物等货物的等级运价低于普通货物的一般运价。其运价为:

IATA 1 区内、欧洲区域内、IATA 1 区和 2 区间,为 67% of the normal GCR;其他区域为50% of the normal GCR。

报刊、图书目录及盲人读物等货物的最低运价按公布的最低运费即 M 收取。

6. 作为货物运输的行李(baggage shipped as cargo)**的等级货物运价**

作为货物运输的行李是指旅客本人的衣物及旅客的其他个人物品。

作为货物运输的行李的等级运价一般低于普通货物的一般运价。其运价为:50% of the normal GCR。但某些区域不适用,如我国至 IATA 1 区。

7. 尸体和骨灰(human remains)**的等级货物运价**

作为尸体和骨灰的等级货物运价是:尸体的等级货物运价是 N,骨灰的等级货物运价是相应的 GCR。但在 IATA 2 区之内,尸体的等级货物运价是 200%N,骨灰的等级货物运价是 300%N。

尸体和骨灰的最低运费按公布的最低运费 M 收取,但在 IATA 2 区内的最低运费为 200%M。

九、混运货物运价(mixed consignment)

1. 混运货物的定义

混运货物,是指在使用同一份货运单运输的货物中,含有不同运价、不同运输条件的货物。

2. 混运货物的限制条件

混运货物中不得包括的物品:

- TACT Rules 3.7.6 中规定的任何贵重货物;
- 活动物;
- 尸体、骨灰;
- 外交信袋;
- 作为货物运送的行李;
- 机动车辆(电力自动车辆除外)。

3. 混运货物的运费计算

混运货物运费的计算,取决于托运人对其申报的方式。参看 TACT Rules 3.9.2.3

(1)如果托运人在交运货物时,仅声明一批混运货物的总毛重,则按下述方法计算运费:

①混运货物应被视为同一种货物,统一作为一个计费重量。

②用计费重量乘以适用的普通货物运价,求出该批货物的运费。

(2)如果托运人在交运货物时,分别申报各种货物的重量、尺寸及品名,则运费计算如下:

①先把货物看成一个整体,计算运费;再分别申报计算运费,两者相较,取低者。

②每件货物(或每一类货物)的运费按单独交运的同一种货物计算,并分别填入货运单。

③如果该批货物进行混载运输(即放入同一外包装中,如集装箱)时,则该外包装的费用计算为其总毛重乘以所运货物中的最高运价。

4. 混运货物货运单的填制要求

混运货物货运单的填制有两种形式:

(1)将采用不同运价计算的各类货物分别填入货运单,包括各类货物的件数、毛重、计费重量、运价、运费、货物品名及尺寸等。

(2)货运单上只填写总件数、总毛重、总运费、总体积;品名及数量(包括尺寸或体积)栏填写"see extension list"或者"consolidated cargo as per extension list"。

5. 混运货物的声明价值和最低运费

混运货物只能对整批货物办理声明价值,而不允许申报其中的一部分。

混运货物的最低运费也按整批货物计收。

十、集装货物运价(unit load device's rate)

集装货物运价适用于货物从始发站至目的站使用集装设备的货物运输。集装设备运价公布于 TACT Rates 3.4 节。

集装设备运费计算方法为:运费＝基准运费＋超基准运费。

其中,基准运费指对装有货物的集装设备所规定的最低运费,在运价表中可查得;超基准运费指对装入集装设备的货物超过基准重量的部分所收取的运费。

十一、比例运价和分段相加运价

前面所介绍的运价均为在 TACT Rates 4.3 节可查到的,它们称为公布直达运价。但在实际工作中,人们会发现并不是所有两点间的运价均可在 TACT Rates 4.3 节查到。当实际运输两点间无公布直达运价时,可采用比例运价构成实际两点间的直达运价。比例运价表公布于 TACT Rates 5.2 节 General List of Construction Rates 中。当无比例运价时,可采用分段相加运价构成实际两点间的最低组合运价。

1.比例运价(construction rates)

(1)比例运价的一般规定

比例运价可与公布直达运价相加构成无公布直达运价两点间的直达运价,但必须严格遵守下列规定:

①比例运价中的 GCR 只能与公布 GCR 相加;比例运价中的 SCR 只能与公布 SCR 相加;比例运价中的 ULD 运价只能与公布 ULD 运价相加。

②若两点间有公布直达运价时,不得用比例运价。且有比例运价时,不得用分段相加运价。即使用顺序为:公布直达运价——比例运价——分段相加运价。

③比例运价可加在公布直达运价的两端,但在一端不允许连续使用两次比例运价。

(2)比例运价计算举例

例 5-4-8:Routing:Akita, Japan(AXT) to Beijing, China(BJS)

　　　　Commodity:glass products

　　　　Gross Weight:30 kg

　　　　计算航空运费。

解:已知 AXT－BJS 无公布直达运价,在比例运价表中查得 AXT,其比例运价组成点为 TYO。

AXT 到 TYO 比例运价为:N,170;45,128;100,128。

TYO 到 BJS 有公布直达运价:N,950;45,790;100,680。

则 AXT 到 BJS 的直达运价为:N,1 120;45,918;100,808。

Chargeable Weight:30 kg

Applicable Rate:GCR・N＝1 120

Weight Charge:30×1 120＝33 600

2.分段相加运价(combination of rates and charges)

当实际运输两点间不存在公布直达运价,且不能用比例运价构成直达运价时,只能用分段相加的办法构成全程的最低运价。

(1)分段相加运价的一般规定

①国际普通货物运价可与下列运价组成全程运价:

- 比例运价中的普通货物运价;

- 国内运价;

- 国际普通货物运价;

- 过境运价。

②国际指定商品运价可与下列运价组成全程运价:

- 比例运价中的指定商品运价;

- 国内运价;

- 过境运价。

③国际等级运价可与下列运价组成全程运价:

- 国内运价;

- 过境运价。

(2)运费计算举例

交运 A 到 B(国际运输)普通货物 30 kg,该两地间无公布直达运价,也不能用比例运价计算,查 TACT Rules,可知两地之间可选择以下 C、D、E 三个不同的点进行组合:

A　N 31.30　　　C N 23.48　　 B　⇒54.78

A　N 23.11　　　D N 12.41　　 B　⇒35.52

A　N 31.30　　　E N 10.36　　 B　⇒41.93

比较可知:选 D 为运价的分段相加点,运价最低为 35.52。

Weight Charge:30×35.52=1 065.60

十二、其他费用

1.货运单证费(documentation charges)

货运单证费是航空货运单工本费,填在货运单中"其他费用"一栏,用"AW"表示。

一般,航空公司销售或填写货运单证费时,货运单上注明"AWC",费用归航空公司;航空货运公司销售或填写货运单证费时,货运单上注明"AWA",费用归航空货运公司。但是,中国民航各航空公司规定,该项费用一律在货运单上注明"AWC"。

2.垫付款和垫付费(disbursments and disbursments fees)

垫付款是指在始发地机场发生的货物地面运输费、清关处理费、货运单工本费,由代理人垫付,向提货人收取。

垫付费是指根据垫付款的数额而确定的费用,一般是垫付款的 10%。但每票不得低于 20 美金或等值货币,归航空公司。

3.声明价值附加费(向承运人声明价值)(valuation charges)

托运人对货物所申报的价值超过了承运人的责任限额时,则对所超过部分应加收 0.5% 的声明价值附加费(从新加坡至美国为 0.4%)。

托运人不向承运人声明价值的,在货运单上填写"NVD:no value declared"。

在计算声明价值附加费时,货物的毛重不包括航空公司所属的各种集装设备。

4.运费到付货物手续费(CC fee)

顾名思义,此项费用是针对运费到付而收取的。

对于运至中国的运费到付,手续费的计算公式为:(货物的航空运费＋声明价值附加费)×2%,但最低100元。

第五节 国际航空货物运输的国际公约

一、概述

国际航空货运公约共有10个,构筑了"华沙体系"(The Warsaw System)。

1.《华沙公约》(The Warsaw Convention)

全称为《统一国际航空运输某些规则的公约》。1929年10月12日签订于波兰华沙,1933年2月13日生效,中国于1958年7月28日加入,同年10月18日生效。目前共有149个国家和地区批准或加入该公约。

《华沙公约》规定了航空运输承运人为一方,旅客、货物托运人和收货人为另一方的法律关系和相互义务,是国际航空货运方面最基本、影响最广泛的国际公约。

2.《1955年海牙议定书》(The Hague Protocol)

全称为《修改1929年10月12日在华沙签订的统一国际航空运输某些规则的公约的议定书》。1955年9月28日签订于荷兰海牙,1963年8月1日生效,中国于1975年8月29日递交加入书,同年11月18日生效。目前有131个国家和地区批准或加入该公约。

议定书提高了旅客伤亡赔偿额,对责任限制、运输单证、航空过失责任、索赔期限等方面做了修改。

3.《瓜达拉哈拉公约》(The Guadalajara Convention)

全称为《统一非合同承运人所办国际航空运输某些规则以补充华沙公约的公约》。1961年9月18日在墨西哥瓜达拉哈拉签订,1964年5月1日生效,中国未加入。目前77个国家和地区批准或加入该公约。

该公约制定的目的在于将《华沙公约》适用于非合同承运人所办的运输。

4.其他议定书

·《1966年蒙特利尔协议》:民间协议,美国民用航空委员会为一方,其他各国航空公司为另一方,只适用进出或经停美国领土的航班,已生效。

·《1971年危地马拉议定书》,未生效。

·《1975年蒙特利尔第1号附加议定书》,未生效。

·《1975年蒙特利尔第2号附加议定书》,未生效。

·《1975年蒙特利尔第3号附加议定书》,未生效。

·《1975年蒙特利尔第4号附加议定书》,1998年6月14日生效。

5.《1999年统一国际航空运输某些规则的公约》

又称《1999年蒙特利尔公约》,是对上述9个华沙体制的统一,2003年11月4日生效,目前有30个国家和地区批准或加入了该公约,2005年7月31日对我国生效。

二、国际航空货运公约的主要内容

1.航空运输合同和空运单

(1)航空运输合同是航空承运人与消费者之间,依法就提供并完成以民用航空器运送服务达成的协议。

(2)航空运输合同是双务合同、诺成合同、格式合同、有名合同。

(3)《华沙公约》称"空运托运单"(ACN),《1955年海牙议定书》改为"空运单"(AWB)。

(4)空运单是订立合同、接受货物和运输条件的初步证明。

(5)空运单一般不可转让。

(6)空运单中第1至第9项和第17项未包括或未填写,承运人丧失责任限制。

2.运输变更

(1)托运人有权在到达目的地航空站交货之前任何时候变更运输要求,包括变更运费支付方式、在始发站撤回货物、停止运输、变更收货人、变更目的站、回运货物、退运。

(2)费用由托运人支付。

(3)承运人填写运费更改通知书(cargo charges correction advice:CCA)

(4)承运人接到通知时已无法执行,应及时通知托运人。

3.承运人责任和豁免

(1)航空运输期间

承运人对于交运的货物或行李在航空运输期间因毁灭、遗失或损坏、延误所造成的损失负责。航空运输期间不包括在航空站以外的任何陆运、海运或河运。但如这种运输是为了履行航空运输合同,为了装货、交货或转运,责任和损失应认为是航空运输期间发生的结果,除非有相反证据。

(2)《华沙公约》免责规定:不完全过失责任制、推定过失,承运人举证

A.如承运人能证明他或他的雇佣人员已采取一切必要措施,避免损失的发生,或能证明他或他的雇佣人员不可能采取这种防范措施,承运人可对货损不负责;

B.如承运人能证明货物的灭失或损害系由受损人过失引起或促成,可免除全部或部分责任;

C.如承运人能证明,货物的灭失或损害由领航上的疏忽或飞机操作上的疏忽和驾驶上的失误引起,并能证明他和他的代理人已在一切方面采取了必要措施以避免损失,承运人免责。但此项对旅客人身伤亡不适用。

(3)《1955年海牙议定书》免责的修改:完全过失责任制、推定过失,承运人举证

A.保留了《华沙公约》免责规定的上述A、B两项;

B.取消了过失免责;

C.承托双方可用协议方式,就具有固有缺陷的货物运输订立条款,以降低或免除承运人责任。

(4)《1975年蒙特利尔第4号附加议定书》免责规定:严格责任制/客观责任制,承运人举证

A.货物的属性或固有缺陷;

B.货物包装不良(非由承运人及其雇佣人员或代理人所为);

C.战争行为或武装冲突;

D.公共当局采取了与货物入境、出境和过境有关行为。

4.承运人责任限制及责任限制的丧失

公约规定承运人的赔偿责任限制为:17 SDR/毛重千克(20美元、250金法郎、7.675英

镑)。以下三种情形丧失责任限制：

(1)承运人接收货物后未出具航空货运单；

(2)空运单上未载明有关运输当事人、运输及其货物情况和适用公约的声明(即第1至第9项,第17项)；

(3)承运人或其雇佣人员故意行为引起。

5.索赔通知、诉讼时效

索赔通知书递交时限的规定：

7天(华沙公约)——14天(海牙议定书)(货损时)；

14天(华沙公约)——21天(海牙议定书)(延误时)。

自收货人收到货物之日起算。

诉讼时效：2年。

6.华沙公约的强制性

对所有国际空运人强制适用,任何违背该公约条款的合同均属无效。

7.契约承运人和实际承运人的关系

契约承运人和实际承运人的这两个概念以及之间关系是由《1961年瓜达拉哈拉公约》规定的。

(1)定义

契约承运人：以本人的身份与旅客或货物托运人或与他们的代理人订立的一项适用于华沙公约的运输的人。

实际承运人：指根据契约承运人委托或授权完成全部或部分运输的人。

(2)契约承运人和实际承运人的关系

①除非另有规定,否则契约承运人和实际承运人均受华沙公约的约束。前者对全程运输负责,后者对自己运输区段负责。

②据华沙公约向承运人提出的任何申诉或发出的任何指示,不论向契约承运人,还是向实际承运人提出,有同样效力。

③因有关运输变更提出的申诉只能向契约承运人提出才有效。

■ **实训项目**

项目任务1：国际航空运输主要城市(或其机场)及其国家代码

请查找至少10个国际航空运输主要城市(或其机场)及其国家代码(书本中列明者除外),并注明其所在航空区域(航协区)。

城市或机场	国家代码	航协区	城市或机场	国家代码	航协区

项目任务 2：飞行时间计算

某一票货，用飞机从北京直接运往华盛顿。1 月 28 日班机从北京起程，北京时间是 9：44。达到华盛顿时，当地时间是 1 月 28 日 15：30。计算飞行时间。

International Time Calculator（节选）

Country/Area	Standard Clock Time	Daylight Saving Time	DST Effective Period
China	+8		
USA			
Eastern Time Except Indiana	−5	−4	Apr 04～31 Oct
Eastern Time，Indiana	−5		
Central Time	−6	−5	Apr 04～31 Oct
Mountain Time Except Arizona	−7	−6	Apr 04～31 Oct
Mountain Time，Arizona	−7	−7	
Pacific Time	−8	−8	Apr 04～31 Oct
Alaska	−9	−9	Apr 04～31 Oct
Aleutian Islands	−10		Apr 04～31 Oct
Hawaiian Islands	−10		

项目任务 3：填写 SLI、报价

从北京分别到纽约、洛杉矶、巴黎、伦敦运送货物：书籍、手工艺品、新鲜苹果。其毛重分别是：80 kg、40 kg、100 kg，体积分别是：75 cm×46 cm×25 cm 共 4 件、60 cm×35 cm×30 cm 共两件、90 cm×50 cm×30 cm 共两件。

请分别填写 SLI，并对货物进行报价。

项目任务 4：计算运费、填写空运单相应运费栏目

(1)对项目任务 3 进行运费计算并填写空运单相应运费栏目。

(2)若项目任务 3 中三种货物有一票混运货物，运往纽约，请计算运费并填写空运单相应运费栏目。

项目任务 5：航空货运单操作练习

根据托运书（见第 193 页）填写航空货运单（见第 194 页）。已知信息如下：

(1)其他费用

a：货运单费——代理人（AWA）7.5 NLG

b：保险服务费——承运人（INC）37.5 NLG

c：报关费——承运人（CHC）62.25 NLG

d：打包费——代理人（PKA）12.00 NLG

(2)代理人名称：ATS Inc. at Amsterdam Airport（Schiphol）

(3)填开货运单地点：Schiphol Airport

(4)航线

Amsterdam,（AMS）—Tokyo（TYO） KL 承运

Tokyo（TYO）—Sapporo（SPK） JL 承运

(5)付款方式：Cash（现金）

托运书：

SHIPPER'S LETTER OF INSTRUCTIONS FOR ISSUING AIR WAYBILL(AIR CONSIGNMENT NOTE

SHIPPER Mr J. Jansen Langswater 789 Amsterdam, The Netherlands
CONSIGNEE Mr J. Jansen c/o Hotel Okuta Intl SAPPORO Japan

company heading

You are hereby requested and authorised upon receipt of the consignment described herein to prepare and sign the Air Waybill and other necessary documents on our behalf and dispatch the consignment in accordance with your Conditions of Contract.

I certify that the contents of this consignment are properly identified by name. Insofar as any part of the consignment contains dangerous goods, such part is in proper condition for carriage by air according to the applicable Dangerous Goods Regulations.

Airport of Departure AMSTERDAM	Airport of Destination SAPPORO
REQUESTED ROUTING	
REQUESTING BOOKING	

MARKS AND NUMBERS	NO.& KIND OF PKGS.	DESCRIPTION OF GOODS	GROSS WEIGHT	MEASUREMENT
JJ	1 Suitcase Type 02 Blue	Used personal effects Not restricted	15 kgs	90×20×60 cm×1

AIR FREIGHT CHARGES Mark one to apply	☒ PREPAID ☐ COLLECT (If Service Available)	OTHER CHARGES AT ORIGIN Mark one to apply	☒ PREPAID ☐ COLLECT (If Service Available)	INSURANCE — AMOUNT REQUESTED Dutch Guilders 2500.00

DECLARED VALUE		
For Carriage NVD	For Customs NCV	

HANDLING INFORMATION AND REMARKS Flight KL861/31 OCT 1993 JL848/01 NOV 1993 Ticket No 074-1234 567 891 1 1 Packing List	DATE 23 October 1993
	SIGNATURE

781|

781—

Shipper's Name and Address	Shipper's Account Number	Not Negotiable		
		Air Waybill (Air Consignment note)		ISSUED BY 中國東方航空公司 **CHINA EASTERN AIRLINES** SHANGHAI BLDG .2550 HONGQIAO ROA SHANGHAI CHINA

Copies 1,2 and 3 of this Air Waybill are originals and have the same validity.

Consignee's Name and Address	Consignee's Account Number	It is agreed that the goods described herein are accepted for carriage in apparent good order and condition(except as noted) and SUBJECT TO THE CONDITIONS OF CONTRACT ON THE REVERSE HEREOF.THE SHIPPER'S ATTENTION IS DRAWN TO THE NOTICE CONCERNING CARRIER S LIMITATION OF LIABILITY.

Issuing Carrier's Agent Name and City		Accounting Information

Agent's IATA Code	Account No.	

Airport of Departure(Addr of First Carrier) and Requested Routing

To	By First Carrier	Routing and Destination	to	by	to	by	Currency	CHGS Code	WT/VAL PPD COLL	Other PPD COLL	Declared Value for Carriage	Declared Value for Custom

Airport of Destination	Flight/Date	For Carrier Use Only	Flight/Date	Amount of Insurance	INSURANCE-If carrier offers insurance, and such insurance is requested in accordance with the conditions thereof, indicate amount to be insured in figures in box marked "Amount of Insurance"

Handing Information

(For USA only)These commodities licensed by U.S. for ultimate destination .... Diversion contrary to U. S. law is prohibited

No.of Pieces RCP	Gross Weight	Kg lb	Rate Class / Commodity Item No.	Chargeable Weight	Rate / Charge	Total	Nature and Quantity of Goods (incl. Dimensions or Volume)

Prepaid	Weight Charge	Collect.	Other Charges

Valuation Charge

Tax

Total Other Charges Due Agent

Shipper certifies that the particulars on the face hereof are correct and that insofar as any part of the consignment contains dangerous goods, such part is properly described by name and is in proper condition for carriage by air according to the applicable Dangerous Goods Regulations.

Total Other Charges Due Garrier

Signature of Shipper or his Agent

Total Prepaid	Total Collect

Currency Conversion Rates	CC Charges in Dest Currency

Executed on (date)	at (place)	Signature of Issuing Carrier of its Agent

For Carrier's Use only at Destination	Charges at Destination	Total Collect Charges

781—

ORIGINAL 1 (FOR ISSUING CARRIER) C

（6）填开货运单承运人及票证代号：KLM Rogal Dutch Airline, Amsterdam（074）

（7）填开货运单日期与托运书相同

计算：

航线：Amsterdam, Netherland（AMS 阿姆斯特丹）至 Sapporo, Japan（SPK 札幌）

货物：作为货物运输的行李（personal effects）

毛重：15 kg

尺寸：1 件，90 cm×20 cm×60 cm

体积重量：$90×20×60/6\ 000=18$ kg

计费重量：18 kg

适用运价：$50\%N=50\%×42.89$ NLG$=21.45$ NLG

航空运费：18 kg×21.45 NLG/kg$=386.10$ NLG

法律思考

1. 国际航空货物运输运费的索赔

某制衣公司与大连华迅国际空运有限公司宁波分公司国际航空货物运输运费纠纷案

[案情]

某制衣公司因与大连华迅国际空运有限公司宁波分公司（以下简称华迅公司）国际航空货物运输运费纠纷一案，不服浙江省高级人民法院判决，向最高人民法院申请再审。最高人民法院经审查认为：原审判决认定事实证据不足，适用法律不当，依照《中华人民共和国民事诉讼法》第 179 条第 1 款第 2 项、第 3 项和第 183 条的规定，决定对本案提审。

最高人民法院经审理查明：1993 年初，意大利代理商陈某与制衣公司签订丝绸服装贸易合同。该合同确定的贸易条件为 FOB 上海。同年 4 月 23 日，陈某与意大利国际货运咨询责任有限公司米兰分公司（以下简称咨询公司）签订了一份"委托运输合同"，约定：由咨询公司为陈某实施从中国到意大利进口货物的运输。陈某交托所有的进口货物由咨询公司独家经营托运，不得转托其他公司代理托运。陈某把从中国出口的货物交咨询公司在中国办事处的负责人何某，后者必须在一个星期内把所收到的货物运到意大利，保证不发生交货延误。货到米兰后，陈某要立即给付咨询公司运费才可提货，否则，陈某还要支付仓库保管费。合同签订后，陈某于同年 4 月 29 日传真告知制衣公司的中介中发公司通知制衣公司，此次出口货物包括以后的出口货物都交由咨询公司承运，运费由其在米兰提货时支付，并告知了咨询公司中国办事处负责人何某在杭州的住址，要求制衣公司速与其接洽办理出口手续。为便于订舱发货，制衣公司按照何某的要求改用东方航空公司（以下简称东航）的"国际货物托运书"，将填好的托运书传真给何某。何某将托运书交给了东航的销售代理华迅公司。制衣公司于同年 5 月至 9 月间先后 7 次按照何某的指示将货物送到上海虹桥机场华迅公司的仓库。该公司签收了货物，随后代填并签发了 6 票东航货运主运单，还委托华力空运有限公司上海分公司签发 1 票中国国际航空公司主运单。华迅公司签发的 6 票主运单上记载的托运人为华迅公司，收货人为比利时布鲁塞尔货运 G 公司。华力空运有限公司上海分公司签发的 1 票主运单上记载的收货人为咨询米兰公司。华迅公司还签发 7 票航空货运分运单。分运单上记载的托运人为制衣公司,收货人为托运书上制衣公司指定的意大利诸客户。在此期间,华迅公司按照航空公司预付运费的要求,先后向东航和华力空运有限公司上海分公司支付了7票货的空运费(外汇人民币)449 311.50元(其中6笔系上海到布鲁塞尔空运费、1笔为上海到米兰空运费)。货物发送后,华迅公司未将航空分运单正本托运人联交给制衣公司,亦未向制衣公司索要空运费。7票货物于同年5月至9月间陆续运到米兰,陈某先后向咨询米兰公司支付了全程空陆运费、清关费及杂费,提取了货物。咨询米兰公司分别开具了发票和收据,同时声明该批货物运送合同已履行完毕。1995年2月10日,华迅公司致函制衣公司称:当时制衣公司委托咨询公司,但咨询公司与华迅公司有代理协议,现咨询公司将收款权移交给华迅公司,要求制衣公司依照航空分运单支付上海到米兰7票货的全程空运费101 712.824美元。制衣公司以运费由外商支付,本公司无支付运费义务为由拒付,双方酿成纠纷。华迅公司遂向浙江省湖州市中级人民法院起诉,要求制衣公司支付航空分运单记载的全程空运费及滞纳金共计126 123.904美元。

湖州市中级人民法院审理认为:双方虽未签订书面委托运输合同,但制衣公司将货物交到华迅公司仓库,并在货物托运书上签字,华迅公司已将货物运至目的地,有权向制衣公司收取运费,制衣公司由外商支付运费的理由无据。遂判决制衣公司向华迅公司支付运费及逾期违约金共计126 123.904美元。制衣公司不服,向浙江省高级人民法院上诉。

浙江省高级人民法院二审认为:双方虽未签订书面委托运输合同,但制衣公司是以自己的名义出口货物,并将货物送到华迅公司仓库,并在货物托运书上签字确认,华迅公司亦将货物委托航空公司运到制衣公司指定的地点交付,应认定双方间的委托运输关系成立。华迅公司已履行了委托运输义务,制衣公司应向其支付运费。意大利客户与咨询公司间的委托运输合同与本案无涉。遂判决驳回制衣公司上诉,维持一审判决。

[审判]

最高人民法院再审认为:按照意大利代理商陈某与制衣公司商定的贸易条件,订立运输合同并支付运费是买方的义务。据此,陈某与咨询米兰公司签订了"委托运输合同",合同内容表明咨询公司是本案7票货的缔约承运人,陈某是托运人。由于咨询公司在出口国中国不具备经营国际货运代理业务的资格,为确保本案货物能及时向航空公司订舱发运,并按照陈某的指示,货物经布鲁塞尔转运到米兰,咨询公司必须委托中国上海和比利时布鲁塞尔的国际货运代理协助完成在当地的运输事宜。本案航空主运单上记载的托运人华迅公司、收货人G公司。G公司即为咨询公司委托的所在国的发货代理和中转代理。根据G公司的证言,该公司是按照咨询公司的委托办理本案货物经布鲁塞尔转运到米兰的运输,发生的费用包括关税、税务代理费、航空提货费、单证费、卡车运费都是由咨询公司负责向该公司支付,从不和货主直接联系,所有指令都来自咨询公司。该公司与咨询公司间的财务问题已全部结清。关于中方运费问题与该公司无关,应与意大利咨询公司解决。G公司接受咨询公司委托事宜并与咨询公司结算费用是各国国际航空货运代理行业相互委托办理FOB货物运输的惯例。作为咨询公司发货代理的华迅公司向航空公司支付的空运费亦应向咨询公司收取。虽然本案制衣公司将货物送到华迅公司在上海虹桥机场的仓库,其名称亦被填入航空分运单托运人栏内,但不能因此认为双方构成委托运输关系。按照本案"委托运输合同"的约定,制衣公司应向咨询公司交付货物。制衣公司将货物送到华迅公司仓库是按照咨询公司要求将货物送到指定地点的行为,并非向华迅公司托运,制衣公司只是按照陈某的指示向咨询公司交货的付货人。华迅公司接收货物,填制航空货运单并不是接受制衣公司的委托,而是作为咨询公司的发货代理将咨询公司收到的货物向航空公司托运的行为。根据我国参加的《统一国际航空运输某些规则的公约》（即华沙公约）第11条第1项规定："在没有相反的证据时，航空货运单是订立合同、接收货物和承运条件的证明"。本案作为东航销售代理的华迅公司虽然签发了航空货运单，但本案有陈某与咨询米兰公司按照"委托运输合同"履行支付空运费交付货物的事实的相反证据，从而否定了航空分运单作为合同的证明效力。该分运单只是作为证明咨询公司收到并发运本案货物的收据。而且华迅公司在1993年5月至9月间陆续发送货物后，一直未将作为运输合同凭证的航空分运单正本托运人联交给制衣公司，15至21个月后才向制衣公司主张运费。这种违反华沙公约有关规定和不符合国际航空货运代理行业惯例的作法亦说明华迅公司不认为与制衣公司之间存在委托运输关系。

华迅公司以咨询公司收款权转移为由向制衣公司主张运费的理由，也是不能成立的。本案证据证明咨询公司已经收到陈某支付的全程运费，运输合同履行完毕，收款权已不存在，而且货运代理之间依代理关系改变支付运费的义务人，违背贸易合同当事人商定的贸易条件，因此所谓收款权转移对制衣公司是无效的。

华迅公司答辩称，根据我国外经贸部1990年颁布的《国际货物运输代理行业管理的若干规定》，咨询公司不能在中国境内揽货并转委托代理，以此否定其与咨询公司间的委托代理关系。依据外经贸部上述文件第8条第3项规定，国际货运代理企业"可以接受国外货运代理人的委托办理集运、托运、拼箱、装拆箱、存仓分拨、转运，门对门运输、快件运输，以及咨询服务等"。本案是咨询公司在意大利揽到陈某的进口货物，委托中国的国际货运代理办理托运出口，完全符合外经贸部上述文件规定，而且也是各国国际航空货运代理行业的惯例。本案制衣公司指定的收货人是意大利诸家客户而非咨询公司和G公司。咨询公司与华迅公司、G公司之间是航空货运代理关系，与货主无关。本案7票货全程运费应由咨询米兰公司向陈某收取，并由咨询公司依委托代理关系分别向华迅公司和G公司偿还垫付运费和中转费用。华迅公司向航空公司支付的空运费系为咨询公司垫付的费用，理应由咨询公司偿还。如果咨询公司不予偿还，应属商业风险，而不能以所谓"权益转让"为由主张权利，损害第三者的利益。况且华迅公司所主张的运费是航空分运单记载的上海经布鲁塞尔到米兰的全程空运费，其中包括了应由咨询公司向G公司支付的费用，以及咨询公司在米兰发生的费用，已明显超出其依航空主运单向航空公司支付的空运费。对此华迅公司未能作出合理解释。

综上，最高人民法院依照《中华人民共和国民事诉讼法》第179条第1款第2项、第3项的规定，于1997年4月9日裁定：

一、撤销浙江省高级人民法院的第二审民事判决和湖州市中级人民法院的第一审民事判决。

二、驳回华迅公司的起诉。

三、二审案件受理费67 706元，诉讼保全费5 000元，由华迅公司负担。

2.《华沙公约》对货物灭失的赔偿

Carriage of goods by air—Warsaw Convention—Whether notice of complaint of cargo loss validly made under Article 26(2)—Whether owner of cargo not named as consignee in air waybill entitled to claim against carrier under Article 18

Tai Ping Insurance Co Ltd and Anr v Northwest Airlines Inc—US Court of Appeals (2nd Circuit)—8 August 1996

The plaintiffs were the insurers of a cargo of aircraft parts. The defendants contracted with the seller of the cargo to provide air transportation from Chicago to Hong Kong. The cargo was lost prior to its intended arrival in Hong Kong and was never delivered.

The district court held that the defendants were entitled to limit their liability under the Warsaw Convention.

The plaintiffs appealed to the US Court of Appeals, contending that the failure to list the scheduled stopping places en route to Hong Kong on the air waybill violated Article 8(c) of the Warsaw Convention and deprived the defendants of the limited liability protection provided in Article 22(2).

The air waybill issued by the defendants was a two-sided printed form dated 10 December 1992. The face side disclosed that the defendants maintained insurance, listed data relating to the shipment, and listed the airport of departure and the airport of final destination. Although it identified the origination flight as flight number "901/10" flight 901 on 10 December, the actual departure date was 15 December and the shipment was to be transferred at Narita, Japan to flight 907. Although the flight routing to Hong Kong included regularly scheduled stops at Anchorage, Alaska and Narita, Japan, the designated spaces for the listing of stopping places between Illinois and Hong Kong were blank.

The reverse side contained boilerplate text. The text included statements that the agreed stopping places were "set forth on the face hereof or shown in Carrier's timetables as scheduled stopping places for the route" and that the timetables were "made part hereof". The defendants' published timetable disclosed regularly scheduled stops in Anchorage, Alaska and Narita, Japan for all trans—Pacific freighter flights on 10 December 1992. The waybill also included a statement that it was subject to the defendants' tariff, which was made "part hereof". The tariff in turn provided that the effective timetables were those on the date on which the shipment was received, but that the defendants did not guarantee any particular flight or time for commencement of carriage.

Article 18 of the Warsaw Convention presumed an air carrier liable for loss or damage to goods in transit, but Article 22(2) limited liability to 250 francs per kilogram, or approximately MYM9.07 per pound. However, under Article 9, the Convention eliminated limited liability protection if the air waybill did not "contain" certain essential "particulars" enumerated in Article 8.

Article 8 required that the air waybill should contain the 17 particulars. The particulars had to include:

(c) The agreed stopping places, provided that the carrier may reserve the right to alter the stopping places in case of necessity, and if he exercises that right the alteration shall not have the effect of depriving the transportation of its international character."

Article 9 made 10 of the 17 particulars essential, including the "agreed stopping places", by stating that the carrier was not entitled to limited liability protection "if the air waybill does not contain all the particulars set out in Article 8(a) to (i) inclusive, and (q)."

The cases showed that four rules applied to the interpretation of Articles 8 and 9. First, if an air carrier omitted from its air waybill any of the enumerated particulars of subsections (h) and (i) of Article 8, Article 9 operated to deprive the carrier of limited liability protection if the omitted particular was of commercial significance. Second, if an air carrier omitted any other essential particular from its air waybill, Article 9 automatically deprived the air carrier of limited liability protection regardless of commercial significance. Third, if an air carrier included an essential particular in its air waybill, but deviated in language or some other respect, a court might look beyond the language of the text to secondary tools of interpretation in determining liability. Fourth, an air waybill that incorporated readily available timetables satisfied Article 8(c)'s requirement that the air waybill "contain" the "agreed stopping places" and did not deprive the air carrier of limited liability protection under Article 9.

As to the fourth rule, the participants to the Convention included the requirement that the waybill should contain the contemplated stopping places so that the waybill itself would notify the shipper of the international character of the flight and, thus, the applicability of the Warsaw Convention. An air waybill could not realise Article 8(c)'s purpose of establishing the domestic or international character of the carriage unless it effectively conveyed the necessary information. In other words, incorporation by reference to readily available timetables satisfied Article 8(c)'s requirement that the waybill "contain" the agreed stopping places only if the incorporation effectively revealed the agreed stopping places. An air waybill could not effectively reveal the agreed stopping places by incorporation of its timetables unless it also included the information necessary to apply those timetables to the contract of carriage. Thus, effective incorporation depended on the accuracy of other information in the waybill.

The defendants' waybill did not effect a valid incorporation of regularly scheduled stops in Anchorage, Alaska and Narita, Japan by reference to its timetables. Although the waybill stated that the agreed stopping places were those "shown in the carrier's timetables as scheduled stopping places for the route", the front of the waybill incorrectly identified the flight number and date of the flight as "901/10"-flight number 901 on 10 December 1992. The shipment departed on flight 901 on 15 December 1992 and was transferred to flight 907 in Narita, Japan on 16 December 1992. Thus, although the waybill referred to readily available timetables, the timetables referred to did not apply to the transportation of the plaintiffs' shipment.

The waybill included incorrect information regarding the date of departure. Without the correct date of departure, the shipper could not refer to the timetables to ascertain the stopping places. Similarly, the waybill did not include any information regarding the transfer of the shipment to flight 907 in Narita, Japan. Although carriage to be performed by several successive air carriers was deemed to constitute a single carriage (Article 1(3)) so that such information generally might not be necessary, transfer information was necessary when an air waybill incorporated regularly scheduled stope in satisfaction of Article 8(c) by reference to its timetables. Without notice of the transfer, the shipper could not track its shipment and discover the scheduled stops from the timetables. Thus, in light of the incorrect and omitted information, the defendants' air waybill did not incorporate or "contain" the agreed stopping places under its contract of carriage with the plaintiffs.

The judgment of the district court would be reversed and the cause would be remanded.

深度探讨

2011 年 11 月 1 日,无锡空港物流园区"物流服务业标准化试点"以 97 分的高分通过国标委的考察验收,据悉,由其制定并已率先在园区企业试点的标准,也是国内首套空港物流标准。相关人士表示,此番空港产业园区物流服务业标准的通过,将使无锡空港物流园区掌握行业标准的话语权,成为国内物流行业的领跑者。

据园区相关负责人介绍,以申报"无锡空港物流服务业标准化试点"项目为契机,在充分调研的基础上,园区最终确定了 3 家试点标杆企业:一是履行政府相关园区服务功能的"无锡空港园区发展有限公司";二是具有航空运输特色的"无锡空港物流有限公司";三是仓储、货代、运输等兼而有之的"无锡佳达物流国际货运代理有限公司"。为建立全面适用的服务标准体系,空港产业园区积极检索相关的法律法规及标准,其中包括术语和缩略语标准、测量标准、环境标准、能源标准、职业健康标准、安全与应急标准、信息标准、服务提供规范、服务评价与改进标准等,总计国家标准 191 个、行业标准 11 个、法律法规 47 个。3 家试点标杆企业也根据要求,建立了服务通用标准体系、服务保障标准体系、服务提供标准体系,总计建立整合出服务提供标准 173 个、服务保障标准 524 个。

请结合上述信息,探讨我国民航货运发展的现状及趋势。

参考网站:

www.caac.gov.cn

www.caacnews.com.cn

第六章　国际多式联运

本章将系统介绍国际多式联运的一些基本概念和国际多式联运的业务操作,以及作为多式联运经营人的主要权利、义务和责任。

第一节　国际多式联运的基础知识

一、国际多式联运的定义和构成要件

国际多式联运,常见的英文表述有 intermodal transport、multimodal transport 和 combined transport,其中"intermodal"与其他两种表述有些微区别。"intermodal"被普遍认为指两种或两种以上运输方式之间的联运,而无论这种联运是在一个国家内还是在两个或两个以上国家之间进行;"multimodal"出自《联合国国际货物多式联运公约》,指用两种或两种以上的运输方式在两个或两个以上国家之间进行的联运;"combined"出自 1973 年《多式联运单证统一规则》(ICC),该规则是在无生效的国际公约的情况下制定的,其含义与"multimodal"相同。

不同国家和地区,不同国际公约和法规,对国际多式联运的定义不尽相同。到目前为止,关于国际多式联运的第一个也是唯一的一个国际公约是《联合国国际货物多式联运公约》。根据《联合国国际货物多式联运公约》第 1 条(1)款规定:"国际多式联运"是指按照多式联运合同,以至少两种不同的运输方式,由多式联运经营人将货物从一国境内接管货物的地点运到另一国境内指定交付货物的地点。为履行单一方式运输合同而进行的该合同所规定的货物接送业务,不应视为国际多式联运。

构成国际多式联运的几个主要条件如下:

(1)必须具有一个国际多式联运合同;

(2)必须签发多式联运单证;

(3)必须是跨国货物运输;

(4)必须是至少两种不同运输方式的连贯运输;

(5)必须由一个多式联运经营人对全程运输负责。

由此可见,国际多式联运的主要特点是:由多式联运经营人与托运人签订一个运输合同(one contract),实行运输全程一次托运(one contact)、一张单证(one document)、一次计费(one price)、一次保险(one insurance),并由多式联运经营人对全程负责,手续简便,方便货主。

二、国际多式联运经营人的定义和基本条件

1. 国际多式联运经营人的定义

《联合国国际货物多式联运公约》给多式联运经营人(multimodal transport operator:MTO)下的定义是:"多式联运经营人,是指其本人或通过其代表订立多式联运合同的任何人,他是事主,而不是发货人的代理人或代表或参加多式联运的承运人的代理人或代表,并且负有

履行合同的责任。"即多式联运经营人是一个具有独立法人资格的经济实体,他的身份是一个对货主负有履行合同责任的承运人。正如我国《海商法》第102条对多式联运经营人下的定义:是指本人或者委托他人以本人名义与托运人订立多式联运合同的人。多式联运经营人负责履行或者组织履行多式联运合同,并对全程运输负责。

2. 国际多式联运经营人应具备的基本条件

构成国际多式联运经营人的几个主要条件有:

(1)必须是独立的法律实体,在我国应是中华人民共和国的企业法人,具有从事多式联运业务的资格。

(2)必须签订多式联运合同,双方均受该合同的约束。

(3)多式联运经营人签发的必须是多式联运单证,一张单证完成全程运输。多式联运单证是多式联运经营人接受托运人所托运货物的凭证,并保证按单证中所记载的状况将货交给指定的收货人。

(4)多式联运经营人有自己的运价表,向货主计收的必须是全程运费。

(5)全程的国际多式联运必须由多式联运经营人来负责,运输中货物出现任何灭失和损害,货主都可以根据多式联运单证首先向多式联运经营人索赔。

(6)多式联运经营人必须具有与经营业务相适应的自有资金,且在国际运输中具有一定的资信、网络和经验。

(7)多式联运经营人与自己经营的国际多式联运线路有关的实际承运人、场站经营人之间存在长期的合作协议。

3. 国际多式联运经营人与契约承运人和实际承运人的关系

国际多式联运是在不同国家间以多种运输工具来完成运输业务,实际业务中不太可能完全由一个经营人自己承担全部运输。他往往是接受货主的委托后,自己办理一部分工作,将其余的工作再委托别的承运人去实现。但它与单一的运输方式不同,这些接受多式联运经营人委托的承运人,只是依运输契约关系对多式联运经营人负责,而不与货主发生任何直接的关系。因此,多式联运经营人可以是实际承运人,也可以不是实际承运人,但多式联运经营人一定是契约承运人。所谓契约承运人,是指与货主订立运输合同的人;而实际承运人,是指受契约承运人的委托来实际完成货物运输的人。通常把国际多式联运经营人称为总承运人,把接受委托分段承担运输的实际承运人称为分承运人。

4. 国际多式联运经营人与货运代理人和无船承运人的关系

随着国际贸易、集装箱多式联运的发展,国际货运代理人和无船承运人也迅速发展起来,成为当今国际贸易、运输中不可缺少的一部分。

货运代理人(the freight forwarder),又称"货运代理""货物运输行""货运传送人"等,是指根据客户的指示,并为客户的利益而揽取货物运输的人,其本人并不是承运人,货运代理人可以依据这些条件,从事与货物运送合同有关的活动,如储货、报关、验收、收款等。(详见第一章第四节。)

无船承运人(non vessel operating common carrier:NVOCC)是指在集装箱运输中经营集装箱货运的揽货、装箱、拆箱、内陆运输以及集装箱货运站或内陆货运站,但不经营船舶的承运人,其在法律地位上相当于实际的船舶经营人。

有许多无船承运人都是从货运代理人中脱颖而出的,即将原来的陆运业务扩展为联运业务并签发自己的提单。货运代理人成为无船承运人的条件,国际上至今无统一的、明确的规定。在美国,货运代理人要想成为无船承运人,需向 FMC(Federal Maritime Commission,美国联邦海事委员会)登记并经其审核同意。而欧洲各国比较宽松,只要是规模较大的货运代理人均可以成为无船承运人。我国《海运条例》对无船承运人的市场准入有两个条件,即向交通运输部办理提单登记,并缴纳人民币 80 万元的保证金。

总之,货运代理人要想成为无船承运人,一般要满足两个条件:一是货运代理人的规模较大,能做联运业务;二是能签发自己的提单,且该提单被银行所接受,能在国际上流通。

可见,一般的货运代理人只是依据客户的指示,从事与运送合同相关的活动,因其无自己抬头的提单,因而不能作为多式联运经营人从事多式联运业务。而无船承运人有自己抬头提单,可一单到底,对客户负全程运输的责任,是契约承运人,可承当多式联运经营人的角色。

三、国际多式联运涉及的主要公约和法规简介

1. 联合国国际货物多式联运公约

随着集装箱运输的产生和发展,早在 20 世纪 30 年代,国际上关于制定多式联运的法律工作即已开始。在国际统一私法学会的主持下,1963 年拟订了《国际货物联运公约草案》。随后,1969 年,国际海事委员会(CMI)草拟和通过了一项联运公约草案——《东京规则》。1970年,联合国欧洲经济委员会(UN/ECE)内陆运输委员会将上述两个草案合并为《罗马草案》。后经联合国欧洲经济委员会(UN/ECE)和政府间海事协商组织(IMCO)多次召开会议审议,修订成《国际货物多式联运公约草案》。由于这一公约草案遭到多数发展中国家的质疑,联合国贸易和发展会议(UNCTAD)于 1973 年 5 月组建了政府间筹备组,负责进一步研究调查,最后拟定了一项公约草案。1980 年 5 月,联合国在日内瓦召开了有 84 个贸发会议成员国参加的国际多式联运会议,于同月 24 日通过了《联合国国际货物多式联运公约》。我国自 1978 年第 5 届政府间筹备组会议开始派代表小组参加了公约的起草工作,并在公约的最后文件上签了字。该公约至今仍未生效,将由 30 个国家批准或加入一年后生效。但是,该公约毕竟是目前唯一的一个有关国际多式联运方面的国际公约,各国在立法时都或多或少地借鉴了该公约的一些规定。

2. 1991 年多式联运单证规则

全称是《联合国贸易和发展会议/国际商会(UNCTAD/ICC)多式联运单证规则》。

在期待《1980 年联合国国际货物多式联运公约》生效期间,UNCTAD 航运委员会,根据1986 年 11 月第 60(XII)号决议,指示秘书处与权威的官方机构和国际组织紧密合作,以《海牙规则》和《海牙-维斯比规则》和现有的单证,例如 FBL(货运代理人协会国际联合会(FIATA)的提单)和《ICC 多式联运单证统一规则》为基础,研究草拟多式联运单证示范条款。按照上述决议,成立了 UNCTAD/ICC 联合工作组,研究草拟一套新的多式联运单证规则。经过一系列的会议,联合工作组在 1991 年终于完成了《UNCTAD/ICC 多式联运单证规则》的起草工作。该规则于 1992 年 1 月 1 日起生效,已经被并入国际上广泛使用的多式联运单证中,如:FI-ATA FBL 1992 和 MULTIDOC 95。

规则不具有法律强制力,仅仅具有纯粹的合同性质,而且只有在该规则被并入运输合同时,才能适用。一旦《多式联运单证规则》被并入一项合同,它的规定就超越了与之不同的合同条款。但是,如果该规则与适用多式联运合同的国际公约或国内法的强制性条款相抵触,则该规则的规定无效。

3. 中国《海商法》第 8 节多式联运合同的特别规定

《海商法》第 8 节多式联运合同的特别规定,仅适用于有海运运输方式参与的国际多式联运。

4. 国际集装箱多式联运管理规则

《国际集装箱多式联运管理规则》(Regulation of International Container Multimodal Transport),1997 年由交通部和铁道部联合发布,1997 年 10 月 1 日起实施。该规则仅适用集装箱多式联运,且将航空运输排除在外。

5. 国际多式联运下单一运输方式所涉及的各个公约和法规

见前述各章详述。

四、国际多式联运的种类

国际多式联运通常是以集装箱为运输单元但不限于集装箱运输单元,由至少两种运输方式构成的综合的、一体化的运输。目前,绝大多数国际公约或国内立法对国际多式联运货物的种类通常并无限制,既可以是集装箱货物、成组托盘货物,也可以是一般的散杂货等。然而,由于采用集装箱运输的效果最好,故国际多式联运货物通常是指集装箱货物。而且有些国际多式联运法规或惯例专门对国际多式联运货物的种类予以限定。如,我国《国际集装箱多式联运规则》中的国际多式联运货物仅限于国际集装箱货物。

国际多式联运对参与其中的运输方式的种类的规定,在不同公约法规下亦不相同。如:联合国《国际货物多式联运公约》对参与国际多式联运的运输方式的种类未做限制;我国《海商法》中所定义的国际多式联运仅是指海运与其他运输方式之间的多式联运;我国《国际集装箱多式联运管理规则》中所称的国际多式联运将航空运输方式排除在外。再如:国际商会的《联合运输单证统一规则》和我国《国际集装箱多式联运管理规则》将国际海运与国内水运视为两种不同的运输方式,即将国际海运与国内水运之间的水水联运也视为多式联运。

多式联运的种类很多,在此,仅介绍涉及海运的国际多式联运,主要有海陆联运、海空联运和江(河)海联运。

1. 海陆联运

国际海陆联运是国际多式联运的主要形式。海陆联运又可分为船舶与卡车的海路与公路的联运、船舶与火车的海路与铁路的联运两种。由于汽车的运距较短,从事长途运输方面其竞争力不如火车,所以,海陆联运主要是指海路与铁路的联运。

在海陆多式联运中,陆桥起着非常重要的作用,世界上主要的陆桥有:通过大陆两端连接海运的大陆桥、海运与大陆相连接进行联运的小陆桥和直接海陆联运的微桥。

(1)大陆桥(land bridge)

大陆桥运输,是指采用集装箱专用列车,把大陆当成连接两端海运的桥梁。采用这一运输方式,使集装箱船和专用列车结合起来,达到迅速和降低运输成本的目的。世界上主要的大陆桥有三个:

①北美大陆桥

北美大陆桥是指利用横贯北美的大铁路从远东、日本到欧洲的"海陆海"联运。由于这条运输路线的成本高,与全水运(all water)的集装箱船以及后来开辟的西伯利亚大陆桥相比,竞争力很差,因而未得到很大的发展。现在实际业务中几乎难以见到。

②西伯利亚大陆桥

西伯利亚大陆桥是指使用国际标准集装箱,经西伯利亚铁路进行远东、日本到欧洲、中近东(伊朗、阿富汗)之间的国际多式联运线路。

西伯利亚大陆桥大大缩短了从日本、远东、东南亚及大洋洲到欧洲的运输距离,并因此而节省了运输时间。从日本、远东经俄罗斯太平洋沿岸纳霍德卡港(Nakhodka)、东方港(Vostochny)去欧洲的海陆联运线全长 13 000 km,运输时间一般为 30~50 天,而全水路运输的距离为 20 000 km(经苏伊士运河)。例如,从日本横滨到鹿特丹,采用西伯利亚大陆桥运输,与全水运相比,运距缩短 1/3,运输时间可省 1/2,运费还可节省 20%~30%,因而对货主的吸引力很大。但是近年来,由于西伯利亚大陆桥在经营和管理上存在一些问题,其竞争能力明显下降,譬如:

- 铁路集装箱车皮不足,且列车编组混乱,很难确认货物所在位置;
- 往返货源不平衡,远东方面箱子不足,而欧洲方面箱子滞留;
- 东方港和纳霍德卡港装卸能力不足;
- 寒冬对远东港口和西伯利亚大铁路的影响等。

③新亚欧大陆桥

新亚欧大陆桥是指从我国连云港登陆,经西安至阿拉山口,与哈萨克斯坦共和国土西铁路相接轨进行的远东、日本到欧洲的国际多式联运线路。

新亚欧大陆桥于 1990 年 9 月 12 日开辟,1992 年底正式营运。它东起中国连云港,西至荷兰鹿特丹,途经哈萨克斯坦、俄罗斯、白俄罗斯、波兰、德国,全长 10 900 km。新亚欧大陆桥的开通为亚欧国际联运提供了一条更为便捷的国际通道。远东至中亚、中近东,经新亚欧大陆桥比经西伯利亚大陆桥缩短运距 2 700~3 300 km。作为桥头堡的连云港,位于中国东部沿海的脐部,是一个优良港口,该港现有泊位 24 个,其中生产性泊位 21 个,万吨级以上泊位 17 个,与世界上 83 个国家和地区的 293 个港口有贸易和航运往来。连云港现有两个集装箱专用泊位,16 万 m² 的码头堆场,还设有总面积为 1.3 万 m² 的拆装箱库。专用泊位拥有铁路专用线 4 条,岸边装卸桥最大起重能力为 40.5 t,码头作业采用计算机系统进行管理,自动处理各种作业管理所需的信息和各种报表、文件、箱体跟踪,是一个设施齐备的、潜力巨大的新型码头。

(2)小陆桥(mini-land bridge)

小陆桥(简称 MLB)的前身为大陆桥运输。世界上最典型的小陆桥即北美小陆桥。它是通过远东和欧洲之间的海上集装箱运输和横贯美国东西的铁路,开展海陆或陆海的联运。

目前,小陆桥运输的主要路线有:

①远东到美国西海岸转内地或反方向运输;

②澳大利亚到美国西海岸转内地或反方向运输;

③欧洲到美国东海岸转内地或反方向运输;

④欧洲到美国湾(墨西哥湾)地区转内地或反方向运输。

四条路线中,尤以第一条路线运量最大。远东、日本—美国西海岸—美国东海岸,是一条先由船舶将货运至美国西海岸港口,再交美国铁路运抵美国东海岸港口或加勒比海港口区域的海铁联运路线。该种运输方式由船公司或 NVOCC 签发多式联运提单,海陆两程运费一起计算,是多式联运。

(3)微桥(micro-bridge)

微桥运输指使用联运提单,经美国西海岸、东海岸和美国湾沿岸港口,利用集装箱拖车或铁路运输将货物运至美国内陆城市的运输。因这种运输征收全程费率,并由一个或多个承运人(至少一个是公共承运人)提供或执行的在起始点与目的地之间的连续运输,因而有的船公司称之为直达服务(through service)。更由于微桥运输是将货物运往美国内陆各点,且不像大、小陆桥那样利用横贯美洲的铁路"桥梁","微桥"的称法有些牵强,所以,微桥运输较为切实的、正规的称呼是内陆点多式联运(interior point intermodal,简称 IPI)。

总之,美国的陆桥运输发展得最为迅速并已成规模,关键原因在于美国的多式联运系统,尤其是铁路运输系统。为了适应大规模多式联运的发展需要,美国铁路行业通过合并与购买,在组织规模上日趋大型化,在经营体制方面日趋专业化和合理化。1980 年底,CONRAIL 集团对铁路的运输体制进行了改革,开始建立铁路枢纽站(hub)。铁路枢纽站配备了高效率的机械设备,站与站之间开设铁路定期班车。与此同时,在兼并过程中尚存的小型铁路公司则从事经营铁路枢纽站附近的一些低运量的小站业务,从而形成了以机械化铁路枢纽站为中心的铁路运输体系。为了适应海外集装箱多式联运的要求,美国铁路大力发展了平板车载运集装箱(COFC)的运输方式,为提高运输效率,降低运输成本,还开设了双层集装箱列车(DST)。一辆典型的双层集装箱列车由 25~28 辆平板车(car)组成,而每一辆平板车又包括 5 个托盘(platform),每个托盘能运载 2 个 FEU,所以,一整列车最多可载运 280 FEUS,横跨东西海岸的运输只需 4~5 天的时间。美国铁路运输系统的高效、高速、安全及具有竞争力的费率,为美国的陆桥运输赢得了客户的信赖和支持。

2. 海空联运

海空联运的方式始于 20 世纪 60 年代的加拿大航空公司,但到 80 年代以后才得以迅速发展。海空联运所花时间比单纯海运快捷,运价比单纯空运低廉,较受货主的欢迎。尤其在运距较远、货量不是很大的情况下,为省时而采用海空联运方式最为合适。但是,由于海空联运中,大多数的航空公司在飞机上不直接载运海运集装箱,所以,海、空两种运输方式转换时如何快速、安全地处理货物是海空联运的关键问题。目前,海空联运的主要路线有:亚洲—欧洲、北美洲、中南美洲、中近东、非洲和澳大利亚等。其中,最为典型的当数加拿大航空公司所从事的亚洲—欧洲的海空联运。

加拿大航空公司大约在 1964 年开始建立亚欧之间的海空联运,该航线从日本、远东起,经海运运输至温哥华,转空运至欧洲各地。该航线的经营人主要由货运代理人、海运承运人和加拿大航空公司组成。一般的业务做法是:由全程货运代理人接收货物,签发 FCR(forwarders' cargo receipt)给货主用于结汇,然后将货交给海上承运人接受海运提单(ocean B/L),把货运至温哥华,B/L 中托运人是全程货运代理人,收货人是加拿大航空公司温哥华货运代理人,转空运签发空运单 AWB(air Canada's airway bill),将货交欧洲各地收货人。

3. 江(河)海联运

江海或河海联运,是指利用发达的内陆水系所进行的集装箱联运。

目前,有许多国家利用国内既有的内陆河运系统,因地制宜地开展了江海或河海集装箱联运,如欧洲的莱茵河与多瑙河流域国家。原德意志联邦共和国在利用莱茵河开展集装箱联运方面是非常成功的,它于 1976 年开辟了莱茵河集装箱驳运,目前,莱茵河的集装箱的驳运量占北德—南德之间总运量的 10% 左右。

五、OCP 运输

OCP 的英文全称为"overland common points",即"内陆公共点"或"陆上公共点",其含义是可享有优惠费率通过陆上运输可抵达的区域。美国北达科他州(North Dakota)、南达科他州(South Dakota)、内布达斯加州(Neberaska)、科罗拉多州(Colorado)和新墨西哥州(New Mexico)以东的地区均属 OCP 地区。货物经美国西海岸转运到 OCP 地区(或反方向运输),称为 OCP 运输。OCP 运输享有优惠费率。OCP 费率,是太平洋航运公会为争取运往美国内陆地区的货物,途径美国西海岸而制定的一个较直达美国东海岸稍低的费率。加拿大也有一个 OCP 地区,自西向东的陆上运输实行与美国同样的优惠方法。

使用 OCP 运输,从成交订约、开付信用证到进行运输都有一些特殊的要求。例如:贸易合同和信用证目的港一栏内应加注 OCP 字样。申请订舱时,应说明 OCP 运输,并在货运单证中将卸货港和 OCP 的最后目的地同时列明,如卸货港"Seattle OCP",目的地"in transit of New York",等等。货物由船舶运至美国西海岸港口后,直接转入由港口当局经营和控制下的港区内的保税仓库,在仓库内享有 12 个月的优惠费率。收货人申请进口或要求保税运输,交由铁路公司运往目的地,收货人在目的地结关提货。

为了防止在西海岸销售和使用的货物假借 OCP 名义,享受优惠条件,OCP 运输必须提供相应的证据。一般要求提供以下一项或几项单证:

- 进口承运人提单(inland carrier's bill of lading)
- 进口的承运人运单(inland carrier's waybill)
- 进口的承运人运费账单(inland carrier's freight bill)
- 来自港口当局或收货人的具有适当日期的流向单证(appropriate date processing documents from authorities or individual consignees)
- 美国海关保税运输进口登记(US customs immediate transportation entry)
- 海关经纪人交货单(customs house brokers delivery order)

以上单证都必须清晰地表明船舶名称、装港、海运承运人提单号码、航次、最终目的地和运往该目的地的实际日期。如果上述单证没有在货交内陆承运人后 45 天内提供,则海运承运人必须立刻按当地费率(local rate)调整运费及其他相关费用,因为 OCP 费率比当地费率低 3%～5%不等。但自 1980 年西部铁路取消"船方不支付正向回空费用"的规定之后,船公司成本增加,随之费率不时调整,事实上现行的地区运价与 OCP 运价相差甚少,如果二者相差不到 15 美金,则费率不必调整。有两种情况不需要提供以上的单证证据:一是 OCP 费率与当地费率相等,二是适用地区费率。

从表面上看,OCP 运输是使用两种或两种以上的运输方式,把货物从一国境内的接货地点运至另一国境内的交货地点,具有多式联运的形式。但是,OCP 运输的海运和陆运两个运输区段分别是由海上承运人和陆上承运人签发运输单证,运费、责任、风险也由海陆两区段各自承担,因此,严格地说,OCP 运输不符合国际多式联运的要求,不是完整的国际多式联运。

六、国际多式联运货物的交接方式

集装箱货物运输的交接方式主要有 CY to CY、CY to CFS、Door to Door、Door to CY、CY to Door、CFS to CY、Door to CFS、CFS to Door、CFS to CFS 九种,其中,国际多式联运货物的交接方式主要有 Door to Door、Door to CY、CY to Door、Door to CFS、CFS to Door 五种(详见第二章第一节)。

第二节　国际多式联运业务

一、国际多式联运的业务流程

1.托运申请,订立多式联运合同

首先,货主提出托运申请,多式联运经营人接受托运。然后,发货人或其代理人填写场站收据,并把其送至联运经营人处编号,多式联运经营人编号后留下货物托运联,将其他联交还给发货人或其代理人。

2.空箱的发放、提取及运送

多式联运中使用的集装箱一般应由经营人提供。

如果双方协议由发货人自行装箱,则多式联运经营人应签发提箱单给发货人或其代理人,由他们在规定的日期到指定的堆场提箱,并自行将空箱托运到货物装箱地点,准备装货。

如是拼箱货(或是整箱货但发货人无装箱条件不能自装)时,则由多式联运经营人将所用空箱调运至接收货物的集装箱货运站,做好装箱准备。

3.出口报关

若联运从港口开始,则在港口报关;若从内陆地区开始,应在附近的内陆地海关报关。出口报关事宜一般由发货人或其代理人办理,也可委托多式联运经营人代为办理。

4.货物装箱及接收货物

若是发货人自行装箱,发货人或其代理人提取空箱后,在自己的工厂和仓库组织装箱。装箱工作一般要在报关后进行,并请海关派员到装箱地点监装和办理加封事宜。如需理货,还应请理货人员现场理货并与之共同制作装箱单。

如是拼箱货物,发货人应负责将货物运至指定的集装箱货运站,由货运站按多式联运经营人的指示装箱。

无论装箱工作由谁负责,装箱人均须制作装箱单,并办理海关监装与加封事宜。

对于由货主自装箱的装箱货要运至双方协议规定的地点,多式联运经营人或其代表(包括委托的场站业务员)在指定地点接收货物。如是拼箱货,经营人在指定的货运站接收货物。验收货物后,代表联运经营人接收货物的人应在场站收据正本上签章,并将其交给发货人或其代理人。

5.订舱及安排货物运送

经营人在合同订立之后,即应制定该合同涉及的集装箱货物的运输计划。该计划应包括货物的运输线路、区段的划分、各区段实际承运人的选择确定及各区段间衔接地点的到达、起运时间等内容。这里所说的订舱泛指多式联运经营人要按照运输计划安排洽定各区段的运输工具,与选定的各实际承运人订立各区段的分运合同。这些合同的订立由经营人本人(派出机构或代表)或委托的代理人(在各转接地)办理,也可请前一区段的实际承运人作为代表向后一区段的实际承运人订舱。

6.办理保险

在发货人方面,应投保货物运输险。在多式联运经营人方面,应投保货物责任险和集装箱保险。

7. **签发多式联运提单,组织完成货物的全程运输**

多式联运经营人的代表收取货物后,经营人应向发货人签发多式联运提单,并负有完成和组织完成全程运输的责任和义务。

8. **运输过程中的海关业务**

国际多式联运中的海关业务主要包括货物及集装箱进口国的通关手续、进口国内陆段保税(海关监管)运输手续及结关等内容。如果陆上运输要通过其他国家海关和内陆运输线路时,还应包括这些海关的通关及保税运输手续。

这些手续一般由多式联运经营人的派出机构或代理人办理,也可由各区段的实际承运人作为多式联运经营人的代表代为办理。由此产生的全部费用,应由发货人或收货人负担。

如果货物在目的港交付,则结关应在港口所在地海关进行。如在内陆交货,则应在口岸办理保税(海关监管)运输手续,海关加封后方可运往内陆目的地,然后在内陆海关办理结关手续。

9. **货物交付**

当货物运至目的地后,由目的地代理通知收货人提货。收货人须凭多式联运提单提货,经营人或其代理人须按合同规定,收取收货人应付的全部费用,收回提单签发提货单(交货记录),提货人凭提货单到指定堆场和地点提取货物。

如是整箱提货,则收货人要负责至拆箱地点的运输,并在货物取出后将集装箱运回指定的堆场,运输合同终止。

10. **货运事故处理**

如果全程运输中发生了货物灭失、损害和运输延误,无论是否能确定损害发生的区段,发(收)货人均可向多式联运经营人提出索赔。多式联运经营人根据提单条款及双方协议,确定责任并作出赔偿。如果确知事故发生的区段和实际责任者时,可向其进一步进行索赔。如不能确定事故发生的区段时,一般按在海运段发生处理。如果已对货物及责任投保,则存在要求保险公司赔偿和向保险公司进一步追索问题。如果受损人和责任人之间不能取得一致,则须通过在诉讼时效内提起诉讼和仲裁来解决。

二、国际多式联运单证

1. 国际多式联运单证

根据《联合国国际货物多式联运公约》规定:多式联运单证是指证明多式联运合同以及证明多式联运经营人接管货物并负责按照合同条款交付货物的单证。多式联运单证可以可转让方式签发,也可以表明记名收货人,以不可转让方式签发。

2. 国际多式联运单证的种类

在没有可适用的国际公约的情况下,并不存在国际上认可的作为多式联运单证的合法单证。现在多式联运中使用的单证,在商业上是通过合同产生的。目前,国际多式联运单证按制定者的不同,可分为以下 4 类:

(1)波罗的海国际航运公会(BIMCO)制定的 Combidoc。此单证已得到了国际商会(ICC)的认可,通常为拥有船舶的多式联运经营人所使用。

(2)国际货运代理协会(FIATA)制定的多式联运提单 FBL。该提单供作为多式联运经营人的货运代理所使用,它也得到了国际商会的认可。

(3)联合国贸发会(UNCTAD)制定的 Multidoc。它是便于《联合国国际货物多式联运公约》得以实施而制定的,它并入该公约中责任方面的规定。由于该公约尚未生效,因而该多式联运单证尚无任何多式联运经营人选用。

(4)多式联运经营人自行制定的多式联运单证。目前几乎所有的多式联运经营人都制定自己的多式联运单证。但考虑到适用性,与 Combidoc、FBL 单证一样,绝大多数单证都并入或采用《ICC 联运单证统一规则》,即采用网状责任制,从而使现有的多式联运单证趋于标准化。

3. 多式联运单证应记载的内容

多式联运单证是多式联运经营人、发货人、收货人等当事人之间进行业务活动的凭证,起着货物的收据和交付货物的作用,证明货物的外表状况、数量、品质等情况。单证的记载一定要准确、清楚、完整,根据《联合国国际货物多式联运公约》的规定,多式联运单证应当载明下列事项:

(1)货物的品类;识别货物所必需的必要标志;如属危险货物,其危险特性的明确声明;包数或件数;货物的毛重或其他方式表示的数量等,由发货人提供。

(2)货物外表状况。

(3)多式联运经营人的名称和主要营业所。

(4)发货人名称。

(5)如经发货人指定收货人,收货人的名称。

(6)多式联运经营人接管货物的地点和日期。

(7)交货地点。

(8)如经双方明确协议,在交付地点交货的日期或期间。

(9)表示该多式联运单证为可转让或不可转让的声明。

(10)多式联运单证的签发地点和日期。

(11)多式联运经营人或经其授权的人的签字。

(12)如经双方明确协议,每种运输方式的运费;或者应由收货人支付的运费,包括用以支付的货币;或者关于运费由收货人支付的其他说明。

(13)如在签发多式联运单证时已经确知,预期经过的路线、运输方式和转运地点。

(14)说明多式联运遵守《联合国国际货物多式联运公约》的声明。

(15)如不违背签发多式联运单证所在国的法律,双方同意列入多式联运单证的任何其他事项。

多式联运单证缺少上述所列事项中的一项或几项,并不影响该单证作为多式联运单证的法律性质,但该单证必须符合公约对多式联运单证定义的要求,即多式联运单证的三个作用:多式联运合同的证明、收货凭证和交货凭证。

4. 多式联运单证的缮制及其流转

多式联运单证的缮制及其流转,通常的做法是:多式联运经营人或其起运地的代理人缮制全程的多式联运单证,经全程多式联运经营人或其代理人签发后,正本交发货人,由发货人通过银行转交收货人。全程的多式联运单证上的收发货人是实际的收发货人,通知方是多式联运经营人在目的地指定的代理人。副本三份,一份由多式联运经营人留底,另两份由多式联运经营人交最终目的地的代理人。沿途各段均由多式联运经营人缮制货运单交下一程代理人向前一程代理人提货。每一程的货运单中,发货人均是前一程代理人,收货人是下一程代理人,通知方是全程多式联运单证上的目的地代理人,并注有全程多式联运单证号码。各程代理人在货物出运后,均须以最快的通信方式告知多式联运经营人以下内容:提单号或运单号、发收货人名称、地址、货名、重量、尺码、多式联运单证号码、签单日期等。如果条件许可的话,各程货运单的缮制也可交各程代理人负责。例如,一程代理人把有关的货运单证交给多式联运经营人后,多式联运经营人立即通知一程代理人将货交给指定的二程代理人,并由其制作二程运输单证交给二程代理人,内容同上,依此类推。不管货运单证是由多式联运经营人还是由各程代理人缮制,均须在多式联运经营人的全面控制、负责和指示下进行。假设一票国际多式联运货物,全程由 COSCO 负责,一程是公路运输,二程是海运运输,三程是铁路运输,其单证流程图如图 6-2-1 所示。

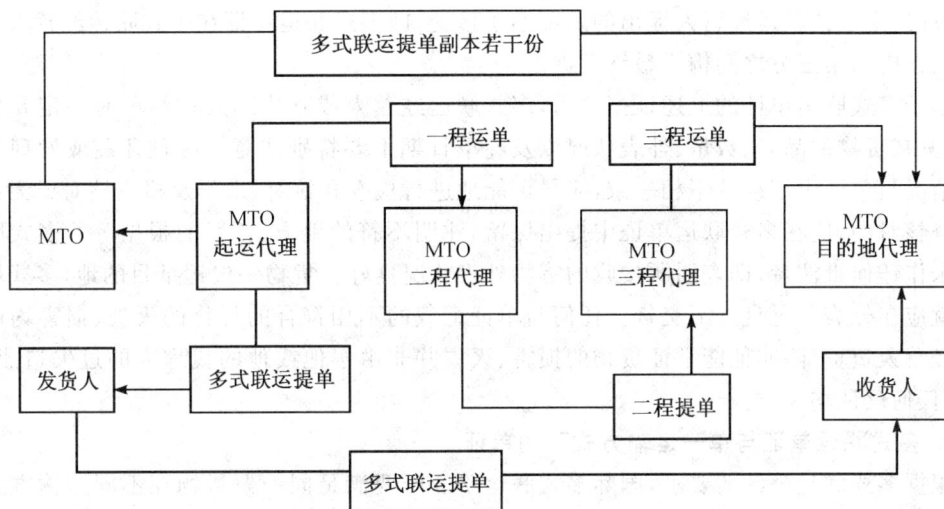

图 6-2-1　多式联运单证流程图

5. 多式联运单证的签发

(1)多式联运单证以可转让方式签发时的注意事项

①多式联运单证的"收货人"(consignee)一栏通常列明"to order"(指示)或者"holder of the document"(持票人),前者须经背书后方可转让,后者无须背书即可转让。

②一套多式联运单证可签发一份以上的正本,但应注明正本份数。如签发副本,每份副本均应注明"non negotiable copy"(不可转让副本)字样。

③如果签发一套一份以上的可转让多式联运单证正本,而多式联运经营人或其代表已正当地按照其中一份正本交货,该多式联运经营人便已履行了其交货义务。

(2)多式联运单证以不可转让的方式签发时的注意事项

应指明记名的收货人,多式联运经营人将货交给记名收货人后,多式联运经营人即已履行了其交货的责任。

(3)签发时间和地点

多式联运单证签发的时间为多式联运经营人接收货物之时。集装箱多式联运中,承运人接收货物的时间和地点已不再局限于船舷、码头,而向内地延伸。通常,多式联运经营人接收货物的地点有发货人的工厂、仓库(Door)和码头堆场(CY)以及货运站(CFS)。不管在何地,只要多式联运经营人从托运人手中接收了货物,就意味着多式联运经营人掌管了货物,开始对货物负责,接收货物的时间即应成为多式联运单证签发的时间。多式联运单证的签发地点通常为接收货物的地点,实际业务中也有很多异地签单,由多式联运经营人或其授权的代理人签发。

6.多式联运单证的证据效力

从多式联运单证的定义中可以看出,多式联运单证是多式联运经营人接收货物的凭证。多式联运经营人接收的货物就是多式联运单证中所记载的一定品名、数量和外表状况的货物。多式联运经营人应对单证中所记载的货物负责,并保证将货物安全、完好地送至目的地。所以,多式联运单证在发货人或托运人与多式联运经营人之间构成初步证据。当多式联运单证以可转让的方式签字,而且已转让给正当地信赖该单证所载明货物状况的、包括收货人在内的第三方时,则多式联运经营人提出的反证不予接受,即多式联运单证在多式联运经营人与包括收货人在内的第三方之间构成最终证据。

鉴于多式联运单证的上述证据效力,多式联运经营人或其代理人在签单时一定要据实签署,尤其在货物的品名、数量、外表状况以及签单日期上要特别注意。一旦怀疑或发现货物的实际情况与单证中记载的不相一致,应尽可能地进行检查和核对,来不及检查核对或无适当方法检查核对的,应在多式联运单证中提出保留,注明不符的地方、怀疑的根据等。多式联运单证中未作任何批注者,即表明所接收的货物外表状况良好。货物一俟运抵目的地,多式联运经营人就应在外表状况良好下交货。任何与单证记载的不相符合的货物的灭失、损害均由多式联运经营人负责,除非他能举证货物的损害、灭失并非由于他或他的代理人的过失造成,除此之外,任何反证均无效。

7. 多式联运单证与单一运输方式下的单证

根据多式联运公约的要求,国际多式联运单证既要满足同一票货物在不同运输方式间换装而不必另行签单,又要符合当事人之间的需要。在现行的国际货物运输中,主要使用海运提单、公路运单、铁路运单和航空运单等几种单证,这几种单证都是基于单一运输方式的单证,且提单和运单所记载的内容、形式、法律效力以及单证性质截然不同。运单和提单的主要区别如下:

(1)性质不同。提单是运输合同的证明、物权凭证和货物的收据,而运单是货物收据,某些情况下是运输合同本身。

(2)运单和提单所记载的内容相差悬殊,最为突出的是"收货人"一栏。提单中"收货人"可以为指示、记名或不记名,业务中最常见的是指示提单,只注明"to order",无具体收货人。而运单中"收货人"必须要求详细列明收货人的名称、住址,甚至通信地址。

(3)提单通常可以转让,而运单一般不可转让。

海运、公路、铁路和航空承运人是国际多式联运的主要经营者,任何一个承运人要想从事国际多式联运,必须签发多式联运单证。通常他们都是在提单或运单的基础上加以修改,使之符合多式联运单证的要求。

国际多式联运方式综合的、一体化的运输为货主提供了理想的门到门运输,由多式联运经营人签发一份多式联运单证即完成货物全程运输。多式联运经营人作为契约承运人,对全程运输负责,但每一具体区段的实际运输却往往并非完全由多式联运经营人自己完成,通常他都委托各实际承运人进行运输,各区段的交接单证仍然不可缺少。

三、国际多式联运的运输组织

货物多式联运的全过程就其工作性质的不同,可划分为实际运输过程(即各区段运载工具载运工作过程)和全程运输组织业务过程两部分。实际运输过程是由参加多式联运的各种运输方式的实际承运人完成的,其运输组织工作属于各种方式运输企业内部的技术、业务组织。全程运输组织业务过程是由多式联运全程运输的组织者——多式联运企业或机构完成的,主要包括全程运输所涉及的所有商务性事务和衔接服务性工作的组织实施,其运输组织方法有很多种,但就其组织体制来说,基本上可分为协作式联运和衔接式多式联运两个大类。

1. 协作式多式联运的运输组织方法

协作式多式联运的组织者是在各部门协调下,由参加多式联运的各运输企业和中转站共同组成的联运办公室(或其他名称)。货物全程运输计划由该机构制订。

在这种机制下,发货人须根据运输货物的实际需要,向联运办公室提出托运申请并按月申报整批货物要车、要船计划,联运办公室根据多式联运线路及各运输企业的实际情况制订该托运人托运货物的运输计划,并把该计划批复给托运人及转发给各运输企业和中转港站。发货人根据计划安排向多式联运第一程的运输企业提出托运申请并填写联运货物托运委托书,第一程运输企业接收货物后经双方签字,联运合同即告成立。第一程运输企业组织并完成自己承担区段的货物运输至与后一段衔接地,直接将货物交给中转港站,由后一段运输企业继续运输,直到最后一程运输企业在目的地向收货人交付货物。在前后程运输企业之间和港站与运输企业交接货物时,须填写货物运输交接单和中转交接单。联运办公室负责按全程费率向托运人收取运费,然后按各企业之间商定的比例向各运输企业及港站分配。

对这种多式联运的组织体制,在有的资料中称为"货主直接托运制",这是国内过去和当前多式联运(特别是大宗、重要物资运输)主要采用的体制。

2. 衔接式多式联运的组织方法

衔接式多式联运的全程运输组织业务是由多式联运经营人(多式联运企业 multimodal transport operater:MTO)完成的。

在这种组织体制下,发货人首先向多式联运承运人(MTO)提出托运申请,多式联运经营人接受,双方订立货物运输的多式联运合同,并在合同指定的地点(可以是发货人的工厂或仓库,也可以是指定的货运站中转站、堆场和仓库)办理货物的交接,联运经营人签发多式联运单据。接受托运后,多式联运经营人首先要选择货物的运输路线、划分运输区段(确定中转、换装地点)、选择各区段的实际承运人,确定零星货物集运方案,制订货物全程运输计划,并把计划转发给各中转衔接地点的分支机构或委托的代理人。然后根据计划与第一程、第二程……的实际承运人分别订立各区段的货物运输合同,通过这些实际承运人来完成货物全程位移。全程各区段之间的衔接,由多式联运经营人(或其代表或其代理人)采用从前程实际承运人手中接收货物再向后程承运人发运方式完成,在最终目的地从最后一程实际承运人手中接收货物后再向收货人交付货物。

在与发货人订立运输合同后,多式联运经营人根据双方协议(协议内容除货物全程运输及衔接外),还常包括其他与货物运输有关的服务业务,按全程单一费率收取全程运费和各类服务费、保险费(须经经营人代办的)等费用。多式联运经营人在与各区段实际承运人订立各分运合同时,须向各实际承运人支付运费及其他必要的费用;在各衔接地点委托代理人完成服务业务时,也须向代理人支付委托代理费用。

这种联运组织体制,在有些资料中称为"运输承包发运制"。目前在国际货物多式联运中主要采用这种组织体制。随着我国经济体制的改革,这种组织体制将成为国内多式联运的主要组织体制。

第三节　西伯利亚大陆桥运输业务

一、SLB 运输的基本方式

经过海上运输上桥后,SLB 运输主要采用如下 3 种方式:

(1)铁—铁(Transrail),它是用船把货物运至东方港(Vostochny),纳霍德卡港(Nakhodaka)(或者通过满洲里、二连浩特、阿拉山口等陆路口岸进入俄罗斯),再用火车运到俄罗斯西部边境站,继续用铁路运至欧洲和伊朗等地区或相反方向的运输。

(2)铁—海(Transea),它是用船把货物运至东方港(Vostochny),纳霍德卡港(Nakhodaka)(或者通过满洲里、二连浩特、阿拉山口等陆路口岸进入俄罗斯),再用火车运到波罗的海和黑海的港口,装船运至北欧、西欧、巴尔干地区的港口,最终交收货人。

(3)铁—卡(Tracons),它是用船把货物运至东方港(Vostochny),纳霍德卡港(Nakhodaka)(或者通过满洲里、二连浩特、阿拉山口等陆路口岸进入俄罗斯),再用铁路运至前俄罗斯部边境布列斯特附近的奥托布列斯特,再用卡车将货物运至德国、瑞士、奥地利等国。

二、SLB 运输业务程序

目前,通过 SLB 运输的货物,采用全程(发站至到站)包干、一次付清,以美元结汇的形式。以货物出口为例,多式联运经营人需要经过提报计划—接受委托—配箱、配载、报关、装箱—制单(装箱单、多式联运提单、铁路联运运单等)—口岸交接—国外交货等业务环节。

三、我国有关欧亚大陆桥运输的规定

国家计划委员会、铁道部、交通部、对外贸易经济合作部(现商务部)、海关总署、卫生部、农业部 1991 年联合颁布的《关于亚欧大陆桥国际集装箱过境运输管理试行办法》中规定:

(1)亚欧大陆桥运输指国际集装箱从东亚、东南亚国家或地区由海运或陆运进入我国口岸,经铁路运往蒙古、前苏联、欧洲、中东等国家和地区或相反方向的过境运输。

(2)过境集装箱(以下简称过境箱)箱型应符合国际标准化组织的规定。目前,只办理普通型 20 ft、40 ft 箱,其他冷藏、板架、开顶等专用型集装箱的运输临时协定。

(3)办理过境箱的中国口岸暂定为连云港、天津、大连、上海、广州港和阿拉山口、二连浩特、满洲里、深圳北铁路换装站。

(4)我国办理过境箱运输的全程经营人为中国铁路对外服务总公司、中国对外贸易(集团)总公司、中国远洋运输总公司、中国外轮代理总公司及其在口岸所在地的分口岸所在地政府制定的有国际船、货代理权的企业。

(5)办理过境箱铁路运输的中国段经营人为中国铁路对外服务总公司,中国铁路对外服务总公司应积极与有关国家铁路经营人协商并签订协议,做好过境箱的交接、清算、信息处理等工作。

(6)过境箱经铁路运输按《国际铁路货物联运协定》及铁道部有关规定办理。铁道部门应及时与过境国铁路部门联系,对过境箱运输合理组织,加强调度,掌握动态,在计划、装车、挂运

等方面提供方便。

(7)过境箱在港口的运输、装卸作业按交通部有关规定办理。过境箱在中国港口的装卸费、堆存费及装卸车费等实行包干,按现行规定支付。

(8)过境箱入境时经营人应按海关规定填写"过境货物申报单"一式两份,向入境地海关申报。申报单应注明起运国和到达国,一份由入境地海关存查,另一份由海关做关封,并加盖海关监管货物专用章,随铁路票据传递到出境口岸站,交出境地海关,凭此检查放行。

(9)下列物品不准办理过境运输:各种武器、弹药及军需品(通过军事途径运输的除外)、鸦片、吗啡、海洛因、可卡因、烈性毒品及动植物。

(10)卫检、动植物检疫机关对来自非疫区的过境箱一般不进行卫生检疫和动植物检疫。对来自疫区的过境箱,经营人须向卫检、动植物检疫机关申报。装有动植物产品的过境箱,经营人须向卫检、动植物检疫机关申报,卫检、动植物检疫机关对申报的过境箱应简化手续,为过境箱及时转运提供方便,申报时一律不收取费用。

(11)各地海关应加强对过境箱的管理,在口岸联检及报关中如发现过境箱以藏匿或伪报品名等手法逃避海关监管,装运禁止过境的货物时,由海关按我国有关规定处理;对箱体外形完整、封志无损,未发现违法或可疑时,可只作外形查验,为过境箱提供方便。

(12)过境箱原则上由经营人办理运输保险或保价运输,各承运人应严格执行过境箱的交接手续。发生货损货差时,认真做好商务记录,按国际和国内有关规定处理。

(13)亚欧大陆桥运输的过境国际铁路联运计划及国内陆桥货物的国际铁路联运计划按现行规定办理。

(14)中国铁路对外服务总公司与俄罗斯、蒙古、哈萨克斯坦等国家铁路部门和代理公司签署了协议,其所属的连云港、天津、上海、广州、二连浩特、深圳、阿拉山口、满洲里等分支机构代表总公司办理有关大陆桥运输的事宜。

第四节 国际多式联运经营人的主要权利、义务和责任

一、多式联运经营人的免责事项

1.《联合国国际货物多式联运公约》的规定

(1)只要多式联运经营人能证明其本人、受雇人或代理人为避免事故的发生及其后果,已采取了一切所合理要求的措施,仍不能避免货物的灭失、损坏和延迟交付,多式联运经营人可以免责。例如海上巨大的风暴、战争等给货物带来的损失。

(2)由于发货人的过失或疏忽,或者发货人的代理人或受雇人的过失或疏忽而导致的损失,由发货人负责,多式联运经营人免责。由发货人负责的赔偿主要有:

①发货人申报货物内容不准确、不完整引起的;
②发货人负责提供的集装箱及其设备不适货引起的;
③发货人自行装箱不当,积载不妥引起的;
④货物包装不牢固,标志、标签不准确、不完整引起的;
⑤发货人自己负责内陆拖运过失引起的;
⑥发货人的代理人、受雇人过失引起的;
⑦如系危险货物,未说明其特性,未按有关规定采取预防措施、运输要求等。

2.《1991年多式联运单证规则》的规定

如果造成货物的灭失、损坏或延迟交付的事故发生在多式联运经营人对货物由其掌管的期间,多式联运经营人应当对货物的灭失、损坏和延迟交付负赔偿责任,除非多式联运经营人证明,其本人、受雇人、代理人或规则规定的任何其他人,对造成此种灭失或损坏或延迟交付没有过失或疏忽。但是,多式联运经营人不应当对货物延迟交付所造成的损失负赔偿责任,除非托运人对如期交付的利益作出声明,并经多式联运经营人接受。

3. 我国《海商法》的规定

我国《海商法》第51条规定了12项免责事项:

(1)船长、船员、引航员或者承运人的其他受雇人在驾驶船舶或者管理船舶中的过失;

(2)火灾,但是由于承运人本人的过失所造成的除外;

(3)天灾,海上或者其他可航水域的危险或者意外事故;

(4)战争或者武装冲突;

(5)政府或者主管部门的行为、检疫限制或者司法扣押;

(6)罢工、停工或者劳动受到限制;

(7)在海上救助或者企图救助人命或者财产;

(8)托运人、货物所有人或者他们的代理人的行为;

(9)货物的自然特性或者固有缺陷;

(10)货物包装不良或者标志欠缺、不清;

(11)经谨慎处理仍未发现的船舶潜在缺陷;

(12)非由于承运人或者承运人的受雇人、代理人的过失造成的其他原因。

4.《国际集装箱多式联运管理规则》的规定

《国际集装箱多式联运管理规则》第27条规定:"货物的灭失、损坏或迟延交付发生在多式联运经营人的责任期间内,多式联运经营人应依法承担赔偿责任。"

二、多式联运经营人的赔偿责任基础

由上述各公约、法规免责事项的规定可以看出,多式联运经营人的赔偿责任基础不外乎以下两大类:过失责任制和严格责任制。其中,过失责任制又可分为完全过失责任制和不完全过失责任制。过失责任制以多式联运经营人是否有过失来判定是否免责;严格责任制则不论是否有过失,而以公约、法规中是否有明确列明的免责事项来判定,列明则免责,没有列明则不能免责。至于完全过失责任制和不完全过失责任制的区别,则看公约、法规中对免责的判断标准——"过失"规定得是否完全而无例外。像《联合国国际货物多式联运公约》中规定的免责事项就是完全的;而《海商法》中列举的免责事项中的第1项——承运人驾驶疏忽、有过失还可以免责,这就给完全的过失责任制开了例外,就是不完全过失责任制。

下面综合一下国际货物运输(包括多式联运)中本书所涉及的主要公约、法规所规定的赔偿责任基础:

采用不完全过失责任制的公约、法规有《海牙规则》、《维斯比规则》、《海商法》、《华沙公约》;

采用完全过失责任制的公约、法规有《联合国国际货物多式联运公约》、《汉堡规则》、《1955年海牙议定书》、《1991年多式联运单证规则》;

采用严格责任制的公约、法规有《CIM公约》、《CMR公约》、《国际集装箱多式联运管理规则》、《1975 年蒙特利尔第 4 号附加议定书》、《1999 年统一国际航空运输某些规则的公约》等。

三、多式联运经营人的赔偿责任限制

1. 赔偿责任限制

对于多式联运经营人不能免责的货物的灭失、损坏和延迟交付，多式联运经营人可以享受责任限制。

按照《联合国国际货物多式联运公约》的规定，对于货物的损坏、灭失，当多式联运合同包括海上或内河运输时，其赔偿责任按灭失或损坏的货物的每包或其他货运单位计，不得超过 920 SDR，或按毛重每千克计，不得超过 2.75 SDR，以高者为准；当多式联运合同不包括海上或内河运输时，多式联运经营人的赔偿责任按灭失或损坏货物毛重每千克不得超过 8.33 SDR 计。对于延迟交付所造成的损失，多式联运经营人也享受责任限制，其限额相当于延迟交付的货物应付运费的 2.5 倍，但不得超过多式联运合同规定的应付运费的总额。

按照《1991 年多式联运单证规则》的规定，除非在多式联运经营人接管货物之前已由托运人对货物的性质和价值作出声明并已在单证上注明，多式联运经营人在任何情况下对货物灭失或损坏的赔偿额不得超过每件或每单位 666.67 SDR 或者毛重每千克 2 SDR，以其高者为准。尽管有上述规定，如果按照多式联运合同，多式联运不涉及海上或内河运输的，多式联运经营人的赔偿责任以不超过灭失或损坏货物毛重每千克 8.33 SDR 为限。如果多式联运经营人对于延迟交付引起的损失或者非属货物灭失或损坏的间接损失负有赔偿责任，则其赔偿责任应当以不超过根据多式联运合同计收的多式联运运费为限。

我国《海商法》的规定与《1991 年多式联运单证规则》的规定基本相同，但排除了多式联运不涉及海上运输时赔偿责任限制的规定。

我国《国际集装箱多式联运管理规则》没有明确规定赔偿责任限制。

2. 赔偿责任限制权利的丧失

无论《联合国国际货物多式联运公约》、《1991 年多式联运单证规则》，还是《海商法》、《国际集装箱多式联运管理规则》，对多式联运经营人丧失赔偿责任限制权利的规定都是相同的：

"如经证明，货物的灭失、损坏或延迟交付是由于多式联运经营人有意造成或明知可能造成而毫不在意的行为或不行为所引起，则多式联运经营人丧失赔偿责任限制的权利。

如经证明，货物的灭失、损坏或延迟交付是由于多式联运经营人的受雇人或代理人或履行多式联运合同而使用其服务的其他人有意造成或明知可能造成而毫不在意的行为或不行为所引起，则该受雇人、代理人或其他人丧失其赔偿责任限制的权利。"

四、国际多式联运经营人的责任期间

国际多式联运的出现从根本上改变了过去传统运输的交接界限。国际多式联运不仅是运输方式向多种发展，而且货物的交接地点也突破了过去的"港—港"或"车站—车站"的界限，向两端延伸。多式联运经营人接管货物的地点可能在某个港口的码头堆场，也可能在集装箱货运站，还可能在某个内陆地点的货主的工厂、仓库。因此，《联合国国际货物多式联运公约》、《1991 年多式联运单证规则》、《海商法》、《国际集装箱多式联运管理规则》都规定多式联运经营人的责任期间也由传统的"钩—钩"，扩大到从多式联运经营人接收货物的地点开始到交付货物的地点为止。在整个过程中，不论货物的灭失、损坏发生在哪一段，只要是在多式联运经营人掌管货物的期间内，货主都可向多式联运经营人提出索赔要求，由多式联运经营人查明情

况后进行处理或赔偿。

五、多式联运经营人的责任制

多式联运经营人的责任制主要有以下三种。

1. 网状责任制

又称分段责任制，是指多式联运经营人对全程运输负责，但按照货损区段的法规来赔偿。即多式联运经营人的责任范围以各区段运输的原有责任为限，如海上运输区段按照《海牙规则》、《维斯比规则》或《汉堡规则》；铁路区段按《国际铁路运输公约》(《CIM公约》)；公路区段按《国际公路货物运输公约》(《CMR公约》)；航空区段按照《华沙公约》、《1955年海牙议定书》等进行办理。

在网状责任制下，索赔人须首先举证货损发生区段，由多式联运经营人按货损区段法规赔付后，向实际责任方追偿。如果索赔人无法举证货损发生的区段，则一般情况下，多式联运经营人按照《海牙规则》赔偿，然后运输各参与方分摊。

2. 统一责任制

又称同一责任制，是指多式联运经营人对全程运输负责，并且按照统一或同一法规赔偿。即多式联运经营人的责任范围不再考虑各运输区段，只要发生货损、货差，无须索赔人举证货损发生区段，均由多式联运经营人按照一个统一的法规来赔偿。该统一法规可由多式联运经营人选择合适的法规载于多式联运单证中，可以是《海牙规则》、《维斯比规则》、《汉堡规则》或《CIM公约》或《CMR公约》或《华沙公约》等任何国际公约，甚至国内法，以货主乐于接受为准。

3. 修正后的统一责任制

该责任制是《联合国国际货物多式联运公约》采用的责任制，是指多式联运经营人对全程运输负责，并按照多式联运公约赔偿。但是，如果货物的灭失或损坏发生于多式联运的某一特定阶段，而对这一段适用的一项国际公约或强制性国家法律规定的赔偿限额高于多式联运公约的规定，则多式联运经营人对这种灭失或损坏的赔偿限额，应按照该公约或强制性国家法律予以确定。

上述三种关于国际多式联运经营人的责任制，除《联合国国际货物多式联运公约》采用修正后的统一责任制外，《1991年多式联运单证规则》、我国《海商法》、《国际集装箱多式联运管理规则》都采用了网状责任制，这是国际上现在最为流通的责任制形式。

■ 实训项目

项目任务：

根据前五章项目任务所得资料或另行查找资料，设计一票以海运为主的国际多式联运货物的运作，写出其详细货运流程，并总结运作过程中特别要注意的事项。

法律思考

1.沈阳公司与新加坡公司签订销货合同,约定按 CIF 价采用陆海联运方式,从沈阳经汽车运输至大连,经海运出口至新加坡,并规定可以签发凭指示的多式联运提单。货运代理 A 接受委托后,以自己的名义分别向汽车承运人和海上承运人办理托运和订舱事宜。货物装上汽车后,货运代理 A 因无自己的多式联运提单,则委托另一家货运代理 B 向沈阳公司签发了多式联运提单,并向其收取了全程包干运费。试分析此例中:

(1)货运代理 A、货运代理 B 的性质以及应承担的责任是什么?

(2)谁负责安排租车订舱——沈阳公司还是新加坡公司? 他们在选择多式联运经营人时应考虑哪些因素?

(3)货运代理 A 设计哪些业务环节和业务内容?

(4)此案涉及的多式联运提单、公路运单、海运提单在当事人栏和运输地点栏上应如何缮制?

2.多式联运合同项下经营人与代理人的身份辨析

当无单放货纠纷涉及多被告时,他们之间的关系有时较难辨析。究竟是代理人与还是经营人? 他们的关系及责任的确定往往成为理论和实践中的难点。在甄别时需要结合案件事实予以综合考量,主要看容易造成第三方混淆的关联情形是否存在,可以结合各被告之间的业务是否有交叉、重叠,名称是否近似,被告是否有规避经营风险的意图等情况来判断。

[案情]

原告:美齐科技股份有限公司

被告:高章货运(上海)有限公司

被告:高章快运有限公司

2006 年 12 月 22 日,斯洛伐克 H 公司向原告订购了 4 000 套液晶显示器组件,该订单下货物分八票运往斯洛伐克。2007 年 1 月,原告向高章货运(上海)有限公司(以下简称"高章上海")订舱,委托其运输其中一票货物,高章上海收取运费并签发了抬头为高章快运有限公司(以下简称"高章快运")的提单,提单显示货物交接方式是堆场到门。货物从上海港通过海运方式运至德国汉堡港,再经德国汉堡港由铁路和陆路运至最终交货地。但在原告仍持有正本提单的情况下货物被无单放行,造成原告经济损失 50 817.60 美元。

原告认为,本案是海上货物运输合同纠纷,适用我国《海商法》。高章上海作为承运人违反凭单放货义务,应承担赔偿责任。高章快运和高章上海在无船承运业务上是总、分公司关系,且两被告存在混同,高章快运应和高章上海对原告的损失承担连带赔偿责任。故请求判令两被告连带赔偿货款损失 50 817.60 美元及利息损失。

两被告认为,本案是多式联运合同纠纷,根据提单背面条款的约定,应适用美国 1936 年《海上货物运输法》,即使适用中国法律,也应适用我国《合同法》。依据美国 1936 年《海上货物运输法》相关规定和我国《合同法》的规定,高章快运向收货人直接交付货物并无不妥,不应承担赔偿责任。高章上海是高章快运的代理人,因此不承担赔偿责任。即使支持原告诉请,也应以报关单记载的货物金额为准,且高章快运可以根据美国 1936 年《海上货物运输法》的规定享受赔偿责任限制。

[审判]

上海海事法院经审理认为,由于涉案运输包含海路运输、铁路运输、陆路运输等运输方式,故本案是以提单为证明的多式联运合同无单放货赔偿纠纷。本案不适用美国1936年《海上货物运输法》,应属我国《海商法》调整范围。高章快运和高章上海均是货物运输的经营人,对原告因无单放货产生的货款损失应承担连带赔偿责任,且高章快运依法不得享受赔偿责任限制。鉴于原告已提供了有效证据证明其实际损失,遂判决两被告连带赔偿原告50情况817.60美元及利息损失。

一审判决后,两被告不服提起上诉。上海市高级人民法院驳回上诉,维持原判。

深度探讨

1. 我国关于国际多式联运经营人的法律制度该如何完善?

2. 阅读下则信息,以此展开对我国国际多式联运发展的现状、特点与趋势的探讨。

2011年11月初,3辆承运出口至韩国集装箱的拖挂车搭乘"日照东方"号班轮驶往韩国。这标志着山东日照成为自我国与韩国签署《中华人民共和国政府和大韩民国政府陆海联运汽车货物运输协定》后,山东省第2个正式开通陆海汽车货物运输项目的口岸。

据介绍,中韩陆海联运项目开通后,中韩两国的货运车经日照港或韩国平泽港由客滚船搭载进入对方国家境内,可直接由对方的牵引车牵引运抵目的地,货物在途中不必经过多次装卸。同传统海运集装箱运输方式相比,陆海联运减少了中间环节,提高了效率,对有特殊运输条件要求的精密仪器、机器等货物,陆海联运方式更有其独有的优势。

3. 国际多式联运合同项下发生的货损索赔纠纷,管辖权及法律的适用如何确定?

🔔讨论引导:

匈牙利雁荡山国际贸易有限责任公司诉香港富天船务有限公司等国际多式联运货物灭失赔偿案

[案情]

原告:匈牙利雁荡山国际贸易有限责任公司(Yandang Shan International Trading Company Limited,Hungary,以下简称"雁荡山公司")。住所地:匈牙利布达佩斯。

被告:香港富天船务有限公司(Rich Sky Shipping Limited,Hong Kong,以下简称"富天公司")。住所地:香港。

被告:以星航运有限公司(Zim Israel Navigation Co. LTD,以下简称"以星公司")。住所地:香港。

1994年10月4日,原告雁荡山公司作为买方与温州市进出口公司签订一份售货确认书,购买一批童装,数量500箱,总价为68 180美元。1995年2月11日,温州市进出口公司以托运人身份将该批童装装于一40 ft标箱内,交由富天公司所属"金泉"轮承运。富天公司加封铅,箱号为SCXU5028957,铅封号11021,并签发了号码为RS-95040的一式三份正本全程多式联运提单,厦门外轮代理公司以代理身份盖了章。该份清洁记名提单载明:收货地厦门,装货港香港,卸货港布达佩斯,收货人为雁荡山公司。提单正面管辖权条款载明:提单项下的纠纷应适用香港法律并由香港法院裁决。提单背面条款6(1)A载明:应适用《海牙规则》及《海牙-维斯比规则》处理纠纷。1995年2月23日,货抵香港后,富天公司将其转至以星公司所属

"海发"轮承运。以星公司在香港的代理新兴行船务公司签发了号码为 ZIMUHKG166376 的提单,并加号码为 ZZZ4488593 的箱封。富天公司收执的提单上载明副本不得流转,并载明装货港香港,目的港科波尔,最后目的地布达佩斯;托运人为富天公司,收货人为富天公司签发的正本提单持有人及本份正本提单持有人,通知人为本案原告雁荡山公司,并注明该箱从厦门运至布达佩斯,中途经香港。1995 年 3 月 22 日,以星公司另一代理 R·福切斯(R. Fuchs)传真雁荡山公司,告知集装箱预计于 3 月 28 日抵斯洛文尼亚的科波尔港,用铁路运至目的地布达佩斯有两个堆场,让其择一。原告明确选择马哈特为集装箱终点站。3 月 29 日,以星公司将集装箱运抵科波尔,博雷蒂诺(Bollettion)铁路运输公司出具运单,该运单载明箱号、铅封号以及集装箱货物与以星公司代理新兴行船务有限公司出具给富天公司的提单内容相同。4 月 12 日,R·福切斯依照原告雁荡山公司指示,将箱经铁路运至目的地布达佩斯马哈特集装箱终点站。4 月 15 日,雁荡山公司向 R·福切斯提交富天公司签发的一份正本提单并在背面盖章。6 月 6 日,雁荡山公司提货时打开箱子发现是空的。同日,匈牙利铁路公司布达佩斯港口出具证明,集装箱铅封及门锁在 4 月 15 日箱抵布达佩斯寿洛科沙里路时已被替换。

1995 年 11 月 28 日,雁荡山公司第一次传真 R·福切斯索赔灭失的货物。1996 年 1 月 2 日,R·福切斯复函称,已接马哈特集装箱终点站通知货物被盗之事。在此之前,以星公司两家代理 R·福切斯和香港新兴行船务公司来往函电中也明确货物被盗,并函复富天公司厦门办事处及托运人温州市进出口公司。后虽经雁荡山公司多次催讨,三方协商未果。

1996 年 4 月 10 日,原告雁荡山公司向厦门海事法院起诉。称:本公司所买货物由卖方作为托运人装于集装箱后交第一被告富天公司承运,富天公司签发了全程多式联运提单。提单上载明接货地厦门,卸货地匈牙利布达佩斯,收货人为我公司。富天公司将货运至香港后,转由第二被告以星公司承运。以星公司承运至欧洲后,由铁路运至匈牙利布达佩斯马哈特集装箱终点站。1995 年 6 月 6 日,我公司作为提单收货人提货时发现箱空无货,故向两被告索赔此货物灭失的损失以及为此而支出的其他合理费用。第一被告富天公司作为全程多式联运承运人应对全程负责,第二被告以星公司作为二程承运人应对货物灭失负连带责任。

被告富天公司未在答辩期内予以答辩,在庭审时提出管辖权异议和答辩理由,称:依所签发的提单,提单项下的纠纷应适用香港法律并由香港法院裁决。根据提单背面条款,收货人应在提货之日后 3 日内提出索赔通知,并应在 9 个月内提起诉讼,否则,承运人便免除了所应承担的全部责任。收货人未向我公司提出书面索赔,又未在九个月内提起诉讼,已丧失索赔权利。又据我国《海商法》第 81 条的规定,集装箱货物交付的次日起 15 日内,收货人未提交货物灭失或损坏书面通知,应视为承运人已完好交付货物的初步证据。我公司虽签发了多式联运提单,但以星公司在 1995 年 2 月 23 日签发了转船清洁提单,并在箱体上加铅封,应说明货物交付以星公司时完好。此后货物发生灭失,依照联运承运人对自己船舶完成的区段运输负责的国际海运惯例,第二被告以星公司作为二程承运人应对本案货物灭失负责。请求驳回原告对我公司的起诉。

被告以星公司在答辩期内未答辩,庭审时才辩称:我公司作为二程承运人已履行了义务。我公司依照原告的指示由代理人将货交博雷蒂诺铁路运输公司承运,该公司以陆路承运人身份签发了铁路运单,运单上显示铅封完好,可见我公司作为二程船承运期间货物是无损交予陆路承运人的。此后,货物已非我所控制、掌管。且正本提单的交付意味着承运人交货和收货人收货,货物的掌管权也在此时转移,收货人并无异议。4 月 15 日货抵马哈特站,我公司代理人收回了提单,收货人 6 月 6 日才发现箱空无货,即集装箱在堆场存放了 52 天,这一期间不属我公司的责任期。我公司与原告无直接合同关系,不应对原告的货物灭失承担责任。另外,集装箱运输是凭铅封交接,我公司接收、交付装货集装箱时铅封均完好,故应由托运人对箱内货物真实性负责。

[审判]

厦门海事法院经审理还查明:原告为诉讼已支付了律师代理费人民币 4 万元。对富天公司在庭审时才提出的管辖权异议,厦门海事法院认为,已超过了《中华人民共和国民事诉讼法》第 38 条规定的异议期间,因而当庭驳回了富天公司的异议。

厦门海事法院认为:富天公司签发的全程多式联运记名提单有效。富天公司作为多式联运经营人应对货物的全程运输负责。以星公司签发给富天公司的提单属实,其作为区段承运人应对自接收货物始至实际交付之日止期间的货物负责。以星公司虽收回了雁荡山公司交付的记名提单,但其未能提供充分证据证明已履行了实际承运人的适当义务,将货物完好无损地交付给本案原告,故对其与记名提单收货人雁荡山公司之间存在的实际运输合同关系应予认定。雁荡山公司作为记名提单项下的收货人,有权在本院对多式联运经营人或区段承运人提起诉讼,其主张的货物灭失以及由此而引起的其他合理损失,经查证属实。富天公司与以星公司对雁荡山公司货物灭失的损失均负有赔偿义务,并在此赔偿范围内负连带责任。

据此,依据《中华人民共和国海商法》第 63 条、第 104 条、第 105 条及《中华人民共和国民事诉讼法》第 237 条、第 245 条的规定,于 1996 年 7 月 23 日判决如下:

一、被告富天公司、以星公司应赔偿原告雁荡山公司货物灭失损失 68 180 美元及自货物应当交付之日,即 1996 年 6 月 6 日始至实际赔付之日止的利息,按中国人民银行同期贷款利率计。

二、上述两被告赔偿原告因货物灭失提起诉讼而支出的律师费 4 万元人民币。

三、上述两被告对其赔偿义务负连带责任,并应在本判决生效后 10 日内赔付。若逾期赔付,按《中华人民共和国民事诉讼法》第 232 条规定处理。

一审判决后,两被告均不服,以其在一审庭审时答辩的理由上诉至福建省高级人民法院。

福建省高级人民法院经审理,查明的事实与一审认定的事实一致。经在此基础上主持调解,当事人自愿达成如下协议:

一、以星公司赔付雁荡山公司货物 5 万美元。

二、富天公司赔付雁荡山公司损失 5 000 美元。

三、一审诉讼费 11 000 元人民币由雁荡山公司负担,二审诉讼费 11 000 元人民币由以星公司负责。

福建省高级人民法院认为此协议符合法律规定,予以确认,于 1997 年 1 月 10 日制发了调解书。

附录一　中华人民共和国海商法(节录)

第四章　海上货物运输合同

第一节　一般规定

第四十一条　海上货物运输合同,是指承运人收取运费,负责将托运人托运的货物经海路由一港运至另一港的合同。

第四十二条　本章下列用语的含义:

(一)"承运人",是指本人或者委托他人以本人名义与托运人订立海上货物运输合同的人。

(二)"实际承运人",是指接受承运人委托,从事货物运输或者部分运输的人,包括接受转委托从事此项运输的其他人。

(三)"托运人"是指:

1. 本人或者委托他人以本人名义或者委托他人为本人与承运人订立海上货物运输合同的人;

2. 本人或者委托他人以本人名义或者委托他人为本人将货物交给与海上货物运输合同有关的承运人的人。

(四)"收货人",是指有权提取货物的人。

(五)"货物",包括活动物和由托运人提供的用于集装货物的集装箱、货盘或者类似的装运器具。

第四十三条　承运人或者托运人可以要求书面确认海上货物运输合同的成立。但是,航次租船合同应当书面订立。电报、电传和传真具有书面效力。

第四十四条　海上货物运输合同和作为合同凭证的提单或者其他运输单证中的条款,违反本章规定的,无效。此类条款的无效,不影响该合同和提单或者其他运输单证中其他条款的效力。将货物的保险利益转让给承运人的条款或者类似条款,无效。

第四十五条　本法第四十四条的规定不影响承运人在本章规定的承运人责任和义务之外,增加其责任和义务。

第二节　承运人的责任

第四十六条　承运人对集装箱装运的货物的责任期间,是指从装货港接收货物时起至卸货港交付货物时止,货物处于承运人掌管之下的全部期间。承运人对非集装箱装运的货物的责任期间,是指从货物装上船时起至卸下船时止,货物处于承运人掌管之下的全部期间。在承运人的责任期间,货物发生灭失或者损坏,除本节另有规定外,承运人应当负赔偿责任。前款规定,不影响承运人就非集装箱装运的货物,在装船前和卸船后所承担的责任,达成任何协议。

第四十七条　承运人在船舶开航前和开航当时,应当谨慎处理,使船舶处于适航状态,妥善配备船员、装备船舶和配备供应品,并使货舱、冷藏舱、冷气舱和其他载货处所适于并能安全收受、载运和保管货物。

第四十八条　承运人应当妥善地、谨慎地装载、搬移、积载、运输、保管、照料和卸载所运货物。

第四十九条　承运人应当按照约定的或者习惯的或者地理上的航线将货物运往卸货港。船舶在海上为救助或者企图救助人命或者财产而发生的绕航或者其他合理绕航,不属于违反前款的规定的行为。

第五十条　货物未能在明确约定的时间内,在约定的卸货港交付的,为迟延交付。除依照本章规定承运人不负赔偿责任的情形外,由于承运人的过失,致使货物因迟延交付而灭失或者损坏的,承运人应当负赔偿责任。除依照本章规定承运人不负赔偿责任的情形外,由于承运人的过失,致使货物因迟延交付而遭受经济损失的,即使货物没有灭失或者损坏,承运人仍然应当负赔偿责任。承运人未能在本条第一款规定的时间届满六十日内交付货物,有权对货物灭失提出赔偿请求的人可以认为货物已经灭失。

第五十一条　在责任期间货物发生的灭失或者损坏是由于下列原因之一造成的承运人不负赔偿责任:

(一)船长、船员、引航员或者承运人的其他受雇人在驾驶船舶或者管理船舶中的过失;

(二)火灾,但是由于承运人本人的过失所造成的除外;

(三)天灾,海上或者其他可航水域的危险或者意外事故;

(四)战争或者武装冲突;

(五)政府或者主管部门的行为、检疫限制或者司法扣押;

(六)罢工、停工或者劳动受到限制;

(七)在海上救助或者企图救助人命或者财产;

(八)托运人、货物所有人或者他们的代理人的行为;

(九)货物的自然特性或者固有缺陷;

(十)货物包装不良或者标志欠缺、不清;

(十一)经谨慎处理仍未发现的船舶潜在缺陷;

(十二)非由于承运人或者承运人的受雇人、代理人的过失造成的其他原因。

承运人依照前款规定免除赔偿责任的,除第(二)项规定的原因外,应当负举证责任。

第五十二条　因运输活动物的固有的特殊风险造成活动物灭失或者损害的,承运人不负赔偿责任。但是,承运人应当证明业已履行托运人关于运输活动物的特别要求,并证明根据实际情况,灭失或者损害是由于此种固有的特殊风险造成的。

第五十三条　承运人在舱面上装载货物,应当同托运人达成协议,或者符合航运惯例,或者符合有关法律、行政法规的规定。

承运人依照前款规定将货物装载在舱面上,对由于此种装载的特殊风险造成的货物灭失或者损坏,不负赔偿责任。

承运人违反本条第一款规定将货物装载在舱面上,致使货物遭受灭失或者损坏的,应当负赔偿责任。

第五十四条 货物的灭失、损坏或者迟延交付是由于承运人或者承运人的受雇人、代理人的不能免除赔偿责任的原因和其他原因共同造成的,承运人仅在其不能免除赔偿责任的范围内负赔偿责任;但是,承运人对其他原因造成的灭失、损坏或者迟延交付应当负举证责任。

第五十五条 货物灭失的赔偿额,按照货物的实际价值计算;货物损坏的赔偿额,按照货物受损前后实际价值的差额或者货物的修复费用计算。货物的实际价值,按照货物装船时的价值加保险费加运费计算。前款规定的货物实际价值,赔偿时应当减去因货物灭失或者损坏而少付或者免付的有关费用。

第五十六条 承运人对货物的灭失或者损坏的赔偿限额,按照货物件数或者其他货运单位数计算,每件或者每个其他货运单位为 666.67 计算单位,或者按照货物毛重计算,每千克为 2 计算单位,以二者中赔偿限额较高的为准。但是,托运人在货物装运前已经申报其性质和价值,并在提单中载明的,或者承运人与托运人已经另行约定高于本条规定的赔偿限额的除外。

货物用集装箱、货盘或者类似装运器具集装的,提单中载明装在此类装运器具中的货物件数或者其他货运单位数,视为前款所指的货物件数或者其他货运单位数;未载明的,每一装运器具视为一件或者一个单位。

装运器具不属于承运人所有或者非由承运人提供的,装运器具本身应当视为一件或者一个单位。

第五十七条 承运人对货物因迟延交付造成经济损失的赔偿限额,为所迟延交付的货物的运费数额。货物的灭失或者损坏和迟延交付同时发生的,承运人的赔偿责任限额适用本法第五十六条第一款规定的限额。

第五十八条 就海上货物运输合同所涉及的货物灭失、损坏或者迟延交付对承运人提起的任何诉讼,不论海事请求人是否合同的一方,也不论是根据合同或者是根据侵权行为提起的,均适用本章关于承运人的抗辩理由和限制赔偿责任的规定。

前款诉讼是对承运人的受雇人或者代理人提起的,经承运人的受雇人或者代理人证明,其行为是在受雇或者委托的范围之内的,适用前款规定。

第五十九条 经证明,货物的灭失、损坏或者迟延交付是由于承运人的故意或者明知可能造成损失而轻率地作为或者不作为造成的,承运人不得援用本法第五十六条或者第五十七条限制赔偿责任的规定。

经证明,货物的灭失、损坏或者迟延交付是由于承运人的受雇人、代理人的故意或者明知可能造成损失而轻率地作为或者不作为造成的,承运人的受雇人或者代理人不得援用本法第五十六条或者第五十七条限制赔偿责任的规定。

第六十条 承运人将货物运输或者部分运输委托给实际承运人履行的,承运人仍然应当依照本章规定对全部运输负责。对实际承运人承担的运输,承运人应当对实际承运人的行为或者实际承运人的受雇人、代理人在受雇或者受委托的范围内的行为负责。

虽有前款规定,在海上运输合同中明确约定合同所包括的特定的部分运输由承运人以外的指定的实际承运人履行的,合同可以同时约定,货物在指定的实际承运人掌管期间发生的灭失、损坏或者迟延交付,承运人不负赔偿责任。

第六十一条 本章对承运人责任的规定,适用于实际承运人。对实际承运人的受雇人、代理人提起诉讼的,适用本法第五十八条第二款和第五十九条第二款的规定。

第六十二条 承运人承担本章未规定的义务或者放弃本章赋予的权利的任何特别协议,

经实际承运人书面明确同意的,对实际承运人发生效力;实际承运人是否同意,不影响此项特别协议对承运人的效力。

第六十三条　承运人与实际承运人都负有赔偿责任的,应当在此项责任范围内负连带责任。

第六十四条　就货物的灭失或者损坏分别向承运人、实际承运人以及他们的受雇人、代理人提出赔偿请求的,赔偿总额不超过本法第五十六条规定的限额。

第六十五条　本法第六十条至第六十四条的规定,不影响承运人和实际承运人之间相互追偿。

第三节　托运人的责任

第六十六条　托运人托运货物,应当妥善包装,并向承运人保证,货物装船时所提供的货物的品名、标志、包数或者件数、重量或者体积的正确性;由于包装不良或者上述资料不正确,对承运人造成损失的,托运人应当负赔偿责任。

承运人依照前款规定享有的受偿权利,不影响其根据货物运输合同对托运人以外的人所承担的责任。

第六十七条　托运人应当及时向港口、海关、检疫、检验和其他主管机关办理货物运输所需要的各项手续,并将已办理各项手续的单证送交承运人;因办理各项手续的有关单证送交不及时、不完备或者不正确,使承运人的利益受到损害的,托运人应当负赔偿责任。

第六十八条　托运人托运危险货物,应当依照有关海上危险货物运输的规定,妥善包装,作出危险品标志和标签,并将其正式名称和性质以及应当采取的预防危害措施书面通知承运人;托运人未通知或者通知有误的,承运人可以在任何时间、任何地点根据情况需要将货物卸下、销毁或者使之不能为害,而不负赔偿责任。托运人对承运人因运输此类货物所受到的损害,应当负赔偿责任。

承运人知道危险货物的性质并已同意装运的,仍然可以在该项货物对于船舶、人员或者其他货物构成实际危险时,将货物卸下、销毁或者使之不能为害,而不负赔偿责任。但是,本款规定不影响共同海损的分摊。

第六十九条　托运人应当按照约定向承运人支付运费。

托运人与承运人可以约定运费由收货人支付;但是,此项约定应当在运输单证中载明。

第七十条　托运人对承运人、实际承运人所遭受的损失或者船舶所遭受的损坏,不负赔偿责任;但是,此种损失或者损坏是由于托运人或者托运人的受雇人、代理人的过失造成的除外。

托运人的受雇人、代理人对承运人、实际承运人所遭受的损失或者船舶所遭受的损坏,不负赔偿责任;但是,这种损失或者损坏是由于托运人的受雇人、代理人的过失造成的除外。

第四节　运输单证

第七十一条　提单,是指用以证明海上货物运输合同和货物已经由承运人接收或者装船,以及承运人保证据以交付货物的单证。提单中载明的向记名人交付货物,或者按照指示人的指示交付货物,或者向提单持有人交付货物的条款,构成承运人据以交付货物的保证。

第七十二条　货物由承运人接收或者装船后,应托运人的要求,承运人应当签发提单。

提单可以由承运人授权的人签发,提单由载货船船舶的船长签发的,视为代表承运人签发。

第七十三条 提单内容,包括下列各项:

(一)货物的品名、标志、包数或者件数、重量或者体积,以及运输危险货物时对危险性质的说明;

(二)承运人的名称和主营业所;

(三)船舶名称;

(四)托运人的名称;

(五)收货人的名称;

(六)装货港和在装货港接收货物的日期;

(七)卸货港;

(八)多式联运提单增列接收货物地点和交付货物地点;

(九)提单的签发日期、地点和份数;

(十)运费的支付;

(十一)承运人或者其代表的签字。

提单缺少前款规定的一项或者几项的,不影响提单的性质;但是,提单应当符合本法第七十一条的规定。

第七十四条 货物装船前,承运人已经应托运人的要求签发收货待运提单或者其他单证的,货物装船完毕,托运人可以将收货待运提单或者其他单证退还承运人,以换取已装船提单;承运人也可以在收货待运提单上加注承运船舶的船名和装船日期,加注后的收货待运提单视为已装船提单。

第七十五条 承运人或者代其签发提单的人,知道或者有合理的根据怀疑提单记载的货物的品名、标志、包数或者件数、重量或者体积与实际接收的货物不符,在签发已装船提单的情况下怀疑与已装船的货物不符,或者没有适当的方法核对提单记载的,可以在提单上批注,说明不符之处、怀疑的根据或者说明无法核对。

第七十六条 承运人或者代其签发提单的人未在提单上批注货物表面状况的,视为货物的表面状况良好。

第七十七条 除依照本法第七十五条的规定作出保留外,承运人或者代其签发提单的人签发的提单,是承运人已经按照提单所载状况收到货物或者货物已经装船的初步证据;承运人向善意受让提单的包括收货人在内的第三人提出的与提单所载状况不同的证据,不予承认。

第七十八条 承运人同收货人、提单持有人之间的权利、义务关系,依据提单的规定确定。

收货人、提单持有人不承担在装货港发生的滞期费、亏舱费和其他与装货有关的费用,但是提单中明确载明上述费用由收货人、提单持有人承担的除外。

第七十九条 提单的转让,依照下列规定执行:

(一)记名提单:不得转让;

(二)指示提单:经过记名背书或者空白背书转让;

(三)不记名提单:无须背书,即可转让。

第八十条 承运人签发提单以外的单证用以证明收到待运货物的,此项单证即为订立海上货物运输合同和承运人接收该单证中所列货物的初步证据。

承运人签发的此类单证不得转让。

第五节 货物交付

第八十一条 承运人向收货人交付货物时,收货人未将货物灭失或者损坏的情况书面通知承运人的,此项交付视为承运人已经按照运输单证的记载交付以及货物状况良好的初步证据。

货物灭失或者损坏的情况非显而易见的,在货物交付的次日起连续七日内,集装箱货物交付的次日起连续十五日内,收货人未提交书面通知的,适用前款规定。

货物交付时,收货人已经会同承运人对货物进行联合检查或者检验的,无须就所查明的灭失或者损坏的情况提交书面通知。

第八十二条 承运人自向收货人交付货物的次日起连续六十日内,未收到收货人就货物因迟延交付造成经济损失而提交的书面通知的,不负赔偿责任。

第八十三条 收货人在目的港提取货物前或者承运人在目的港交付货物前,可以要求检验机构对货物状况进行检验;要求检验的一方应当支付检验费用,但是有权向造成货物损失的责任方追偿。

第八十四条 承运人和收货人对本法第八十一条和第八十三条规定的检验,应当相互提供合理的便利条件。

第八十五条 货物由实际承运人交付的,收货人依照本法第八十一条的规定向实际承运人提交的书面通知,与向承运人提交书面通知具有同等效力;向承运人提交的书面通知,与向实际承运人提交书面通知具有同等效力。

第八十六条 在卸货港无人提取货物或者收货人迟延、拒绝提取货物的,船长可以将货物卸在仓库或者其他适当场所,由此产生的费用和风险由收货人承担。

第八十七条 应当向承运人支付的运费、共同海损分摊、滞期费和承运人为货物垫付的必要费用以及应当向承运人支付的其他费用没有付清,又没有提供适当担保的,承运人可以在合理的限度内留置其货物。

第八十八条 承运人根据本法第八十七条规定留置的货物,自船舶抵达卸货港的次日起满六十日无人提取的,承运人可以申请法院裁定拍卖;货物易腐烂变质或者货物的保管费用可能超过其价值的,可以申请提前拍卖。

拍卖所得价款,用于清偿保管、拍卖货物的费用和运费以及应当向承运人支付的其他有关费用;不足的金额,承运人有权向托运人追偿;剩余的金额,退还托运人;无法退还、自拍卖之日起满一年又无人领取的,上缴国库。

第六节 合同的解除

第八十九条 船舶在装货港开航前,托运人可以要求解除合同。但是,除合同另有约定外,托运人应当向承运人支付约定运费的一半;货物已经装船的,并应当负担装货、卸货和其他与此有关的费用。

第九十条 船舶在装货港开航前,因不可抗力或者其他不能归责于承运人和托运人的原因致使合同不能履行的,双方均可以解除合同,并互相不负赔偿责任。除合同另有约定外,运费已经支付的,承运人应当将运费退还给托运人;货物已经装船的,托运人应当承担装卸费用;已经签发提单的,托运人应当将提单退还承运人。

第九十一条 因不可抗力或者其他不能归责于承运人和托运人的原因致使船舶不能在合同约定的目的港卸货的,除合同另有约定外,船长有权将货物在目的港邻近的安全港口或者地点卸载,视为已经履行合同。

船长决定将货物卸载的,应当及时通知托运人或者收货人,并考虑托运人或者收货人的利益。

第七节 航次租船合同的特别规定

第九十二条 航次租船合同,是指船舶出租人向承租人提供船舶或者船舶的部分舱位,装运约定的货物,从一港运至另一港,由承租人支付约定运费的合同。

第九十三条 航次租船合同的内容,主要包括出租人和承租人的名称、船名、船籍、载货重量、容积、货名、装货港和目的港、受载期限、装卸期限、运费、滞期费、速遣费以及其他有关事项。

第九十四条 本法第四十七条和第四十九条的规定,适用于航次租船合同的出租人。

本章其他有关合同当事人之间的权利、义务的规定,仅在航次租船合同没有约定或者没有不同约定时,适用于航次租船合同的出租人和承租人。

第九十五条 对按照航次租船合同运输的货物签发的提单,提单持有人不是承租人的,承运人与该提单持有人之间的权利、义务关系适用提单的约定。但是,提单中载明适用航次租船合同条款的,适用该航次租船合同的条款。

第九十六条 出租人应当提供约定的船舶;经承租人同意,可以更换船舶。但是,提供的船舶或者更换的船舶不符合合同约定的,承租人有权拒绝或者解除合同。

因出租人过失未提供约定的船舶致使承租人遭受损失的,出租人应当负赔偿责任。

第九十七条 出租人在约定的受载期限内未能提供船舶的,承租人有权解除合同。但是,出租人将船舶延误情况和船舶预期抵达装货港的日期通知承租人的,承租人应当自收到通知时起四十八小时内,将是否解除合同的决定通知出租人。

因出租人过失延误提供船舶致使承租人遭受损失的,出租人应当负赔偿责任。

第九十八条 航次租船合同的装货、卸货期限及其计算办法,超过装货、卸货期限后的滞期费和提前完成装货、卸货的速遣费,由双方约定。

第九十九条 承租人可以将其租用的船舶转租;转租后,原合同约定的权利和义务不受影响。

第一百条 承租人应当提供约定的货物;经出租人同意,可以更换货物,但是,更换的货物对出租人不利的,出租人有权拒绝或者解除合同。

因未提供约定的货物致使出租人遭受损失的,承租人应当负赔偿责任。

第一百零一条 出租人应当在合同约定的卸货港卸货。合同订有承租人选择卸货港条款的,在承租人未按合同约定及时通知确定的卸货港时,船长可以从约定的选卸港中自行选定一港卸货。承租人未按照合同约定及时通知确定的卸货港,致使出租人遭受损失的,应当负赔偿责任。出租人未按照合同约定,擅自选定港口卸货致使承租人遭受损失的,应当负赔偿责任。

第八节 多式联运合同的特别规定

第一百零二条 本法所称多式联运合同,是指多式联运经营人以两种以上的不同运输方式,其中一种是海上运输方式,负责将货物从接收地运至目的地交付收货人,并收取全程运费的合同。

前款所称多式联运经营人,是指本人或者委托他人以本人名义与托运人订立多式联运合同的人。

第一百零三条   多式联运经营人对多式联运货物的责任期间,自接收货物时起至交付货物时止。

第一百零四条   多式联运经营人负责履行或者组织履行多式联运合同,并对全程运输负责。

多式联运经营人与参加多式联运的各区段承运人,可以就多式联运合同的各区段运输,另以合同约定相互之间的责任。但是,此项合同不得影响多式联运经营人对全程运输所承担的责任。

第一百零五条   货物的灭失或者损坏发生于多式联运的某一运输区段的,多式联运经营人的赔偿责任和责任限额,适用调整该区段运输方式的有关法律规定。

第一百零六条   货物的灭失或者损坏发生的运输区段不能确定的,多式联运经营人应当依照本章关于承运人赔偿责任和责任限额的规定负赔偿责任。

第七章   船舶租用合同

第一节   一般规定

第一百二十七条   本章关于出租人和承租人之间权利、义务的规定,仅在船舶租用合同没有约定或者没有不同约定时适用。

第一百二十八条   船舶租用合同,包括定期租船合同和光船租赁合同,均应当书面订立。

第二节   定期租船合同

第一百二十九条   定期租船合同,是指船舶出租人向承租人提供约定的由出租人配备船员的船舶,由承租人在约定的期间内按照约定的用途使用,并支付租金的合同。

第一百三十条   定期租船合同的内容,主要包括出租人和承租人的名称、船名、船籍、船级、吨位、容积、船速、燃料消耗、航区、用途、租船期间、交船和还船的时间和地点以及条件、租金及其支付,以及其他有关事项。

第一百三十一条   出租人应当按照合同约定的时间交付船舶。

出租人违反前款规定的,承租人有权解除合同,出租人将船舶延误情况和船舶预期抵达交船港的日期通知承租人的,承租人应当自接到通知时起四十八小时内,将解除合同或者继续租用船舶的决定通知出租人。

因出租人过失延误提供船舶致使承租人遭受损失的,出租人应当负赔偿责任。

第一百三十二条   出租人交付船舶时,应当做到谨慎处理,使船舶适航。交付的船舶应当适于约定的用途。

出租人违反前款规定的,承租人有权解除合同,并有权要求赔偿因此遭受的损失。

第一百三十三条　船舶在租期内不符合约定的适航状态或者其他状态,出租人应当采取可能采取的合理措施,使之尽快恢复。

船舶不符合约定的适航状态或者其他状态而不能正常营运连续满二十四小时的,对因此而损失的营运时间,承租人不付租金,但是上述状态是由承租人造成的除外。

第一百三十四条　承租人应当保证船舶在约定航区内的安全港口或者地点之间从事约定的海上运输。

承租人违反前款规定的,出租人有权解除合同,并有权要求赔偿因此遭受的损失。

第一百三十五条　承租人应当保证船舶用于运输约定的合法的货物。

承租人将船舶用于运输活动物或者危险货物的,应当事先征得出租人的同意。

承租人违反本条第一款或者第二款的规定致使出租人遭受损失的,应当负赔偿责任。

第一百三十六条　承租人有权就船舶的营运向船长发出指示,但是不得违反定期租船合同的约定。

第一百三十七条　承租人可以将租用的船舶转租,但是应当将转租的情况及时通知出租人。租用的船舶转租后,原租船合同约定的权利和义务不受影响。

第一百三十八条　船舶所有人转让以及租出的船舶的所有权,定期租船合同约定的当事人的权利和义务不受影响,但是应当及时通知承租人。船舶所有权转让后,原租船合同由受让人和承租人继续履行。

第一百三十九条　在合同期间,船舶进行海难救助的,承租人有权获得扣除救助费用、损失赔偿、船员应得部分以及其他费用后的救助款项的一半。

第一百四十条　承租人应当按照合同约定支付租金。承租人未按照合同约定支付租金的,出租人有权解除合同,并有权要求赔偿因此遭受的损失。

第一百四十一条　承租人未向出租人支付租金或者合同约定的其他款项的,出租人对船上属于承租人的货物和财产以及转租船舶的收入有留置权。

第一百四十二条　承租人向出租人交还船舶时,该船舶应当具有与出租人交船时相同的良好状态,但是船舶本身的自然磨损除外。

船舶未能保持与交船时相同的良好状态的,承租人应当负责修复或者给予赔偿。

第一百四十三条　经合理计算,完成最后航次的日期约为合同约定的还船日期,但可能超过合同约定的还船日期的,承租人有权超期用船以完成该航次。超期期间,承租人应当按照合同约定的租金率支付租金;市场的租金率高于合同约定的租金率的,承租人应当按照市场租金率支付租金。

第三节　光船租赁合同

第一百四十四条　光船租赁合同,是指船舶出租人向承租人提供不配备船员的船舶,在约定的期间内由承租人占有、使用和营运,并向出租人支付租金的合同。

第一百四十五条　光船租赁合同的内容,主要包括出租人和承租人的名称、船名、船籍、船级、吨位、容积、航区、用途、租船期间、交船和还船的时间和地点以及条件、船舶检验、船舶的保养维修、租金及其支付、船舶保险、合同解除的时间和条件,以及其他有关事项。

第一百四十六条　出租人应当在合同约定的港口或者地点,按照合同约定的时间,向承租人交付船舶以及船舶证书。交船时,出租人应当做到谨慎处理,使船舶适航。交付的船舶应当适于合同约定的用途。

出租人违反前款规定的,承租人有权解除合同,并有权要求赔偿因此遭受的损失。

第一百四十七条   在光船租赁期间,承租人负责船舶的保养、维修。

第一百四十八条   在光船租赁期间,承租人应当按照合同约定的船舶价值,以出租人同意的保险方式为船舶进行保险,并负担保险费用。

第一百四十九条   在光船租赁期间,因承租人对船舶占有、使用和营运的原因使出租人的利益受到影响或者遭受损失的,承租人应当负责消除影响或者赔偿损失。

因船舶所有权争议或者出租人所负的债务致使船舶被扣押的,出租人应当保证承租人的利益不受影响;致使承租人遭受损失的,出租人应当负赔偿责任。

第一百五十条   在光船租赁期间,未经出租人书面同意,承租人不得转让合同的权利和义务或者以光船租赁的方式将船舶进行转租。

第一百五十一条   未经承租人事先书面同意,出租人不得在光船租赁期间对船舶设定抵押权。

出租人违反前款规定,致使承租人遭受损失的,应当负赔偿责任。

第一百五十二条   承租人应当按照合同约定支付租金。承租人未按照合同约定的时间支付租金连续超过七日的,出租人有权解除合同,并有权要求赔偿因此遭受的损失。

船舶发生灭失或者失踪的,租金应当自船舶灭失或者得知其最后消息之日起停止支付,预付租金应当按照比例退还。

第一百五十三条   本法第一百三十四条、第一百三十五条、第一百四十二条和第一百四十三条的规定,适用于光船租赁合同。

第一百五十四条   订有租购条款的光船租赁合同,承租人按照合同约定向出租人付清租购费时,船舶所有权即归于承租人。

附录二 中远(COSCO)集装箱提单背面条款(中文译文)

1.定义

"承运人"(carrier)是指"中集",即中远集装箱运输有限公司。

"货方"(merchant)包括发货人、托运人、受货人、货主、本提单的合法持有人或受背书人,或与货物或本提单具有现时或未来利益关系的任何人,或被授权代表前述任何一方行事的任何人。

"船舶"(vessel)按有关上下文情况,包括本提单第 6 栏所列船舶或其替代船舶,以及承运人或代表承运人于全部运程中的海运阶段所使用的任何支线船或驳船。

"分立契约人"(sub-contractor)包括(除承运人以外的)船舶所有人及经营人,装卸工人,码头,仓库,集装箱储运站经营人及拼箱经营人,公路及铁路运输经营人,及承运人雇佣的用以进行运输的任何订立人,以及其小分立契约人(sub-sub-contractor)。分立契约人一词应包括直接及间接分立契约人及其各自的受雇人,代理人或分立契约人。

"货物"(goods)是指货方收到的全部货物或其任何部分,并包括非由承运人或其代表提供的任何集装箱。

"件"(package)是指由货方或其代表装载并铅封的每一集装箱,而不是在集装箱所装的货物件数,如果此项件数未在本提单正面列明,或者是用"据称内装"(said to contain)或类似语句列明。

"装运单位"(shipping unit)是指未以包件运输的任何一个具体单位的货物,包括机械、车辆及船只,但散装货物例外。

"集装箱"(container)包括任何集装箱,如开顶集装箱、拖车、可运油罐、货架框、平板箱、货盘,以及为运输货物而使用的任何其他设备或设施。

2.承运人的运价本

承运人所使用的运价本中的条款以及有关费收的其他要求等项,已载入本提单。请特别注意运价本载各项条款,包括但不限于免费堆存期、集装箱及车辆滞留期等。使用的运价本的有关条款,可向承运人或其代理人索取。如本提单与所用运价本之间有不一致之处,应以本提单为准。

3.分立契约,赔偿以及抗辩,免除事项及责任限制

(1)承运人有权在任何时间以任何方式以任何条件将运输的全部或其任何部分同任何分立契约人订立分立契约,并(或)以任何其他船舶或运输工具代替本船。

(2)货方保证,不向承运人以外的由其履行或承办运输的任何人(包括但不限于承运人的受雇人、代理人或分立契约人)就货物或货物运输一事而提起向其或其所拥有经营的任何船舶加诸或意于加诸任何责任的索赔或任何法律诉讼,不论此项责任是否由此种人的疏忽而引起。如果,即使如此,此项索赔或法律诉讼仍被提起,则货方保证就由此引起的后果包括法律费用,全部赔偿承运人。在不妨碍上述规定的情况下,上述第 1 款所述每一个人或船舶,包括但不限

于承运人的受雇人、代理人或分立契约人,都应该享有本提单所载适用于承运人的在涉及合同或侵权时间中的每一免除事项、抗辩及责任限制,犹如此种条款已为其利益而明文规定,而且在订立提单时,就上述免除事项、抗辩及责任限制而言,承运人不仅代表其本身,而且也是作为上述的人或船舶的代理人或受托人。

4.承运人的责任

(1)港到港运输

如果填注本提单正面第6,7,8栏,而不填注第4,5,9栏,本提单便是港到港契约。承运人应自其在装货港收到货物之时起即作为承运人而对货物负责,直至在卸货港将货物交于货方或按当地法律或规章要求交于有关当局之时为止,二者之中以先发生者为准。

(2)联合运输

如果填注本提单正面第4,第5及(或)第9栏时,而且该栏中所诉地点或港口乃是除第7栏及第8栏所列者以外的地点或港口,并已就联合运输支付运费,本提单便是联合运输提单。承运人负责安排或组织落实联合运输中的前一程运输以及(或)续程运输。所有由于联合运输而引起的索赔必须在交付货物之日或应当交付货物之日之后九个月内向承运人提出,否则承运人便应被解除其关于货物的任何责任。如果承运人已就因联合运输而引起的任何索赔向货方支付任何款项,承运人便应自然而然地以代位关系而取得或被赋予货方针对所有其他人包括前一程承运人或续程承运人或分立契约人就此项灭失或损害而享有的权利。

条款所载任何规定都不得视为承运人针对前一程运输人或续程承运人或分立契约人就赔偿或其他事项所享有的任何权利的放弃。

5.索赔通知及时效

(1)除非已在卸货港或交货地点于交货之日以前或交货之日向承运人或其代理人提出关于灭失或损害的书面通知,或在灭失或损害不明显时,在交货之日以后15个连续日之内提出上述书面通知,此项交付便应是承运人及(或)续程承运人按本提单所述状况及条件交付货物的初步证据。

(2)除在交付货物或应付货物之日起一年之内提出诉讼,承运人、其受雇人、代理人及分立契约人便应被解除一切责任。

6.灭失或损害

(1)本提单的条款应在所有时间都对承运人就其因运输货物而产生的责任加以管辖,不仅在运输期间,而且在运输之前及运输之后,都是如此。本提单所载或其他关于免除责任、抗辩及责任限制等项,都应在就灭失、损害或延误事件而向承运人提出的任何诉讼中适用,而且不论该诉讼是基于合同纠纷或侵权行为而提出,即使此项灭失、损害或延误乃是由于不适航、疏忽或根本违约而产生亦然。除本提单中所另有规定外,承运人不论在任何情况下亦不论其产生原因如何,对因延误造成的直接、间接或随之发生的灭失或利益损失,概不承担责任。

(2)承运人不保证,货物在某一特定日期或时间,也不保证为满足某一特定市场,或为某一特定用途而自接货或装货地点起运,准时运抵卸货地点、目的地或转运到某一特定船舶或其他运输工具上。船期表上或广告上的离港及抵港时间只是预计时间,如果承运人认为必要,为慎重或便利起见,可将该时间提前或拖后。承运人在任何情况下,不论如何发生,对因延误而造成的直接、间接或随之发生的灭失或损害概不负责。

(3)如果能对联合运输过程中发生灭失或损害所属阶段加以判明,承运人的责任便应适用该阶段的国内法或国际公约。如果在联合运输过程中发生灭失或损害所属阶段无法判明,则货方与承运人商定,应将此项灭失或损害视为发生在承运人船上。无论属于上述何种情况,均适用第5(2)款及第7款中的规定。

7.责任限制

(1)除第7(2)款另有规定外,本提单应受第26(1)款中所述《中华人民共和国海商法》管辖。从而,无论是承运人、其受雇人、代理人、分立契约人及(或)船舶,在任何情况下对超出该法规定的每件或每单位赔偿限度的任何数额,概不负赔偿责任,除非已由货方将货物的性质及价值于装运前加以申报,并已载入提单(第10栏),而且货方已就此项申报的价值加付运费。

(2)若有关运输包括驶往、来自或经由美利坚合众国某一港口或地点的运输,本提单便应受其第26(2)款中所述《1936年美国海上货物运输法》(US COGSA)及其修订条款的约束。无论是承运人及其受雇人、代理人、分立契约人及(或)船舶,在任何情况下,对超出美国海上运输法中规定的每件或每单位赔偿限度的任何数额,都不负责,除非货方已在装船前将货物的性质及价值加以申报并载入本提单(第10栏),而货方已就此项申报的价值加付运费。

(3)已将除《中华人民共和国海商法》及《美国海上货物运输法》以外的法律强制适用于本提单,承运人的责任便不得超出该法规定的每件或每单位赔偿限度的任何数额,除非该货物的性质及价值已由货方加以申报并载入提单(第10栏),而且货方已就此项申报价值加付运费。

(4)就本条款而言,申报价值应为计算承运人责任的基础,但此项申报价值就承运人而言并非终结性的,而且此项申报价值不得超过该货在目的地的实际价值。所有灭失或损害均应以此项申报价值为基础按比例进行调整。

8.火灾

承运人对在任何时间不论是在货物装船前或是卸船后由于火灾而使货物遭受灭失或损害,除系承运人的实际过失所造成以外,概不负责。

9.承运人的集装箱

(1)以件货形式所收到的货物应由承运人装入集装箱:承运人有权将不论是否为承运人装箱的任何集装箱装于舱面或舱内。所有这些货物均应分摊共同海损。本提单中的条款包括第26款所述《中华人民共和国海商法》及《美国海上货物运输法》,均应适用于舱面所装集装箱。

(2)如果承运人的集装箱及设备被货方用于前一程运输或续程运输,或在货方营业处所开箱,则货方应在运价本规定时间并(或)按承运人要求,将空箱归还至承运人或其受雇人或代理人指定的地点,并应将空箱内部洗刷清洁,不留异味。如有集装箱未在上述时间内归还,货方应就为还空箱而引起的滞期、损失或费用承担责任。

(3)货方应就承运人的集装箱或其他设备在货方或代表货方的任何人看管期间所发生的一切灭失或损害负责。货方还应就在此期间发生的对他人的财物造成的灭失或损害或伤害事故负责,而且货方应就上述期间因任何或所有索赔案件而引起的一切费用包括法律费用赔付承运人,并使承运人免于责任。

10.货方装箱的集装箱

(1)如集装箱不是由承运人或承运人的代表所装,承运人便不对货物的灭失或损害负责,而且货方应就承运人所发生的任何灭失、损害、责任或费用负责,如果此项灭失、损害、责任或费用系由以下原因造成:

a.集装箱的装载或填装方式,或者

b. 货物不适于以集装箱运输,或者

c. 集装箱的不适当性或条件欠佳,而如集装箱系由承运人或承运人的代表提供,则此项不适当性及欠佳条件在装箱之前经货方检验便应明显易见。

(2)如果由货方提供的集装箱在承运人交付时铅封完好,此项交付便应构成承运人在本提单下的责任已完全并充分履行,因而承运人对交付货物时查出的任何灭失或短少概不负责。

(3)货方应在装箱前对集装箱进行检验,而对集装箱的使用乃是对其适应性及无有瑕疵的初步证据。

11. 货方的描述

(1)货方对其所装或货方代表所装的已铅封集装箱中的货物的描述,对承运人不具有约束力,而且货方在本提单正面所申报的情况,是由货方全然为其本身包括但不限于其货运代理使用的目的而提供的资料。货方认识到,承运人未对铅封集装箱的内装货物、重量或尺码进行核对,因而承运人不提供关于铅封集装箱、货车、条板箱或货箱的情况,亦不提供其重量或尺码,且不提供其内装货物的价值、数量、品质、货名、条件、唛头或号码。承运人关于上述描述或具体资料概不承担任何责任。

(2)如有信用证及(或)进口许可证及(或)销售合同,发票及(或)订单号码以及承运人不是其当事一方的任何合同的详细资料在提单正面载明,这种资料的出现乃是全然应货方要求为货方的方便而列出。货方同意,上述资料不得视为对价值的申报,因而对承运人在本提单项下的责任不发生影响。货方承认,除根据本提单第 7 款外,货物的价值不为承运人所知。

12. 货方责任

(1)本提单第 1 款定义中作为货方列举的各方,应就其根据本提单所应承担的全部责任之认真履行而对承运人负连带责任。

(2)货方向承运人保证,在本提单正面填写的关于货物的资料,在收到本提单时已经核对,而且此项资料以及由货方或货方代表提供的任何资料均属恰当并正确。货方还保证,货物乃是合法货物而非禁运品。

(3)货方应就因违反本提单第 12(2)款或承运人对之不负责任的与货物有关的任何原因而引起或造成的一切责任、费用、灭失、损害、罚款、处罚、开支或其他属于钱财性质的制裁,给予承运人以赔偿。

(4)货方应遵守所有海关、港口及其他当局的规章或要求,并应承担并支付由于未能遵守此项规定或要求或由于不合法、不正确或不适当的货物唛头、编号而发生或遭受的所有捐、税、罚款、输入税、费用或损失(包括退运货物的全部退运运费,或续运货物之自提单所载卸货港或交货地点运往改正后的卸货港或改正后的交货地点的全额运费),并应就此而给予承运人赔偿。

13. 运费及费用

(1)所有运费都应在承运人收到货物时即视为已经全额、最终已无条件的赚得,并应在任何情况下均须支付,且不予退还。

(2)所有运费及费用均应在交付货物前支付,而不得作任何冲抵、反索赔、扣减或延缓执行。

(3)货方须注意所用运价本中或另行议定的关于用以支付运费的货币、兑换率、贬值率以及关于运费的其他临时性的规定。

(4)如果由货方或货方代表向承运人提供的货方在提单或任何文件或证件中对货物的描述被证明在任何方面不准确、不正确或引起误解,货方应就承运人因此而遭受的实际损失予以赔偿。

(5)向货运代理人或经纪人或承运人或其授权代理人以外的任何人支付的运费及费用,不得被认为系向承运人支付,而应是在货方独自承担风险之下支付。

(6)本提单第1款定义中作为货方列举的各方,应就向承运人支付全部运费、滞期费、共同海损摊款及费用、诉讼费,包括但不限于在催收欠结承运人的费用中发生的合理的律师费,而连带负责,否则应被视为货方在支付运费及费用中违约。

14.检验货物

承运人及(或)承运人已就运输一事与其订立的分立契约的人或由承运人授权的人,有权但无义务在任何时间开启任何集装箱并检验货物。如果根据任一地点的当局命令,须对某一集装箱或包装进行开启,加以检验,承运人对因如此开箱、开包、检验及重新打包而引起的灭失或损害概不负责。承运人有权自货主处收回此项开箱、开包、检验及重新打包费用。

15.运输因货物条件受到影响

如果不论何时发现,货物不能被安全而妥善地进行运输或继续运输,或承运人若不就货物或集装箱支付额外费用或采取措施,便无法将货物安全而妥善地进行运输或继续运输,则承运人可在完全自行决定而认为最为妥善的条件之下,不对货方进行通知(但仅系作为其代理人除外)而采取任何措施并(或)支付额外费用,将货物进行运输或继续其运输,并(或)将货物加以处置,以及(或)放弃该项运输并(或)将货物在任何地点存放岸上或船上,加以遮蔽或置于露天之下。此项放弃、存放或放置货物应视为根据本提单所进行的交付货物,货方应赔偿承运人就此发生的任何额外赔偿费用。

16.留置权

承运人可因运费、空舱费、滞期费、滞留以及承运人对有缺陷货物重新绑扎、重新包装、重新唛头、熏蒸或进行所需的处置而产生的任何费用,为不论何人应付的共同海损摊款,承运人为货物所支付或预付的罚款、捐税、通行税、路上运费或佣金,为根据本提单而应付于承运人的任何款项,包括救助费用,以及由于政府当局或声称对货物具有利益关系的人因扣留货物或针对货物提起其他法律诉讼而发生的法律费用,而对货物或货物有关的任何文件拥有滞留权。承运人的留置权应存在至卸货或交货之时,而且承运人有权自行决定通过公开拍卖或私人出售而行使此项留置权。如果出售价款不敷抵付所欠数额,包括已发生的费用,承运人有权自货方收回差额。如此项价款多于欠款数额,则应将余款退还付货方。

17.舱面货、牲畜及植物

在本提单正面注明为约定装于舱面上且已照装的货物(装入集装箱的货物除外),以及所有活牲畜包括鱼及鸟类或植物,应一概由货方承担风险而进行运输,而承运人对在海上运输中发生的不论是否由于承运人的疏忽而引起的无论任何性质的灭失或损害概不负责。承运人应负责证明,他已履行货方关于运输牲畜的特殊要求,而且在任何海上运输的环境下,所发生的灭失或损害乃是由于海上运输所固有的风险所致。货方应就承运人因涉及运输此项活牲畜或植物而不论由于任何原因所发生的全部或任何额外费用,给予承运人以赔偿。

18.运输的方式及路线

承运人可在运输中的任何时间:

（1）使用任何运输方式或储存方式；

（2）将货物自一种运输工具转至另一种运输工具，包括转船或以不同于提单正面所载船名的另一艘船或以任何其他运输方式运输。

凡根据本条款而作出的不论何事或产生的任何延误，都应视为在该项运输之内，而非绕航。

19.影响履行的事项

如在任何时间，运输一事受到或按船长判断容易受到除了属于货物的不能被安全地或妥当地运输或继续运输的情况外的任何障碍、风险、延误、困难或不利条件的影响，而且不论系什么产生（即使引起上述各项的客观环境在本契约订立时或货物被接以备装运时已经存在），承运人（无论是否已开始）均可不经事先通知货方而完全自行解决：

（1）将货物经本提单所列以外的或为将货物托运至卸货港或交货地的通常运输路线除外的航线运往约定的卸货港或交货地，二者之中以能适用者为准。如果承运人选定采用本项规定，则虽有本提单第18款所载条文，承运人仍有权收取所决定的额外费用，或者

（2）中断货物运输并将其按本提单条款存于岸上或船上，并设法将其尽快发送，但承运人对最大的中断时间的问题不作交代。如果承运人选定采用本项规定，则承运人有权收取所决定的额外费用，或者

（3）放弃货物的运输并将货物置于承运人视为安全而方便的任何港口或地点由货方处置。至此，承运人关于此项货物的责任即告全部终止。虽然如此，承运人仍然有权收取其收到的用于运输货物的全部运费，而货方则应支付将货物运至上述港口或地点以及在该处交付及存储的额外费用。

如果承运人决定采用第19(1)款所述代替航线，或按第19(2)款所述中断航行，此事并不影响其在以后放弃航次之权利。

20.危险货物

运输危险货物时，货方应按运输此种货物所应遵守的规定，将其妥为包装，清晰标注，如附货签，并将其正确品名、性质以及所应采取的预防措施以书面通知承运人。如货方未能通知或通知有误，则承运人可在客观环境有此需要时将该货物卸下、销毁或使之不能为害，而不予赔偿。货方应将装运此项货物所造成的任何灭失、损害或费用对承运人承担责任。

尽管承运人知晓危险货物的性质并已同意装运，承运人仍可在该危险货物对船舶、船员及船上其他人员或其他货物构成实际危险时，将其卸下、销毁或使之无害而不予赔偿。但本条款所述不得影响对共同海损的分摊。

21.特殊、冷藏或加热集装箱

（1）除非货方同承运人在货物装运之前达成书面协议，需要特殊通风、冷藏或加热集装箱运输货物，而且此项特殊协议已在提单正面注明，并且货方已事先正确地向承运人提出关于货物性质以及所需保持的特定温度及（或）所需尽到的特殊注意的妥善书面通知，而且货方已按承运人运价本规定或按商定办法支付额外运费，此项货物便应以普通的不通风集装箱装运。

（2）如系由货方或货方代表装箱的冷藏集装箱，则货方保证已由其将恒温、通风或其他控制装置正确设定，而且在集装箱前已将货物的温度以及集装箱的温度调至所需程度，并且在承运人接收货物之前已将货物在集装箱内积载妥善。如果这些要求未能完全做到，承运人对无论如何发生的货物的任何灭失或损害便不负责。

货方在承运人的集装箱在货方或代表货方行事之任何人看管之时,应对集装箱的操作与维护一事负责。

(3)如已将建议的温度在提单正面注明,货方便应按此项注明的温度增加或减少 2 摄氏度的标准,向承运人交货,承运人则应恪尽职责,在货物在其实际看管之时保持该项温度,并可增减 2 摄氏度。

(4)承运人并不保证在运输全程集装箱已妥为通风、制冷或加热。承运人对因集装箱、船舶、运输工具及任何其他设备的制冷装置、机器、绝缘及(或)任何其他设备的潜在缺陷,全部或部分失灵或发生故障或停止运转而造成的任何灭失或损害,亦不负责。但承运人应在进行运输之前或运输开始当时恪尽职责,将冷藏集装箱保持在有效状态。

(5)如属货方自己的集装箱,则应由货方提供紧急用具箱及操作手册。

22.通知及交付

(1)本提单所载关于应将货物到达一事通知有关方的叙述,完全是为使承运人了解情况,若未能发出此项通知时,并不得引起承运人承担任何责任或解除货方根据本提单所应承担的任何义务。

(2)货方应在承运人所用运价本中规定的时间之内或按承运人要求提货。

(3)如果货方未在合理的时间内提取货物,或者只要承运人认为该货物可能腐坏、变质、无价值可言,或在将其储存或做其他处置时其所需费用将超过该货价值,承运人便可自行决定,在不影响承运人对货方的权利,不予通知而且在不对承运人加诸任何责任的情况下,将箱中货物取出、出售、销毁或加以处置,而由货方承担全部风险及费用,并将货物价款用于扣减货方欠结承运人的款项。上述开箱出货应当构成根据本提单所进行的正式交货,至此,承运人就货物而言的一切责任均告终止。

(4)承运人被责成将其所运货物交由卸货港或交货地的港口、海关或其他当局看管,该货即由其交于货主,而无须按当地法律、规章及(或)惯例要求由货主出示本提单,这种移交货便应构成根据本提单向货方正式交货。至此,承运人对货物的责任即完全终止。

(5)尽管已将货物即可提取一事通知货方,但货方却拒不按本款要求提货时,这便构成货方就承运人而言关于货物或运输一事的一切权利要求事项的无可改变的放弃。货方应就承运人因此项拒绝而遭受的任何灭失、损害、费用及责任承担责任,包括但不限于将货物运回原起运地。

23.共同海损

(1)共同海损应在承运人选定的港口或地点按 1990 年及其他修正案修订的《1974 年约克·安特卫普规则》理算。货方应在提货前缴付承运人认为足以支付预计货方应交共同海损摊款数额的备用金或其他担保。

(2)如果船长认为需要救助服务,货方同意船长代表货方取得对货物的此项服务,承运人则可以其本人身份结算救助报酬。货方应向救助方及时并充足提供备用金或其他担保而不使船期在救助后受影响,否则货方应对由此产生的由承运人遭受的一切损失承担责任。

24.双方有责的碰撞条款

由波罗的海国际航运公会现时公布的双方有责碰撞条款应视为已被载入本提单。

如果本船由于他船的疏忽和本船船长、船员、引航员或本船承运人的雇佣人员在驾驶或管理船舶中的行为、疏忽或不履行职责而与他船碰撞,则本船货主应补偿本船承运人对他船即非载货船舶或其所有人所承担的一切损害或一切责任,但此项补偿的损害或责任,仅限于他船或非载货船舶或其所有人已付或应付本船货主蒙受的灭失、损害或提出的任何索赔,并由他船或非载货船舶将此作为向载货船舶或承运人所提索赔的一部分,或冲抵载货船舶或承运人提出的索赔,或取得补偿,或要求收回。上述规定在非属碰撞船舶或物体的,或在碰撞船舶之外的任何船舶或物体的所有人、经营人或主管人,在碰撞、触礁、搁浅或其他事故中犯有过失时,亦得适用。

25.无船承运人

如果本提单被以无船承运人身份行事的货方所接受,而该人又转而与第三方订立其他运输契约,则该无船承运人保证,由他签定的受本提单制约的关于货物的契约中应载有本提单的条款及条件。无船承运人进一步保证,就其未能如此载入本提单而引起的一切后果给予承运人、其受雇人、代理人及分立契约人以赔偿。

26.法律及管辖权

(1)本提单受中华人民共和国法律管辖。本提单项下或与本提单有关的一切争议,均应根据中华人民共和国的法律加以裁定;凡是针对承运人的任何诉讼,均应提交上海海事法院或中华人民共和国其他海事法院。

(2)虽有第26(1)款中的规定,当某项运输业务包含驶往或来自或经由美利坚合众国的某一港口或地点的运输时,本提单便应受美国《海上货物运输法》的规定的约束,而该法应被视为已载入本提单,而本提单中所载任何内容均不得视为承运人对其根据美国《海上货物运输法》而享有的任何权利、豁免、除外或限制的放弃,或其义务的任何增加。除另有规定外,以上所提及的美国《海上货物运输法》同样适用于在货物装前卸后承运人掌管货物的期间。

27.契约的变更

承运人的任何受雇人、代理人或分立契约人一概无权放弃或变更本提单任何条款,除非该项放弃或变更系采用书面方式并已经承运人以书面专门授权或批准。

28.新杰逊条约

如在航次开始之前或之后,由于不论是疏忽与否的任何原因而引起的意外、危险、损害或灾难,而根据法令、契约或其他规定,承运人对此类事件的后果都不负责,则货物及货方应连带在共同海损中与承运人一起分担可能构成或可能发生的属于共同海损性质的牺牲、损失或费用,并应支付就货物而发生的救助费及特殊费用。如果救助船舶为承运人所有或其经营,则救助费用应当犹如该船属于无关之人一样,全额支付。

以下条款仅适用于海运单。

29.收货人或其授权的人可凭交货凭证或其他身份证明提取货物,而无须向承运人提交海运单,承运人有绝对的自主权决定是否将货物交付给收货人授权的人。

30.除本海运单另有规定外,承运人现行的联运提单的条款和条件适用于本海运单所证明的运输合同,货方可向承运人或其代理索取该提单。发货人保证其有权代表收货人及货物所有人接受所有上述条款和条件,包括但不限于联运提单中载明的关于每件的责任限制和其他责任限制的规定。

31.当收货人或其他要求提取货物的人提交本海运单或以其他方式要求提取货物时,收货人或其他要求提取货物的应当承担发货人按照本海运单和承运人现行的联运提单中需承担的所有责任。收货人或其他要求提取货物者依本条所承担的是附加责任,不影响发货人本人所应承担的责任。

32.发货人同意并遵守《海事委员会海运单统一规则》,以便在货物运输中使用海运单。

33.在船舶抵达卸货港或交货地以前,如发货人书面要求将海运单改为承运人提单,在可能的情况下,承运人将尽最大努力进行更改,但承运人在任何情况下均不对未能及时更改承担任何责任。

34.对于特定货物的放货,应当遵循承运人的运价本和提单中所规定的一般担保的习惯做法,这种规定包括但不限于承运人有权因本海运单的任何一方拖欠的费用或债务而留置货物,不论该费用或债务是否与本海运单项下的货物有关。

35.除非发货人在运输前有相反的指示并在海运单的正面注明,承运人将根据上述条款和条件与收货人处理有关货物的索赔。任何索赔的解决应作为承运人对发货人责任的彻底解除。

此译文仅供参考

附录三 联合国国际货物多式联运公约

第一部分 总 则

第一条 定义

本公约内：

1.“国际多式联运”是指按照多式联运合同，以至少两种不同的运输方式，由多式联运经营人将货物从一国境内接管货物的地点运到另一国境内指定交付货物的地点。为履行单一方式运输合同而进行的该合同所规定的货物接送业务，不应视为国际多式联运。

2.“多式联运经营人”是指其本人或通过其代表订立多式联运合同的任何人，他是事主，而不是发货人的代理人或代表或参加多式联运的承运人的代表人或代表，并且负有履行合同的责任。

3.“多式联运合同”是指多式联运经营人凭以收取运费、负责完成或组织完成国际多式联运的合同。

4.“多式联运单据”是指证明多式联运合同以及证明多式联运经营人接管货物并负责按照合同条款交付货物的单据。

5.“发货人”是指其本人或以其名义或其代表同多式联运经营人订立多式联运合同的任何人，或指其本人或以其名义或其代表按照多式联运合同将货物实际交给多式联运经营人的任何人。

6.“收货人”是指有权提取货物的人。

7.“货物”包括由发货人提供的任何集装箱、货盘或类似的装运工具或包装。

8.“国际公约”是指各国之间用书面签订并受国际法制约的国际协定。

9.“强制性国家法律”是指任何有关货物运输的成文法，其规定不得用合同条款加以改变而不利于发货人。

10.“书面”包括电报或电传。

第二条 适用范围

本公约的各项规定适用于两国境内各地之间的所有多式联运合同，如果：

(1)多式联运合同规定的多式联运经营人接管货物的地点是在一个缔约国境内；或

(2)多式联运合同规定的多式联运经营人交付货物的地点是在一个缔约国境内。

第三条 强制适用

1.根据第二条受本公约制约的多式联运合同一经签订，本公约各项规定即应对这种合同强制适用。

2.本公约的任何规定不得影响发货人选择多式联运或分段运输的权利。

第四条 多式联运的管理

1.本公约不得影响任何有关运输业务管理的国际公约或国家法律的适用,或与之相抵触。

2.本公约不得影响各国在国家一级管理多式联运业务和多式联运经营人的权利,包括就下列事项采取措施的权利:多式联运经营人、托运人、托运人组织以及各国主管当局之间就运输条件进行协商,特别是在引用新技术开始新的运输业务之前进行协商;颁发多式联运经营人的许可证;参加运输;为了本国的经济和商业利益而采取一切其他措施。

3.多式联运经营人应遵守其营业所在国所适用的法律和本公约的规定。

第二部分　单　据

第五条　多式联运单据的签发

1.多式联运经营人接管货物时,应签发一项多式联运单据,该单据应依发货人的选择,或为可转让单据或为不可转让单据。

2.多式联运单据应由多式联运经营人或经他授权的人签字。

3.多式联运单据上的签字,如不违背签发多式联运单据所在国的法律,可以是手签、手签笔迹的复印、打透花字、盖章、符号,或用任何其他机械或电子仪器打出。

4.经发货人同意,可以用任何机械或其他保存第八条所规定的多式联运单据应列明的事项的方式,签发不可转让的多式联运单据。在这种情况下,多式联运经营人在接管货物后,应交给发货人一份可以阅读的单据,载有用此种方式记录的所有事项,就本公约而言,这份单据应视为多式联运单据。

第六条　可转让的多式联运单据

1.多式联运单据以可转让的方式签发时:

(1)应列明按指示或向持票人交付;

(2)如列明按指示交付,须经背书后转让;

(3)如列明向持票人交付,无须背书即可转让;

(4)如签发一套一份以上的正本,应注明正本份数;

(5)如签发任何副本,每份副本均应注明"不可转让副本"字样。

2.只有交出可转让多式联运单据,并在必要时经正式背书,才能向多式联运经营人或其代表提取货物。

3.如签发一套一份以上的可转让多式联运单据正本,而多式联运经营人或其代表已正当地按照其中一份正本交货,该多式联运经营人便已履行其交货责任。

第七条　不可转让的多式联运单据

1.多式联运单据以不可转让的方式签发时,应指明记名的收货人。

2.多式联运经营人将货物交给此种不可转让的多式联运单据所指明的记名收货人或经收货人通常以书面正式指定的其他人后,该多式联运经营人即已履行其交货责任。

第八条　多式联运单据的内容

1.多式联运单据应当载明下列事项:

(1)货物品类、识别货物所必需的主要标志,如属危险货物,其危险特性的明确声明、包数或件数、货物的毛重或其他方式表示的数量等,所有这些事项均由发货人提供;

(2)货物外表状况;

（3）多式联运经营人的名称和主要营业所；

（4）发货人名称；

（5）如经发货人指定收货人，收货人的名称；

（6）多式联运经营人接管货物的地点和日期；

（7）交货地点；

（8）如经双方明确协议，在交付地点交货的日期或期间；

（9）表示该多式联运单据为可转让或不可转让的声明；

（10）多式联运单据的签发地点和日期；

（11）多式联运经营人或经其授权的人的签字；

（12）如经双方明确协议，每种运输方式的运费；或者应由收货人支付的运费，包括用以支付的货币；或者关于运费由收货人支付的其他说明；

（13）如在签发多式联运单据时已经确知，预期经过的路线、运输方式和转运地点；

（14）第二十八条第 3 款所指的声明；

（15）如不违背签发多式联运单据所在国的法律，双方同意列入多式联运单据的任何其他事项。

2. 多式联运单据缺少本条第 1 款所指事项中的一项或数项，并不影响该单据作为多式联运单据的法律性质，但该单据必须符合第一条第 4 款所规定的要求。

第九条　多式联运单据中的保留

1. 如果多式联运经营人或其代表知道或有合理的根据怀疑多式联运单据所列货物的品类、主要标志、包数或件数、重量或数量等事项没有准确地表明实际接管货物的状况，或无适当方法进行核对，则该多式联运经营人或其代表应在多式联运单据上作出保留，注明不符之处、怀疑的根据，或无适当核对方法。

2. 如果多式联运经营人或其代表未在多式联运单据上对货物的外表状况加以批注，则应视为他已在多式联运单据上注明货物的外表状况良好。

第十条　多式联运单据的证据效力

如果已对第九条准允保留的事项作出保留，则除其保留的部分之外：

（1）多式联运单据应是该单据所载明的货物由多式联运经营人接管的初步证据；

（2）如果多式联运单据以可转让方式签发，而且已转让给正当地信赖该单据所载明的货物状况的、包括收货人在内的第三方，则多式联运经营人提出的反证不予接受。

第十一条　有意谎报或漏报的赔偿责任

如果多式联运经营人意图诈骗，在多式联运单据上列入有关货物的不实资料，或漏列第八条第 1 款（1）项或（2）项或第九条规定应载明的任何资料，则该联运人不得享有本公约规定的赔偿责任限制，而须负责赔偿包括收货人在内的第三方因信赖该多式联运单据所载明的货物状况行事而遭受的任何损失、损坏或费用。

第十二条　发货人的保证

1. 多式联运经营人接管货物时，发货人应视为已向多式联运经营人保证，他在多式联运单据中所提供的货物品类、标志、件数、重量和数量、危险货物的危险性等事项，概属准确无误。

2. 发货人必须赔偿多式联运经营人因本条第 1 款所指各事项的不准确或不当而造成的损失。即使发货人已将多式联运单据转让，仍须负赔偿责任。多式联运经营人取得这种赔偿的权利,并不限制他按照多式联运合同对发货人以外的其他任何人应负的赔偿责任。

第十三条　其他单据

多式联运单据的签发,并不排除于必要时按照适用的国际公约或国家法律签发同国际多式联运所涉及的运输或其他服务有关的其他单据。但签发此种其他单据不得影响多式联运单据的法律性质。

第三部分　多式联运经营人的赔偿责任

第十四条　责任期间

1. 本公约所规定的多式联运经营人对于货物的责任期间,自其接管货物之时起到交付货物时为止。

2. 就本条而言,在下述期间,货物视为在多式联运经营人掌管之下:

(1)自多式联运经营人从下列各方接管货物之时起:

(a)发货人或代其行事的人;

(b)根据货物接管货物地点适用的法律或规章,货物必须交付运输的当局或其他第三方。

(2)直到他以下列方式交付货物时为止:

(a)将货物交给收货人;

(b)如果收货人不向多式联运经营人提取货物,则按照多式联运合同或按照交货地点适用的法律或特定行业惯例,将货物置于收货人支配之下;

(c)将货物交给根据交货地点适用的法律或规章必须向其交付的当局或其他第三方。

3. 本条第1款和第2款所指的多式联运经营人,包括他的受雇人、代理人或为履行多式联运合同而使用其服务的任何其他人;所指的发货人和收货人;也包括他们的受雇人或代理人。

第十五条　多式联运经营人为他的受雇人、代理人和其他人所负的赔偿责任

除按第二十一条的规定外,多式联运经营人应对他的受雇人或代理人在其受雇范围内行事时的行为或不行为负赔偿责任,或对他为履行多式联运合同而使用其服务的任何其他人在履行合同的范围内行事时的行为或不行为负赔偿责任,一如他本人的行为或不行为。

第十六条　赔偿责任的基础

1. 多式联运经营人对于货物的灭失、损坏和延迟交付所引起的损失,如果造成灭失、损坏或延迟交货的事故发生于第十四条所规定的货物由其掌管期间,应负赔偿责任,除非多式联运经营人证明其本人、受雇人或代理人或第十五条所指的任何其他人为避免事故的发生及其后果已采取一切所能合理要求的措施。

2. 如果货物未在明确议定的时间内交付,或者如无此种协议,未在按照具体情况对一个勤奋的多式联运经营人所能合理要求的时间内交付,即为延迟交货。

3. 如果货物未在按照本条第2款确定的交货日期届满后连续九十日内交付,索赔人即可认为这批货物业已灭失。

第十七条　同时发生的原因

如果货物的灭失、损坏或延迟交付是由于多式联运经营人、其受雇人或代理人或第十五条所指的任何其他人的过失或疏忽与另一原因结合而产生,多式联运经营人仅对灭失、损坏或延迟交货可以归之于此种过失或疏忽的限度内负赔偿责任,但多式联运经营人必须证明不属于此种过失或疏忽的灭失、损坏或延迟交货的部分。

第十八条　赔偿责任限制

1. 如果多式联运经营人根据第十六条对货物的灭失或损坏造成的损失负赔偿责任，其赔偿责任按灭失或损坏的货物的每包或其他货运单位计不得超过 920 计算单位，或按毛重每千克计不得超过 2.75 计算单位，以较高者为准。

2. 根据本条第 1 款计算较高限额时，适用下列规则：

(1)如果货物是用集装箱、货盘或类似的装运工具集装，经多式联运单据列明装在这种装运工具中的包数或货运单位数应视为计算限额的包数或货运单位数。否则，这种装运工具中的货物应视为一个货运单位。

(2)如果装运工具本身灭失或损坏，而该装运工具并非为多式联运经营人所有或提供，则应视为一个单独的货运单位。

3. 虽有本条第 1 款和第 2 款的规定，国际多式联运如果根据合同不包括海上或内河运输，则多式联运经营人的赔偿责任按灭失或损坏货物毛重每千克不得超过 8.33 计算单位。

4. 多式联运经营人根据第十六条的规定对延迟交货造成损失所负的赔偿责任限额，相当于对延迟交付的货物应付运费的两倍半，但不得超过多式联运合同规定的应付运费的总额。

5. 根据本条第 1 款和第 4 款或第 3 款和第 4 款的规定，多式联运经营人赔偿责任的总和不得超过本条第 1 款或第 3 款所确定的货物全部灭失的赔偿责任限额。

6. 经多式联运经营人和发货人之间协议，多式联运单据中可规定超过本条第 1 款、第 3 款和第 4 款所定的赔偿限额。

7. "计算单位"是指第三十一条所述的计算单位。

第十九条　确知货损发生阶段

如果货物的灭失或损坏发生于多式联运的某一特定阶段，而对这一段适用的一项国际公约或强制性国家法律规定的赔偿限额高于适用第十八条第 1 款至第 3 款所得出的赔偿限额，则多式联运经营人对这种灭失或损坏的赔偿限额，应按照该公约或强制性国家法律予以确定。

第二十条　非合同赔偿责任

1. 本公约规定的辩护理由和赔偿责任限制，应适用于因货物灭失、损坏或延迟交付造成损失而对多式联运经营人提起的任何诉讼，不论这种诉讼是根据合同、侵权行为或其他。

2. 如果由于货物灭失、损坏或延迟交付造成损失而对多式联运经营人的受雇人或代理人、或对联运人为履行多式联运合同而使用其服务的其他人提起诉讼，该受雇人或代理人如能证明他是在受雇范围内行事，则该受雇人、代理人或其他人应有权援用多式联运经营人按本公约有权援用的辩护理由和赔偿责任限制。

3. 除按第二十一条的规定外，向多式联运经营人、受雇人、代理人或为履行多式联运合同而使用其服务的其他人取得的赔偿总额，不得超过本公约所规定的赔偿限额。

第二十一条　赔偿责任限制权利的丧失

1. 如经证明，货物的灭失、损坏或延迟交付是由于多式联运经营人有意造成或明知可能造成而毫不在意的行为或不行为所引起，则多式联运经营人无权享受本公约所规定的赔偿责任限制的利益。

2. 虽有第二十条第 2 款的规定，如经证明，货物的灭失、损坏或延迟交付是由于多式联运经营人的受雇人或代理人或为履行多式联运合同而使用其服务的其他人有意造成或明知可能造成而毫不在意的行为或不行为所引起,则该受雇人、代理人或其他人无权享受本公约所规定的赔偿责任限制的利益。

第四部分 发货人的赔偿责任

第二十二条 通则

如果多式联运经营人遭受的损失是由于发货人的过失或疏忽、或者他的受雇人或代理人在其受雇范围内行事时的过失或疏忽所造成,发货人对这种损失应负赔偿责任。

如果损失是由于发货人的受雇人或代理人本身的过失或疏忽所造成,该受雇人或代理人对这种损失应负赔偿责任。

第二十三条 危险货物的特殊规则

1.发货人应以合适的方式在危险货物上加明危险标志或标签。

2.发货人将危险货物交给多式联运经营人或其任何代表时,应告知货物的危险特性,必要时并告知应采取的预防措施。如果未经发货人告知而多式联运经营人又无从得知货物的危险特性,则:

(1)发货人对多式联运经营人由于载运这类货物而遭受的一切损失应负赔偿责任;

(2)视情况需要,可随时将货物卸下,销毁或使其无害而无须给予赔偿。

3.任何人如果在多式联运期间接管货物时已得知货物的危险特性,则不得援用本条第2款的规定。

4.如果本条第2款(2)项的规定不适用或不得援用,而危险货物对生命或财产造成实际危险,可视情况需要将货物卸下、销毁或使其无害,除有分摊共同海损的义务、或根据第十六条的规定多式联运经营人应负赔偿责任之外,无须给予赔偿。

第五部分 索赔和诉讼

第二十四条 灭失、损坏或延迟交货的通知

1.除非收货人不迟于在货物交给他的次一工作日,将说明此种灭失或损坏的一般性质的灭失或损坏书面通知送交多式联运经营人,否则,此种货物的交付即为多式联运经营人交付多式联运单据所载明的货物的初步证据。

2.在灭失或损坏不明显时,如果在货物交付收货人之日后连续六日内未提出书面通知,则本条第1款的规定相应适用。

3.如果货物的状况在交付收货人时已经当事各方或其授权在交货地的代表联合调查或检验,则无须就调查或检验所证实的灭失或损坏送交书面通知。

4.遇有任何实际的或料想会发生的灭失或损坏时,多式联运经营人和收货人必须为检验和清点货物相互提供一切合理的便利。

5.除非在货物交付收货人之日后连续六十日内,或者在收货人得到通知,货物已按照第十四条第2款(2)(b)或(c)项的规定交付之日后连续六十日内,向多式联运经营人送交书面通知,否则对延迟交货所造成的损失无须给予赔偿。

6.除非多式联运经营人不迟于在灭失或损坏发生后连续九十日内,或在按照第十四条第

2 款(2)项的规定交付货物后连续九十日内,以其较迟者为准,将说明此种灭失或损坏的一般性质的灭失或损坏书面通知送交发货人,否则,未送交这种通知即为多式联运经营人未由于发货人、其受雇人或代理人的过失或疏忽而遭受任何灭失或损失的初步证据。

7.如果本条第 2 款、第 5 款和第 6 款中规定的通知期限最后一日在交货地点不是工作日,则该期限应延长至次一工作日为止。

8.就本条而言,向多式联运经营人的代表,包括他在交货地点使用其服务的人,或者向发货人的代表送交通知,应分别视为向多式联运经营人或发货人送交通知。

第二十五条　诉讼时效

1.根据本公约有关国际多式联运的任何诉讼,如果在两年期间内没有提起诉讼或交付仲裁,即失去时效。但是,如果在货物交付之日后六个月内,或于货物未交付时,在应当交付之日后六个月内,没有提出书面索赔通知,说明索赔的性质和主要事项,则诉讼在此期限届满后即失去时效。

2.时效期间自多式联运经营人交付货物或部分货物之日的次一日起算,如货物未交付,则自货物应当交付的最后一日的次一日起算。

3.接到索赔要求的人可于时效期间内随时向索赔人提出书面声明,延长时效期间。此种期间可用另一次声明或多次声明,再度延长。

4.除非一项适用的国际公约另有相反规定,根据本公约负有赔偿责任的人即使在上述各款规定的时效期间届满后,仍可在起诉地国家法律所许可的限期内提起诉讼,要求追偿,而此项所许可的限期,自提起此项追偿诉讼的人已清偿索赔要求或接到对其本人的诉讼传票之日起算,不得少于九十日。

第二十六条　管辖

1.原告可在他选择的法院根据本公约提起有关国际多式联运的诉讼,如果该法院按其所在国法律规定有权管辖,而且下列地点之一是在其管辖范围之内:

(1)被告主要营业所,或者,如无主要营业所,被告的经常居所;

(2)订立多式联运合同的地点,而且合同是通过被告在该地的营业所、分支或代理机构订立;

(3)为国际多式联运接管货物的地点或交付货物的地点;

(4)多式联运合同中为此目的所指定并在多式联运单据中载明的任何其他地点。

2.根据本公约有关国际多式联运的任何诉讼程序均不得在本条第 1 款所没有规定的地点进行。本条各款并不妨碍各缔约国采取临时性或保护性措施的管辖权。

3.虽有本条上述各项规定,如果当事双方在索赔发生之后达成协议,指定原告可以提起诉讼的地点,则该项协议有效。

4.(1)如果已根据本条各项规定提起诉讼,或者对于该诉讼已作出判决,原当事人之间不得就同一理由提起新的诉讼,除非第一次诉讼的判决不能在提起新诉讼的国家中执行。

(2)就本条而言,凡为使判决得以执行而采取措施,或者在同一国内将一项诉讼转移到另一法院,都不得视为提起新诉讼。

第二十七条　仲裁

1.除按本条各项规定外,当事各方可用书面载明的协议,规定将根据本公约发生的有关国际多式联运的任何争议交付仲裁。

2.仲裁应依索赔人的选择,在下列地点之一提起:

(1)下列各地所在国中任一地点:

(a)被告的主要营业地,或者,如无主要营业地,被告的习惯住所地;

(b)订立多式联运合同的地点,而且合同是通过被告在该地的营业所、分支或代理机构订立;

(c)为国际多式联运接管货物的地点或交付货物的地点;

(2)仲裁条款或协议中为此目的所指定的任何其他地点。

3.仲裁员或仲裁法庭应适用本公约的各项规定。

4.本条第2款和第3款的规定应视为每项仲裁条款或协议的一部分,仲裁条款或协议中与之相抵触的任何规定,概属无效。

5.当事双方在有关国际多式联运的索赔发生之后订立的仲裁协议,其效力不受本条规定的影响。

第六部分　补充规定

第二十八条　合同条款

1.多式联运合同或多式联运单据内的任何条款,如果直接或间接背离本公约的规定,概属无效。此种条款的无效不影响以该条款构成其一部分的该合同或单据的其他规定的效力。将货物的保险利益让与多式联运经营人的条款或任何类似条款,概属无效。

2.虽有本条第1款的规定,经发货人同意,多式联运经营人仍可增加其按照本公约所负的责任和义务。

3.多式联运单据应载有一项声明,说明国际多式联运必须遵守本公约的规定,背离本公约而使发货人或收货人受到损害的任何规定,概属无效。

4.如果有关货物索赔人由于根据本条而无效的条款,或由于漏载本条第3款所指的声明而遭受损失,多式联运经营人必须按照本公约的规定,就货物的灭失、损坏或延迟交付,给予索赔人以必要的赔偿。此外,多式联运经营人并须就索赔人为了行使其权利而引起的费用,给付赔偿,但援用上述规定所引起的诉讼费用,则应按照提起诉讼地国家的法律决定。

第二十九条　共同海损

1.本公约不得妨碍多式联运合同或国家法律中有关共同海损理算规定的适用。

2.除第二十五条外,本公约中有关多式联运经营人对货物的灭失或损坏应负赔偿责任的规定,也确定收货人是否可以拒绝共同海损的分摊,以及确定多式联运经营人对收货人已作的此种分摊或已支付的救助费用的赔偿责任。

第三十条　其他公约

1.本公约不改变国际公约及其修正案或国家法律为限制海运船舶和内河船舶所有人的赔偿责任而规定的权利或义务,这些国际公约为:1924年8月25日《统一关于海运船舶所有人赔偿责任限制的某些规则的布鲁塞尔国际公约》;1957年10月10日《关于海运船舶所有人赔偿责任限制的布鲁塞尔国际公约》;1976年11月19日《伦敦海事索赔责任限制公约》;以及1973年3月1日《关于内河船舶所有人赔偿责任限制的日内瓦公约》。

2.如果发生争议的当事双方,其主要营业所均在其他国际公约的缔约国境内,则本公约第二十六和第二十七条的规定不得妨碍适用各该其他国际公约有关这两条所述事项的强制性规定。但是,本款不影响本公约第二十七条第 3 款的适用。

3.根据本公约的规定,对核事故引起的损害不负赔偿责任,如果根据下列公约或国家法律核装置经营人应对此种损害负责:

(1)经 1964 年 1 月 28 日补充议定书修正的 1960 年 7 月 29 日《关于核能领域第三者赔偿责任的巴黎公约》,或 1963 年 5 月 21 日《关于核损害民事赔偿责任的维也纳公约》,或这些公约的修正案,或

(2)国家法律中关于核损害赔偿责任的规定,如果这种法律在所有方面都和《巴黎公约》或《维也纳公约》同样有利于可能遭受核损害的人。

4.货物运输,例如按照 1956 年 5 月 19 日《关于国际公路货物运输合同的日内瓦公约》第二条的规定进行,或按照 1970 年 2 月 7 日《伯尔尼国际铁路货物运输公约》第二条的规定进行的,而上述公约的缔约国必须对这种货物运输适用这种公约,则对这种运输公约的缔约国而言,不应视为就本公约第一条第 1 款含义上的国际多式联运。

第三十一条　计算单位或货币单位及折算

1.本公约第十八条所述的计算单位是国际货币基金组织所规定的特别提款权。第十八条所述数额应按照一国货币在判决日或裁决日或当事方协议的日期的价值,折算成该国货币。凡属国际货币基金组织成员的缔约国,其以特别提款权表示的本国货币的价值,应按照国际货币基金组织在上述日期对其业务和交易采用的现行定值方法计算,非属国际货币基金组织成员的缔约国,其以特别提款权表示的本国货币的价值,应按该国确定的方法计算。

2.但是,凡不是国际货币基金组织成员而其本国法律又不准适用本条第 1 款规定的国家,可在签字、批准、接受、认可或加入时,或在其后任何时间,声明本公约规定的赔偿限额在该国领土适用时,应订定如下:关于第十八条第 1 款所规定的限额,按货物的每包或其他货运单位计不超过 13 750 货币单位,或按毛重每千克计不超过 41.25 货币单位;关于第十八条第 3 款所规定的限额,不超过 124 货币单位。

3.本条第 2 款所述的货币单位相等于纯度为千分之九百的黄金 65.5 毫克。本条第 2 款所述数额应按照有关国家的法律折算成该国货币。

4.按本条第 1 款最后一项的规定进行计算,和按本条第 3 款的规定进行折算,以一缔约国的本国货币表示第十八条所述数额时,其实际价值应尽可能与第十八条所述计算单位表示的实际价值相等。

5.缔约国在签字时,或在交存其批准书、接受书、认可书或加入书时,或按本条第 2 款的规定作出选择时,以及在计算方法或折算结果有改变时,应将按本条第 1 款最后一句所确定的计算方法或按本条第 3 款所得的折算结果,相应地通知保管人。

第七部分　海关事项

第三十二条　海关过境

1.各缔约国应核准使用国际多式联运的海关过境手续。

2.除按国家法律规章和政府间协定的规定外,国际多式联运货物的海关过境应依照本公约附条的第一条至第六条所载的规则和原则。

3.缔约国在制定有关多式联运货物的海关过境手续的法律或规章时,应考虑到本公约附件的第一条至第六条。

第八部分　最后条款

第三十三条　保管人

兹指定联合国秘书长为本公约保管人。

第三十四条　签字、批准、接受、认可、加入

1.所有国家有权经下列手续成为本公约的缔约国:

(1)签字但无须批准、接受或认可;

(2)签字但须经批准、接受或认可,随后并予以批准、接受或认可;

(3)加入。

2.本公约自 1980 年 9 月 1 日起至 1981 年 8 月 31 日止,在纽约联合国总部开放以供签字。

3.1981 年 8 月 31 日以后,本公约对所有不是签字国的国家开放,以便加入。

4.批准书、接受书、认可书和加入书应交存保管人。

5.区域经济一体化组织,凡系由贸发会议主权成员国组成,而且有权在本公约范围内的特定领域谈判、缔结和实施国际协定者,同样也有权按照本条第 1 款至第 4 款的规定,成为本公约的缔约方,在上述特定领域中,对本公约其他缔约方而言,享有本公约所赋予的权利,履行本公约所规定的义务。

第三十五条　保留

对本公约不得作出任何保留。

第三十六条　生效

1.本公约在三十个国家的政府签字但无须批准、接受或认可,或者向保管人交存批准书、接受书、认可书或加入书后十二个月生效。

2.对于在本条第 1 款规定的生效条件得到满足后批准、接受、认可或加入本公约的每个国家,本公约应在该国交存有关文件后十二个月生效。

第三十七条　适用日期

每一缔约国对于在本公约对该国生效之日或其后所订立的多式联运合同,应适用本公约的规定。

第三十八条　现行公约规定的权利和义务

凡两国之间的国际多式联运属于本公约范围内,其中只有一国为本公约缔约国,而这两国在本公约生效时同受某一其他国际公约所约束,如果在一缔约国中按第二十六条或第二十七条就这种国际多式联运提起诉讼或交付仲裁,则该国的法院或仲裁庭可依照这种其他国际公约规定的义务,适用这种国际公约的规定。

第三十九条　修订和修正

1.本公约生效后,经不少于三分之一的缔约国要求,联合国秘书长应召开缔约国会议,修订或修正本公约。联合国秘书长应在会议召开之日至少三个月前将任何修正提案的案文散发给所有缔约国。

2.修正会议的任何决定,包括修正案在内,应以出席并参加表决的国家三分之二多数作出。会议通过的修正案应由保管人送请所有缔约国接受,并送交本公约所有签字国参考。

3.除按本条第4款的规定外,会议通过的任何修正案在其获得三分之二缔约国接受之日起满一年后的第一个月第一日对接受该修正案的缔约国生效。对于在修正案已获得三分之二缔约国接受后才接受修正案的任何国家,修正案应在该国接受之日起满一年后的第一个月第一日生效。

4.会议通过的关于改变第十八条及第三十一条第2款所规定数额的修正案,或关于以其他单位代替第三十一条第1款和/或第3款所述单位的修正案,在其获得三分之二缔约国接受之日起满一年后的第一个月第一日生效。接受改变数额或替代单位的缔约国,应在它们同所有缔约国的关系中,适用这种数额或单位。

5.接受修正案的正式文件交存保管人,即为对修正案的接受。

6.在会议通过的修正案生效后交存的任何批准书、接受书、认可书或加入书,应视为适用于修正后的本公约。

第四十条   退约

1.任一缔约国得在本公约开始生效之日起满两年后的任何时间以书面通知保管人,退出本公约。

2.退约于保管人收到通知之日起满一年后的第一个月第一日生效。如果通知订明较长期间,则退约于保管人收到通知后较长期间届满时起生效。

附:有关国际货物多式联运的海关事项条款

第一条   本公约内:

"海关过境手续"是指在海关管制下将货物从一处海关运到另一处海关的海关手续。

"目的地海关"是指结束海关过境作业的任何海关。

"进出口关税及所有其他税"是指关税及所有其他税项、费用或对货物的进出口或与其有关而征收的其他费用,但不包括金额大致相当于所提供服务的成本费用。

"海关过境单据"是指载有海关过境作业所需数据和资料记录的表格。

第二条

1.除按本国境内实施的法律规章和国际公约的规定外,缔约国应给予国际多式联运货物:

(1)在途中一般不再受海关检查,除非海关认为有必要保证海关负责实施的规章条例得到遵守。因此,海关当局在进出口点上一般只应检验海关印记及其他安全措施。

(2)在不影响有关公共或国家安全、公共道路或公共卫生的法律规章的实施的情况下,不必履行用于过境作业的海关过境制度以外的任何海关手续或规定。

第三条   为了便利货物过境,缔约国:

(1)如为启运地国家,应尽量采取一切可行的措施,保证其后过境作业所需资料的完整、准确;

(2)如为目的地国家:

(a)应采取一切必要措施,保证海关过境货物一般能在其目的地的海关结关;

(b)除非其本国的法律规章另有规定,应设法在尽可能接近货物最后目的地的地点办理货物的结关手续。

第四条

1. 如果海关当局认为海关过境手续的要求已达到,则国际多式联运货物无须向过境国家交付进出口关税和其他税或交付这种税项的保证金。

2. 前款的规定不排除:

(1) 根据公共安全或公共卫生方面的要求,按本国规章收取的费用;

(2) 在平等条件下收取金额大致相当于所提供服务的成本的费用。

第五条

1. 如果海关过境作业需要财务担保,此项财务担保之提供,必须使有关过境国家的海关当局感到满意,而且应符合其国家法律规章和国际公约的规定。

2. 为了便利海关过境,海关担保制度应当简单、有效、收费适中,并包括应付的进出口关税和其他税,在担保制度包括罚款的国家中,则包括应付的罚款。

第六条

1. 在不影响国际公约或国家法律规章所要求的任何其他单据的情况下,过境国家的海关当局应当接受多式联运单据作为海关过境单据的说明。

2. 为了便利海关过境,海关过境单据应当尽可能与后附单据格式相一致。